KB271070

중국선사학술기행 **대륙의 주먹도끼**

대륙의 주먹도끼

| 초 판 | 1쇄 인쇄 2004. 4. 10. |
| | 1쇄 발행 2004. 4. 20. |

지은이	이융조 임병무 하문식
펴낸이	김경희
펴낸곳	(주)지식산업사
	서울시 종로구 통의동 35-18
	전화 (02)734-1978(대) 팩스 (02)720-7900
	인터넷 한글문패 지식산업사
	영문문패 www.jisik.co.kr
	전자우편 jsp@jisik.co.kr
	Jisikco@chollian.net
	등록번호 1-363
	등록날짜 1969. 5. 8.

| 책 값 | 15,000 원 |

이 책을 읽고 저자에게 문의하고자 하는 이는
지식산업사 전자우편으로 연락 바랍니다.

대륙의 주먹도끼

이융조 · 임병무 · 하문식

지식산업사

들어가는 말

중국대륙의 구석기 연구는 아시아뿐만 아니라 세계적으로 큰 의미를 지니며 널리 주목받아 왔다. 그러나 제2차 세계대전이 끝난 뒤 중국정세의 변화로 자유주의 국가의 학자들은 중국 구석기에 대한 접근이 불가능하였으며, 단편적인 사항들만 드물게 전해져 왔을 뿐이다.

필자가 지금은 중국의 영토가 된 홍콩의 시립역사박물관에서 열린 『中國古人類展』을 보려고 홍콩을 방문한 것이 1983년 3월의 일이다. 거기서 보았던 중국 고인류의 캐스팅 자료들을 어떻게 하면 연구자료로 쓸 수 있을까 하여 관련 자료를 도록에 새카맣게 적었던 기억이 있다.

그뒤 필자에게 「북경인 발굴 60주년 기념 국제학술회의」(1989년 10월)에 참가하고 주구점유적을 방문할 기회가 있었는데, 그들의 연구방법과 그 결과를 접하게 되었음에 무한한 감회를 느꼈던 적이 있다.

　그리고 손보기 교수께서 주최한 「한·중 제4기 선사학회」 (1992년 5월 6일~9일)에 참가했던 중국 고척추동물·고인류연구소(IVPP)의 이전기(李傳夔) 부소장을 비롯한 참가자 전원이 우리 충북대학교 박물관을 방문하여, 두루봉과 수양개에서 출토된 유물들을 보았는데, 이는 우리가 중국으로 갈 수 있는 큰 관문을 통과한 셈이라고 하겠다.

　이러한 인연은 마침내 1992년 8월에 충청일보사의 후원 및 충북대학교 선사문화연구소의 주관으로 북경과 요령성 그리고 백두산 일대를 답사하게 된 계기를 열어주었다. 그참에 당시 외국인 방문객들에게 개방되지 않았던 요령성 일대를 방문할 수 있었고, 또 요령성 문물고고연구소(소장 : 辛占山)와 충북대학교 선사문화연구소(소장 : 이융조) 사이에 학술교류협정을 맺게 되었다. 이로부터 한·중 고고학 국제회의를 공동으로 개최하는 의미 있는 성과를 거두게 되었다.

　바로 이 회의는 중국, 러시아, 한국 학자들이 참가해 처음으로 한자리에서 마주했다는 데 그 의의가 있다. 그래서 세 나라의 학자들이 요령성 일대의 구석기 유적을 답사하며 토론했던 것은 지금 되돌아보아도 아시아 구석기 연구 발전에 기여하게 되었다고 생각한다. 그리고 처음부터 이러한 과정에 관여한 충청일보사 문화부 임병무 부장(현 충북일보 논설위원)은 날카로운 필치로 한·중의 선사문화와 현대문화를 견주는 문화 에세이를 써 왔는데, 이제 그 옥고들이 모여 이렇게 책자로 나오게 되었다. 그리고 매번 조사에 사진부 우상대 부장과 김대중 기자가 동행하였기에 좋은 사진을 만들 수 있었다.

　이 책이 나오기까지 여러분들의 힘이 보태졌다. 중국에서는 우리 입장을 깊이 이해한 고척추동물·고인류연구소의 이전기 부소장을 비롯한 여러 관계자들 특히, 우리 조선족인 김창주(金昌柱) 박사와 신옥선(申玉善) 여사 부부가 그 어려운 답사에 동행해 무난히 끝마칠 수 있도록 빈틈없이 도와주었던 것이 이 책을 만드는 데 큰 밑거름이 되었다.

그리고 두 번의 답사를 할 수 있게 해 준 충청일보사 이재준 편집국장과 권영관 전 국장, 충북은행장학회(회장 : 민형근 충북은행장)의 지원이 있었기에 이 또한 가능했다.

그리고 누구보다도 처음부터 끝까지 필자에게 용기를 북돋워 주고 궂은 일을 마다하지 않은 하문식 선생(현 세종대학교 역사학과 교수)이 아니었다면 이 책이 나올 수 없었을 것이다. 또한 언제나 옆에서 따스한 조언을 해 준 강상준 교수와 박선주 교수의 도움도 잊을 수 없다.

끝으로 회사의 어려운 여건에도 약속대로 이 책의 원고를 교정하고 출판하여 준 김경희 사장님께 심심한 사의를 표하고자 한다.

15년 전 홍콩으로 가서 중국행 비자를 받을 수밖에 없었던 그 당시를 생각하며 그 어려움 속에서도 뜻을 같이해 준 여러분들께 깊은 감사를 드리고 그분들의 노고를 치하하고자 한다.

2004년 3월

이융조

차 례

들어가는 말 · 5

1부 대륙의 주먹도끼

1부

대륙의 주먹도끼

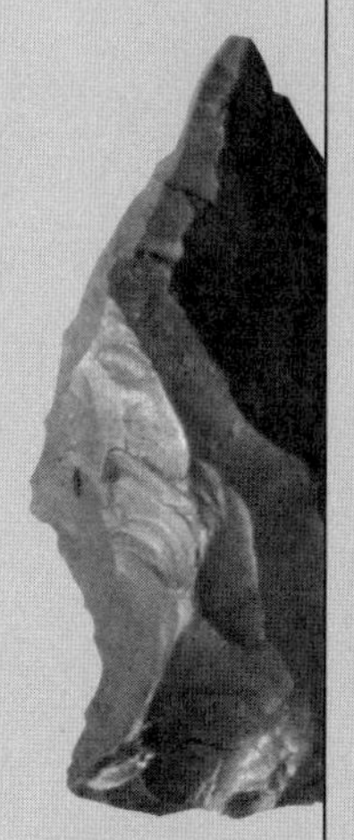

1. 아담의 조상들

중국과 한반도의 문화교류는 실로 오래 전부터 있어 왔다. 그럼에도 많은 사람들은 교류의 출발점을 역사시대로부터 해석하고 따라서 문물교류의 범주를 이 테두리 안에서만 따지려 들고 있다.

인류의 이동이나 문화교류의 상한선은 마땅히 선사시대까지 거슬러 올라가야 하고, 선사(先史)와 역사(歷史)가 맥을 이은 통사적(通史的) 눈으로 교류 흔적을 바라봐야 할 것이다. 이에 《충청일보》와 충북대 선사문화연구소(소장 : 이융조)는, 한국 언론계와 고고학계에서는 처음으로 중국 안의 세계적 선사 유적지인 금우산, 묘후산, 신락(新樂)유적 등을 중국과학원의 특별허가를 얻어 지난 1992년 7월에서 8월 사이에 몸소 답사했다. 대륙 가운데서도 특히 동북(만주)지방과 한반도의 중원지방(충청남북도)을 잇게 하는 이번 학술조사는 잃어버린 시기를 복원해 보면서 중원문화의 뿌리를 조명하고자 하는 작업이다.

충북은행장학회의 협찬으로 이번 학술조사는 충북대 이융조 교수(고고미술사학)를 단장으로 박선주 교수(체질인류학), 김창주 교수(중국과학원 고척추동물 · 고인류연구소), 하문식 강사(충북대 고고미술사학 ; 현 세종대 역사학과 교수), 임병무 충청일보 문화과학부장(현 충북일보 논설위원), 우상대 사진부 차장 등의 참여로 이뤄졌다.

역사적인 한·중 수교와 더불어 한·중관계가 더욱 가까워 질 것을 기대하며 이번 학술조사의 서장을 연다.

배달겨레의 조상은 언제 어디에서 온 것일까. 그들은 당시에 어떤 생활문화 아래서 어떻게 생활했으며, 한반도에는 어떤 경로를 타고 들어온 것일까. 이런 일련의 의문들을 풀어보자는 게 이번의 기획의도였다. 그러니까 이 기획이 담고 있는 내용은 거의가 단군(檀君)이 고조선을 세우기 이전의 이야기들인 것이다. 쉽게 말해 공룡시대나 호랑이 담배 피우던 시절까지 거슬러 올라간다. 그렇다고 할머니가 손주들에게 "옛날 옛적에……" 식은 결코 아니다. 학문적 바탕 위에서 실증 자료들을 견주고 분석하며 조상의 문화와 실체를 알아보자는 것이다.

천지창조론 쪽에서 보면 아담의 조상은 없다. 그러나 진화론 쪽에서 보면 아담의 조상은 있을 수밖에 없다. 여기서 일컫는 아담은 조물주가 만든 사람이 아니라 수만 년 또는 수십만 년 전에 이 땅에서 살아왔던 우리의 조상을 가리키는 대표 단수임을 앞서 밝혀 둔다.

우리의 조상을 밝히는 '뿌리찾기' 작업은 대략 두 가지 측면에서 학문적 접근이 가능하다. 첫 번째는 유물과 유적으로 본 석기(石器)사회의 재현이고, 두 번째는 유적에서 나온 사람뼈나 짐승뼈를 살펴봄으로써 생김새 및 인류의 이동을 가늠하는 체질인류학적 접근이 바로 그것이다.

합금술 제련기술이 발명되기 이전인 선사시대(문자로 기록되지 않던 시대)에는 생활용구라 해봤자 도리 없이 돌이나 나뭇가지 또는 짐승뼈일 수밖에 없다. 단단한 돌을 고르고 다듬어 사냥을 하고, 그 밖에도 살림살이 도구로 썼던 것이다. 처음엔 돌을 손질할 때 돌과 돌을 맞부딪쳐 날을 세웠다. 주먹도끼도 만들고 뾰족한 송곳모양의 찌르개도 만들었다. 큰돌(몸돌)에서 떨어진 작은돌(격지)을 연모로 다듬어 생선비늘을 벗기곤 했다. 이렇게 생활하던 타제석기(뗀석기) 시대를 '구석기'라 하고, 인류의 슬기가 발달하여 돌을 갈아서 쓰던 마제석기(간석기)시대를 '신석기'라 부른다.

단군이 나라를 열 당시는 신석기 또는 청동기에 해당한다. 그렇다면 선사인류(구석기·신석기시대인)는 어디를 거쳐 대륙에서 한반도로, 다시 일본열도로 옮아갔을까. 수십만 년, 수만 년 전 인류의 발자취는 유적에서 나온 유물을 견줌으로써 어느 정도 추적이 가능하다.

석기를 만든 방법과 겉모양 등을 견주어 보고, 암질과 유물에 붙어 있는 흙을 분석해 보고, 우라늄이나 탄소를 이용해 연대를 추정해 보는 등, 이들 방법으로 대륙과 한반도의 선사문화 교류를 검증할 수 있는 것이고, 그러한 확인작업이 한국고고학계와 언론계에서는 이번에 처음 시도되었던 것이다.

중국대륙과 한반도를 잇는 생활문화의 질긴 운명의 끈은 이미 30~50만 년 전부터 맺어졌다. 한반도 가운데서도 남한강과 금강을 끼고 있는 충남북 지방은, 대륙과 선사문화

유물조사
학술조사단 일행이 해성박물관에서 소고산 출토 뼈연모와 석기를 조사하고 있다. 석영을 재료로 한 석기는 제작수법이 다소 거친 편이다.

청원 두루봉동굴

공주 석장리 발굴현장

단양 금굴

교류가 더욱 뚜렷이 나타나는 구석기 문화의 보고(寶庫)이다. 지금까지 우리나라에서 발견된 30여 군데의 구석기 유적 가운데 약 3분의 1이 충남북에 밀집되어 있다.

50만 년 전의 쌍코뿔이와 4만 년 전의 인류 두개골이 출토된 청원 두루봉동굴을 비롯한 공주 석장리, 단양 수양개, 제천 창내, 단양 금굴, 구낭굴, 큰길가, 상시 바위그늘, 점말용굴 등이 그것들이다.

이 고장은 오늘날 중원문화권으로도 불리는데, 여기서 나오는 유물들이 놀랍게도 중국대륙에서도 나오고 있음을 이번 취재에서 확인했고, 이러한 확인작업은 바로 중원문화의 원류를 밝힌다는 점에서 큰 의의가 있는 것이다. 좀돌날(작은 돌날)이나 배모양석기(석기를 떼내고 다듬다 보면 밑면이 V자 배 모양처럼 됨) 등을 서로 견주어 본 결과, 이번 학술조사에서 단장을 맡았던 이융조 충북대선사문화연구소장은 대략 선사인의 이동 경로를 다음과 같이 설정하고 있다.

중국 산서성(山西省)의 하천(下川)유적에서 선사문화 제1루트는 산동반도 → 단양 수양개 → 전남 화순 곡천 → 일본 구주로 이어졌다는 것이다.

제2루트는 수양개에서 북진해 평양 만달리를 거쳐 일본 북해도로 건너갔으며, 제3루트는 평양 만달리에서 중국 호두량(虎頭梁)으로 되돌아갔다는 주장이다. 중국 산동반도에서 공주로 직접 올 수 있었던 까닭은 홍적세 말기인 2만 년 전만 해도 황해는 바다가 아니었고 육지로 이어졌기 때문이라는 것이다. 바다가 없었던 까닭에 쌍코뿔이나 들소, 동굴곰 따위의 이동이 가능했고, 이때 갈밭쥐와 땅쥐들도 살금살금 사람들을 따라 이

동했다는 것이다.

이번 조사에서 청원 두루봉동굴에서 나온 쌍코뿔이와 동굴곰을 북경 주구점 출토 짐승뼈와 견주어 본 결과, 흡사한 점이 여러 곳에서 발견되었고, 중국 금우산(金牛山)유적에서 나온 땅쥐 이빨은 남한에서 유일하게 단양 구낭굴에서 나온 것과 같았다. 충북대 박물관에 소장된 땅쥐 이빨을 확인한 이는 이번 조사에 참여했던 중국과학원 고척추동물·고인류연구소에서 유일한 교포학자인 김창주(金昌柱) 교수였다. 선사인류 규명의 두 번째 방법인 체질인류학적 접근은 미국 버클리대학에서 수학한 박선주(朴善周) 교수가 맡았다.

출토된 사람 뼈 두개골의 형태를 분석해 봄으로써 겨레의 체질적 특성을 알아내고, 우리 겨레가 어디로부터 왔는지 확인작업이 가능하다. 실눈에다 광대뼈가 튀어 나오고 코는 납작하고 중키에 살 붙음이 통통한 몸매를 지닌 게 겨레의 외형적 특징이다. 이빨의 생김새를 보면, 부삽모양의 앞니가 있으며, 어금니 씹는 면과 작은 주름돌기(시노이빨) 등이 특징인데, 이런 이빨을 가진 사람은 오직 동북아시아에 살던 곧선사람(호모 에렉투스)말고는 지금까지 이 지역에서 높은 빈도로 나타났다. 흔히 몽골리안이라고 부르는 동북아시아의 인류와, 한반도 특히, 그가운데서도 충남북 중원문화 사이의 관계를 밝히는 것이 이번 학술조사의 초점이라 하겠다.

박선주 교수
충북대 고고미술사학과의 박선주 교수(가운데)가 주구점에서 출토된 북경원인 두개골을 살펴보고 있다. 고척추동물·고인류연구소에는 중국 안의 주요 유적에서 출토된 유물들을 보관하고 있다.

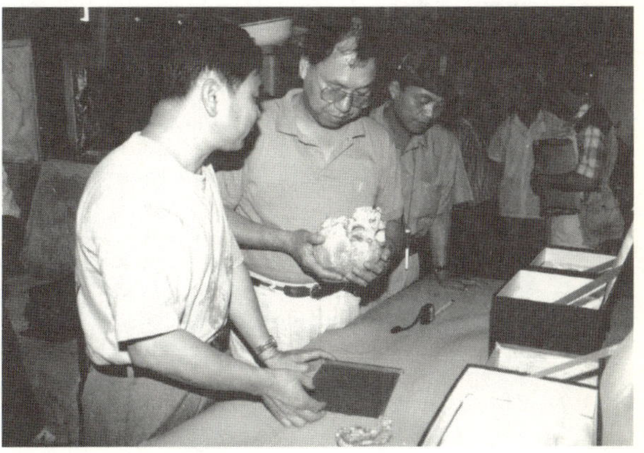

2. 자유의 선사인

비행기 창문 밖으로 서해안의 작은 섬들이 깨알처럼 멀어져 갔다. 뭉게구름 사이로 숨바꼭질을 하던 작은 섬을 구경하는 것도 잠깐이다.

실제 거리보다 상처 입은 역사의 거리가 훨씬 멀었기에 대륙의 선사유적 취재는 매우 복잡한 과정을 거쳐 허락되었다. 그 취재를 가능케 한 것은 개방의 열풍 끝에 성사된 한·중 수교였고, 이 바람에 중국과학원의 특별배려가 있었다. 두 체제의 빙하를 녹인 한·중 수교는 어쩌면 태고의 메커니즘으로 복귀한 듯한 인상마저 들었다.

기실 인류역사의 90퍼센트 이상을 차지하고 있는 선사시대에는 대륙과 한반도 사이에 문화의 교류가 지금보다 훨씬 자유로웠기 때문이다. 주먹도끼를 쓰던 그때는 체제나 이념도 없었고 국경선이나 비자발급도 필요 없었다. 홍적세(洪績世) 말기에 해당하는 2만 년 전에는 해수면이 지금보다 130m쯤 낮아 대륙과 한반도가 땅으로 이어진 덕택에 선사인들은 이동할 때 헤엄칠 필요가 없었다. 야생동물을 가축으로 길들이지 않은 시대이기 때문에 코끼리나 말을 타고 여행길에 나서지는 않았지만, 걸음만으로도 한반도, 일본열도, 시베리아, 로키산맥을 얼마든지 오갈 수 있었다.

자유의 선사인. 학술조사단은 지금 대륙과 한반도를 오간 자유의 선사인을 만나러 가고 있다.

첫 기착지인 상해(上海)엔 늦더위가 기승을 부렸다. 태양 아

중국과학원 [Chinese Academy of Science, 中國科學院]
전신은 중화민국 당시의 중앙연구원(中央研究院) 및 북경연구원(北京研究院)이며, 당시의 연구소는 20여 개, 연구 스태프는 2000여 명이었는데, 이를 바탕으로 1949년 11월 1일에 세워졌다. 자연과학에 관한 한 중국 최고의 학술기관으로서, 처음에는 사회과학부문인 철학사회과학부(哲學社會科學部)도 산하에 있었으나, 1977년 중국사회과학원으로 독립시킴으로써 자연과학연구만를 위한 독립기구로 거듭 태어났다. 북경의 본부말고도 상해(上海), 남경(南京), 합비(合肥)와 그 밖의 8개 주요 도시에 분원을 두고 있으며, 직속 연구원 양성기관인 합비 중국과학기술대학이 있다. (Encyber 제공)

래 대륙의 창문도시는 바글바글 끓어올랐다.
자연적 열기에다 한·중 수교 열기가 보태어
져 체감온도는 더욱 올랐다. 아편전쟁이 끝
난 1842년에 체결된 남경(南京)조약으로 열
강의 조차지가 되었던 상해는 한동안 잠가
놓았던 대륙의 빗장을 다시 풀어 놓았다. 전

상해의 전경과 소주강(蘇州江)
중국 최대의 상공업도시 상해의 전
경으로 왼쪽의 다리는 외백도교이
다. (이미지월드 제공)

통과 현대, 보수와 개혁, 그리고 동서양이 뒤섞인 대륙의 창
(窓)은 '개방' 이라는 시대적 명제 앞에 몸부림을 치며 발전으
로 가는 홍역을 앓았다. 상해의 문명을 일으켜 놓은 양자강(楊
子江). 일반적으로 장강(長江)이라고 부르는 양자강은 억겁을
굽이쳐 흐르며 이를 중심으로 화북(華北)과 화남(華南)의 문화
권을 일찌감치 갈라놓았다. 장강을 경계로 두 지역의 기후조건
이 다소 다르기 때문이다.

네 번의 빙하기와 간빙기가 내리 덮친 대륙에서 화북지방은
춥고 따뜻함의 기후 교체 현상이 심했고, 화남지방은 비교적
기후변화가 덜했다. 따라서 두 지역에서 각각 생성하던 동식물
군락은 다소 종류를 달리할 수밖에 없었다.

후기 홍적세에 들어와 화북지방에서는 이리, 동굴곰, 보통
말, 털코뿔소, 큰뿔사슴, 옛소 등이 살았고, 화남지방에서는 송
곳이빨을 가진 코끼리, 물소, 물사슴, 옛코끼리 등이 서식했다.

상해의 양자강

한반도와 연관된 지역을 꼽자면 아무래도 화북지방이고, 그
가운데서도 요령(遼寧)·길림(吉林)지방과 친연성이 더욱 깊다.
화북지방에 살던 동물들은 중국의 동북쪽이나 시베리아로 이
동했으며, 한반도에서 출토된 쌍코뿔이, 동굴곰(청원 두루봉),
땅쥐(단양 구낭굴) 등 동물화석을 살펴볼 때 한반도로 이동했

음을 미루어 짐작할 수 있다. 추위와 따뜻함이 일정한 주기를 두고 번갈아 찾아왔던 당시에는 평균기온이 얼마나 되었을까.

따뜻할 때는 연평균기온이 지금보다 높았고 추울 때는 지금보다 섭씨 4~7도 정도 낮았다. 그로 말미암아 식물의 군락은 냉기의 경우 소나무과의 침엽수림이 주로 자랐고, 온난기에는 넓은잎나무 군락 또는 넓은잎나무와 바늘잎나무가 뒤섞인 식물군락을 이루었다.

화남지방의 구석기 유적으로 관음동(觀音洞), 귀주(貴州), 원모(元謀) 등이 유명하다. 동북아 인류의 원조로 치는 것은 북경 근처 주구점에서 출토된 북경원인(北京原人)이지만, 중국대륙에서 구석기 인류화석으로 가장 오래된 170만 년 전의 원모인(元謀人)은 화남지방[雲南省]에 자리한 유적에서 나왔다.

큰 강을 사이에 두고 문화를 달리하는 것은 예나 지금이나 마찬가지이다. 양자강뿐만 아니라 황하(黃河)를 사이에 둔 하북(河北)과 하남(河南)의 문화권도 다르다. 우리 민족과 연관이 있는 요하(遼河)의 경우도 그렇다. 요하의 동쪽인 요동(遼東)지방에서는 배달의 흔적을 많이 찾아보게 되나, 요하의 서쪽인 요서(遼西)지방에는 그 흔적이 매우 드물다.

신석기시대 이른바 북방식고인돌(탁자식)의 경우도 요동지방에서는 많이 발견되고 있으나 요서지방에서는 별반 나타나지 않는다. 요령성 해성(海城) 근처의 석목성(析木城)유적의 고인돌은 무게만 해도 무려 35톤에 달한다. 사람 키보다도 더 큰 돌을 굄돌로 사용한 이 고인돌은 한반도에

북경원인이 출토된 지점
학술조사단이 50만 년 전의 북경원인 두개골이 출토된 동굴내부를 조사하고 있다. 왼쪽부터 이융조 교수, 박선주 교수 그리고 임병무 과학교육부장. 현장에선 지금도 사슴뼈 등이 출토되고 있다.

서도 자주 나타나는 유형의 신석기-청동기시대의 무덤이다. 아시아의 노른자위에 자리한 중국대륙은 960만㎢로 유라시아 대륙을 놓고 볼 때 유럽전체 면적보다 크다. 그런 까닭에 중원을 중심으로 한 각 지역이 독특한 문화권을 형성하고 있다.

인종이나 의식주문화도 다르고 언어조차 지방마다 다르다. 변방 사람들이 몰려드는 북경에서 지역이 다른 사람들이 만나면 의사소통에 어려움을 겪는 경우가 허다하다. 한족(漢族) 말고도 56개 소수민족이 살고 있고 방언도 많은 까닭에 오늘날 중국은 북경지방의 만다린어를 표준어로 삼고 있다. 상해의 음식문화는 북경이나 만주지방과 조금 다르다. 일반적으로 음식이 덜 느글거리고 담백한 맛을 내며 빵이나 고기의 크기가 조금 작다. 늘씬한 키에 차이나 드레스를 입은 미녀가 음식 시중을 들고 큰 음식점에서는 비파와 양금이 식사시간을 즐겁게 해 준다.

이러한 의식주문화는 어느 날 갑자기 생겨난 것일까. 대하(大河)의 흐름과 같은 인류문화가 일조일석에 생겨날 리는 없다. 기후조건에 순응하며 살아온 생활문화가 그 지역 사람의 유전인자 속에 내재되어 수십만 년을 두고 이어지지 때문일 것이다. 이는 장강이나 황하가 주변의 옥토에 물꼬를 대는 것과 같은 이치이다.

국제도시로 급부상하는 상해엔 외국인의 물결이 황포강변을 누빈다. 외국인의 왕래가 잦은 탓인지 한여름 관광철이 되면 북경행 비행기표를 사기가 매우 힘들다. 그러나 티켓을 사기 힘들다고 포기하면 손해다. 끈질기게 접근해 채근하면 슬며시 웃돈을 요구한다. 매사에 급할 것 없다는 만만디[慢慢的] 철

북방식 고인돌(탁자식)

석목성유적의 고인돌

북경의 여러 민족과 언어
북경 주민 가운데 압도적으로 다수를 차지하는 종족은 한족(漢族)이며, 회족(回族), 만주족, 몽골족이 최대의 소수민족 집단을 이룬다. 북경의 주민은 외부인들이 이해하기 어려운 방언을 쓰지만, 교육받은 주민들은 현대표준중국어[普通話]를 사용할 수 있다. 북경에는 소규모이기는 하지만 점차 확장되고 있는 외국인 거류지가 있다.

만다린어[Mandarin language]
북방중국어라고도 함. 중국에서 가장 널리 쓰이는 언어 형태이다. 만다린 중국어는 북경과 그 주변 지역에서 사용되는 형태로 현대표준중국어(궈위[國語] 또는 푸퉁화[普通話]라고도 함)의 기초가 되었다. 현대표준중국어는 타이완의 공식어이기도 하다. (한국브래티니커 제공)

북경의 거리와 자전거

서양의 기준으로 보면 북경의 생활 리듬은 느린 편이라고 할 수 있다. 사람들은 버스나 자전거로 통근하는가 하면, 무더운 여름날 저녁에는 시원한 바람을 쐬거나 잡담을 하기 위해 집 앞에 나와 앉아 있다. 시민들은 폭넓은 여가활동을 즐기는 편이며, 특히 건강을 위한 여가활동에 치중하여 전통 무술인 태극권(太極拳)이 광범위하게 성행하고 있다. 길가나 공원에서 혼자 또는 집단으로 태극권을 연습하고 있는 모습을 쉽게 볼 수 있다. (사진 : 두산백과사전 제공, 글 : 한국브리태니커 제공)

국제도시 상해
두산백과사전 제공

학이 몸에 밴 그들에게 급하게 굴면 오히려 손해본다.

3. 고척추동물 · 고인류연구소

가로수 사이로 북경의 태양이 졸고 있다. 여름철 한낮이면 느긋하게 점심을 먹고 잠깐의 오수도 청하는 게 만만디 철학을 가진 중국인의 습성이다.

춤과 우슈로 요란을 떠는 아침과 느긋한 오후, 그리고 네온사인으로 밤 화장을 하는 북경은 하루에도 여러 번 모습을 바꾼다. 거대한 잿빛도시에 불어 닥친 개혁의 바람으로 북경 시민들은 수십 년 동안 몸에 걸쳤던 폐쇄와 보수의 외투를 저마다 벗어던지고 있다.

북경의 외곽에서 여장을 푼 학술조사단은 이번 학술조사의 초청기관인 고척추동물 · 고인류연구소를 찾아 나섰다. 중국 과학원 산하의 고척추동물 · 고인류연구소는 중국 안의 선사유적의 책임발굴은 물론, 이와 관련된 연구를 맡고 있는 중국고고학의 핵심 기관으로서 연구소장은 장관급에 해당된다.

중국 고고학자 대부분이 이곳에서 연구하고 있으며 북경원인(北京猿人), 남전인(藍田人), 자양인(資陽人), 마파사람 등 중국 안의 선사유적에서 발굴된 주요 인류화석과 석기가 이곳에 보관되어 있다.

구점상(邱占祥) 연구소장을 비롯해 유동생(劉東生), 오여강(吳汝康), 오신지(吳新智), 가란파(賈蘭坡), 황위문(黃慰文), 개배(盖培), 정가견(鄭家堅), 우옥주(尤玉柱), 이전기 등 세계적 석학을 만날 수 있는 곳이다.

유일한 교포학자로는 김창주 씨를 들 수 있다. 조선족 3세인 그는 장춘대 지질학과를 졸업하고 지난 1976년부터 이곳에서 근무하고 있는데, 선사시대 젖먹이동물을 연구하고 있다고 했다. 올해 안에 충북대박물관을 두 차례 방문한 바 있는 그는 중국 관련 학계에서 알아주는 한국통으로 이번 학술조사의 산파 구실을 톡톡히 해냈다.

김 교수의 동갑내기 아내인 신옥선 여사도 고인류연구소에서 함께 연구하고 있다. 부부의 직장이 대개 갈라져 있는 중국 사회에서 김 씨 부부는 드물게 보이는 이색커플이다. 신 여사는 이 연구소의 회계를 맡은 살림꾼으로 중국어와 우리말에 능통한 까닭에 김 교수와 번갈아 학술조사단의 안내를 맡았다. 김 교수와 신 여사는 장춘(長春)에서 만나 오랜 연애 끝에 결혼하여 슬하에 남매를 두고 있다. 한·중 수교와 더불어 고고학의 국제교류가 활발해지는 가운데 중국과학원은 김 교수를 한국통 또는 일본통으로 육성하는 듯했다.

여름이 익어가는 공원의 벤치에는 젊은 남녀가 쌍쌍이 앉아 밀어를 주고받고 있었다. 더러 낯 뜨거운 장면이 연출돼도 마주앉은 노인네나 행인들은 관심 없다는 표정이다.

사시나무 가로수가 띄엄띄엄 늘어선 간선도로를 따라 북경시(北京市) 서외대가(西外大街) 142호로 접어드니 학술조사단의 초청기관인 고척추동물 · 고인류연구소가 육중한 모습을 드러냈다.

청사는 꽤 오래된 건물이었다. 4층 높이의 청사는 방문객에게 다소 우중충한 맛을 주었지만, 건물이 어둡거나 책상 의자

구점상 교수

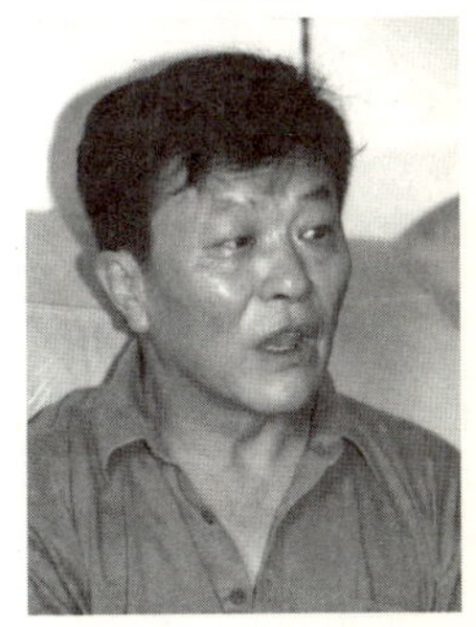

개배 교수

김창주 교수와 신옥선 여사
고척추동물·고인류연구소의 유일
한 교포 부부. 한국통으로 알려진 김
씨는 이곳에서 고(古)포유동물을 전
공하고 있다.

등 사무집기가 볼품없다 해도 그런 겉멋에는 좀처럼 신경을 쓰지 않는 게 중국인의 생활의식이다. 구점상 연구소장은 낡은 건물을 의식해서인지 "내년 신청사가 완공되면 쾌적한 환경에서 연구를 하고 손님을 맞을 것" 이라고 설명했다. 청사의 규모는 사실 학술조사단에게도 관심의 대상은 되지 못했다. 건축양식을 보러온 것이 아니라 그 안에 담고 있는 지식의 축적과, 보관하고 있는 선사유물을 관찰하는 데 목적이 있기 때문이다.

우옥주 행정처장의 안내로 수십만 년 동안 땅속에서 침묵하던 동북아 인류의 조상들을 드디어 만났다. 북경 근처 주구점에서 1929년 발견된 북경원인의 두개골을 비롯해, 남전·자양·마파사람 진품이 남청색 상자에서 밖으로 나왔다. 억겁을 숨겨온 해골의 외출이다. 머리뼈 앞뒤가 길고 턱이 튀어 나온 짱구형의 원인(原人) 두개골에서 현대인류와 비슷한 모양의 두개골까지 이들은 인류의 진화과정을 그대로 보여 주었다.

인류의 화석은 두개골뿐만 아니라 무릎뼈, 정강이뼈, 사지뼈, 이빨 등이 출토되고 있지만, 인류의 발달을 체질인류학적으로 가장 정확히 규명할 수 있는 자료는 역시 두개골화석이다. 이 때문에 연구소들끼리 발굴된 두개골을 놓고 묘한 갈등을 빚는다든지, 북경1호인처럼 두개골이 증발되는 희한한 사건도 발생하는 것이다.

지난 1989년 북경에서는 북경1호인 두개골 발견 60주년을 기념하는 학술회의를 연 바 있다. 이때 세계 각국의 관련학자 다수가 참석했고, 우리나라에선 이번 학술조사단 단장을 맡았던 이융조(李隆助) 교수가 참석했지만 당시에도 두개골 진품을 공개하지 않았다.

　땅속에서, 상자에서 억겁의 잠을 깨운 것은 다름 아닌 한·중 수교 때문이리라. 경기도 전곡리나 단양 수양개유적을 연상케 하는 주먹도끼와 잔석기들도 가란파 교수와 개배 교수의 방에서 볼 수 있었다. 일곱 빛깔 무지개를 보는 듯 호두량 출토 잔석기들은 아름다운 모습을 뽐냈다. 옥(玉)을 가공한 듯한 선인들(후기구석기 1만1천 년)의 세련된 손놀림은 단순한 생활의 방편이었을까. 남한강 금강 가의 선인들과 교류흔적을 엿보게 하는 호두량 석기들은 어쩌면 황하유역에 대륙의 문명과 예술을 일으킨 원조(元祖)였는지 모른다. 중국 안의 선사유적 발굴을 도맡고 있는 고척추동물·고인류연구소가 태동한 때는 '북경사람'이 발굴되던 1929년이다. 당시 중국지질조사소 신생대 연구실로 출발하여 기구를 확장, 지난 1949년부터 현 체제를 갖춰 오늘에 이르고 있다. 그동안 이 연구소는 주구점 발굴을 비롯하여, 산서(山西)의 정촌(丁村), 서후도(西候度) 하천(下川),

고척추동물·고인류연구소
중국 내 선사유적의 발굴과 연구의 중추적 구실을 맡고 있는 중국과학원 고척추동물·고인류연구소 전경. 북경시 서외대가에 자리해 있다.

남전인(藍田人) 화석
중국대륙에서 가장 오래된 인류의
두개골과 아래턱뼈로 1백80만 년 전
의 화석이다. 황하 남쪽 섬서성에서
출토된 것으로 두발로 걸은 원인(猿
人)이다. 이 화석은 중국과학원 고척
추·고인류연구소에 보관돼 있다.

섬서(陝西)의 남전(藍田), 하남(河南)의 소남해(小南海), 요령(遼寧)의 묘후산(廟后山), 금우산(金牛山)유적 등 중국 안의 주요 선사유적 발굴의 사령탑 구실을 맡아 왔다. 이곳에서는 고(古)생물학, 생물형태학, 계통발생학, 지질학, 고환경학, 구석기고고학 등 선사고고학과 관련된 모든 분야를 망라하고 있다.

현재에는 고어류학, 고파충류학, 고포유동물학, 고인류학 등 4개 분야로 나눠 연구를 진행하고 있다. 이와 더불어 선사유적지에 박물관을 건립한다든지 선사유물의 복제품 제작 등 관리 업무도 맡고 있다. 약 300여 명의 직원이 근무하고 있는데, 그 가운데 절반가량인 150여 명이 각 분야의 연구원이고 나머지는 연구를 지원하는 행정요원이다. 우리나라 선사고고학이 대학 중심이라면 이곳은 브레인을 한곳에 집적시키는 중앙통제방식을 취하고 있다. 연구원 대다수는 서외대가(西外大街) 연구소 부근의 아파트에서 생활하며, 원로교수의 경우 개인집을 비롯해 전화까지 있다.

4. 한·중 학술협력 시대

땅거미가 어슬어슬 기어들자 북경의 불볕더위가 잠시 주춤했다. 도시가스 공사장에 나섰던 노무자들이 귀가길을 재촉했다. 북경의 막일꾼들은 대개 변두리 지역에서 몰려들었다. 때문에 북경의 유동인구는 2백만에서 3백만 명을 헤아렸다. 하루

일당 20~30위엔(元 ; 한화 3천~5천 원 상당)을 받고 지하철이나 도시가스 공사에 나서는 막일꾼이 상당수였다.

학술조사단 일행은 요기라도 할까 해서 북경의 뒷골목으로 접어들었다. 북경에서 우연히 만난 안귀숙(安貴淑) 씨와 동행했다. 김포공항 문화재 감정관실(뒤에 인천국제공항으로 바뀜)에 근무하는 안 씨는 중국의 고도 낙양(洛陽) 등지에서 주로 불적(佛跡)을 조사하고 있었다.

"중국의 불교유적엔 아직도 문화혁명의 상처가 많이 남아 있어요. 용문(龍門)석굴의 경우도 석불 곳곳이 훼손되고 벽면의 마애불도 많이 파괴되었습니다."

안씨는 문혁의 회오리 속에서 불적이 미신으로 간주돼 수난을 겪었다고 안타까워했다.

가로등이 졸고 있는 북경의 뒷골목에는 곳곳에 수박이 산더미처럼 쌓여 있었고 웃통을 벗은 행상은 앞다퉈 손님을 끌기에 바빴다. 거리의 행상도 일정한 세금을 내고 개인영업에 나서고 있는데, 국영상점보다 수입이 짭짤해 이제는 개인상점이 전체의 30~40퍼센트를 차지하고 있었다. 개인상점의 비율은 점점 높아가고 있다.

잿빛도시의 유흥가는 그런대로 현란하다. 북경 곳곳의 노래방을 찾으면 손님 대개가 한국인이거나 일본인이다. 음주가무에 천재적 재질을 지녔기 때문일까. 대륙 여행자에게 북경의 노래방은 향수를 달랠 수 있는 유희장이기도 하다.

네온사인이 명멸하는 카바레에선 캄보밴드에 맞춰 수십 쌍이 원무를 그렸다. 블루스나 지르박보다

북경1호인이 나온 주구점 유적

용문석굴
중국 하남성(河南省) 낙양(洛陽) 남쪽 강기슭의 높은 곳에 있는 석굴. 이곳에는 조각이 새겨져 있는 중국 석굴사원들이 모여 있다. 육조시대의 북위(北魏 : 386~536) 때 건축을 시작해 6세기와 당대(唐代 : 618~907)까지 산발적으로 공사가 계속되었다. 494년 북위가 수도를 평성(平城 ; 지금의 산서성(山西省) 대동(大同)을 일컫는다)에서 남쪽 낙양으로 옮긴 뒤, 수십 년에 걸쳐 운강(雲崗)에 석굴사원을 건축한 대역사를 본받아 시작한 것이다.(한국브리태니커 제공)

는 왈츠 탱고음악을 더 좋아했다. 무덥고 지루한 여름밤이 지나고 아침이 오면 정부청사 앞이나 광장에서는 춤과 태극권의 물결이 교차한다. 젊은층의 디스코와 중년층의 탱고, 노년층의 태극권이 아침마다 펼쳐진다. 전통과 사회주의와 자본주의를 오가는 중국인의 삼면구조를 아침운동에서도 찾아볼 수 있었다.

고고학을 포함한 학술분야에서도 개방의 열풍은 대륙을 강타하고 있다. 오랫동안 밀봉해 두었던 주구점, 금우산, 묘후산 등 중국 안의 주요 유적지를 외국학자나 언론인에게 공개한 것이나, 1989년 북경에서 열린 국제 고고학술회의에서 보듯 중국은 이제 학술분야에서 홀로서기를 포기하고 외국과 협력관계로 접어들고 있다. 지정학적으로 보아 대륙은 한반도 및 일본열도와 불가분의 관계를 맺고 있기에 동북아시아 지역에서 고고학 교류의 필요성은 더욱 커졌고, 이번 학술조사단과 함께한 일도 그런 맥락에서 풀이되고 있다.

중국과학원 고척추동물·고인류연구소의 학자들은 한결같이 한반도와 긴밀한 학술교류를 희망해 왔고, 그가운데서도 충남북 지역의 선사유적에 깊은 관심을 드러냈다. 그것은 역사시대 이전의 선사고고학이 어떤 특정지역을 뚝 떼내어 그 지역만을 연구할 때 지역적 편협성을 극복할 수 없는 데다가, 금강 남한강을 끼고 있는 충북의 석회암지대 선사유적 주변환경이 금우산 등 중국 선사유적의 고(古)환경과 매우 흡사하기 때문이다. 지역의 연계성, 그것은 바로 대륙과 한반도의 선사문화를 잇는 질긴 끈으로 작용하고 있다.

　이번 학술조사단을 맞아들인 중국 고척추동물·고인류연구소 쪽이 충북대 선사문화연구소에 중국 안의 선사유적의 공동발굴과 유물의 공동전시를 제안한 것은 실로 충격적인 사실이 아닐 수 없지만, 양국의 관련 학계는 이미 몇 차례의 학술교류로 말미암아 이 같은 합의도출의 잠재력을 키워 왔다고 하겠다. 고인류연구소 우옥주 행정처장의 첫 번째 제의는 충북대와 손잡고 주구점유적을 공동으로 발굴하자는 것이었다.

　동북아 인류의 고향으로 일컬을 정도로 이름난 북경 근처 주구점유적은 1927년부터 발굴이 시작됐지만, 65년이 지난 오늘날에도 발굴조사가 계속될 정도로 방대한 유적이다.

　유적 공동발굴을 제의받은 곳은 아직 뚜껑을 열지 않은 주구점 제26지점인 석가무(石家霧)지역이다. 주구점 1지점에서 약 15㎞ 떨어진 석가무 지역은 시멘트공장이 들어선 곳으로, 석회석을 캐다 박쥐 이빨 등 동물화석이 출토돼 공사를 중지시키고 보존하고 있는 곳이다.

　학술조사단은 일단 이곳을 방문하여 주변 상황을 살펴보며

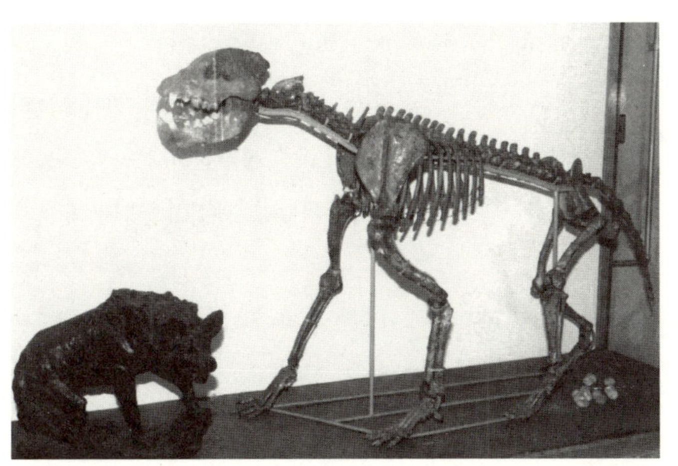

주구점 유적에서 출토된 중국 하이에나
한국과 중국의 관련 학계가 유물의 교환전시에 합의함으로써 앞으로 복제품의 교환전시가 가능케 됐다.

주구점의 석가무(石家霧) 유적
학술조사단이 중국 고척추·고인류 연구소로부터 공동발굴을 요청받는 주구점 제26지점 석가무 유적. 이융조 교수와 박선주 교수가 유적을 조사하고 있다.

가능성을 타진해 보았으나, 시멘트 분진이 심해서 공동발굴의 걸림돌이 될 것으로 걱정했다. 조사단은 26지점이 어려우면 재발굴의 여지가 있는 제4지점의 발굴 등을 제의했는데, 이 문제는 추후 실무진들의 협의를 거쳐 결말이 날 것 같다. 공동발굴의 선택지점이 어떤 곳이건 중국과 한국의 관련 학계가 공동발굴이라는 전대미문의 합의점에 도달한 것만 해도 양국 학술교류의 상징적 의미를 찾을 수 있고, 충북대 쪽에서 보면 국제화의 기류를 먼저 감지한 선두주자가 되는 셈이다. 양국의 학술교류에서 두 번째로 논의된 현안은 한국과 중국의 선사유물의 교환전시였다. 가령 주구점에서 나온 동굴곰과 청원 두루봉에서 출토된 동굴곰화석을 한자리에 놓고 견주어서 연구해 보자는 식이었다.

인류와 함께 동북아에서 살았던 동물의 화석을 견주어 봄으로써 동물의 종(種)과 기후조건을 알아낼 수 있고 당시의 문화상과 생활상의 복원이 가능하기 때문이다. 교환전시에서 또 하나의 이점은 화석의 멸실 부위에 대한 보완기능에 있다. 실례로 청원 두루봉에서 출토된 쌍코뿔이와 주구점에서 나온 쌍코뿔이는 서로 비슷한 점이 많은데, 두루봉 쌍코뿔이는 출토 당시 아래턱이 있고 위턱 일부가 소실된 데 견주어 주구점의 쌍코뿔이는 그 반대여서 유물을 교환 전시할 경우 잃어버린 부분의 복원이 가능하다.

그렇다면 동물의 뼈화석을 이리저리 어떻게 옮길 것인가 하고 궁금증이 나겠지만, 그 문제는 합성수지나 석고를 이용한 복제품으로 간단히 해결할 수 있다. 복제품이라고 해도 워낙 정교하게 제작되기 때문에 실물과 똑같으며 부피가 가볍고 조립이 가능하여 다른 곳으로 이동이 편리하다.

유물복제품의 교환은 이미 국제적으로 보편화되어 있다. 우리나라에서 사라(史羅)문화재연구소(소장 : 金聲玉)를 비롯해, 충북대 고고미술사학과 박선주 교수(체질인류학) 등이 이 분야에 조예가 깊다.

지난 1989년 북경에서 열린 '국제고고학술회의' 에 충북대

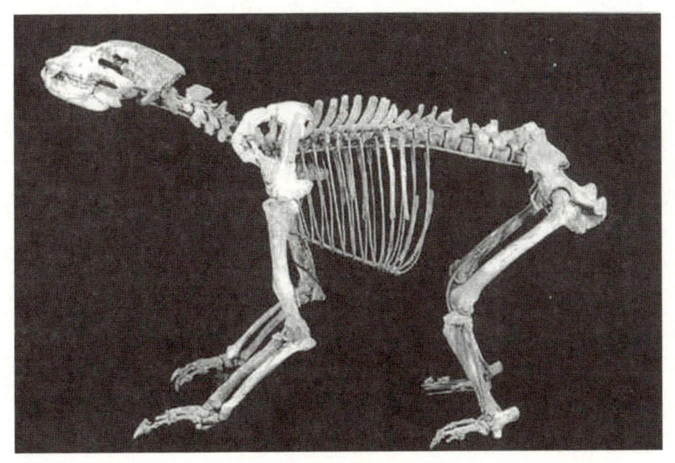

청원 두루봉의 동굴곰

홍수아이

청원 두루봉동굴의 흥수굴 발굴 조사 때(1982.12~1983.1) 흥수아이의 뼈가 발견되었는데, 사진은 출토된 뼈를 바탕으로 복원한 것이다.

이융조 교수는 청원 두루봉에서 출토된 4만 년 전의 인골인 '흥수아이' 두개골 복제품(캐스트)을 중국 고척추동물·고인류연구소에 전달한 바 있고, 이번 학술조사에서도 길림성과 요령성 문물고고연구소에 같은 복제품을 기증했다.

5. 학자들의 만남

북경의 천안문 광장은 관광인파로 늘 북적댔다. 황인종과 백인종에 흑인종도 종종 눈에 띄었다. 외국인에게 막혔던 광장은 어느새 인종시장으로 변했다. 문화혁명의 시련 속에서도 위용을 보전한 자금성은 만리장성과 더불어 중국인의 자존심이자 관광산업의 핵심 자리를 차지하는 외화 획득원이다. 종래 지배계층의 거처라고 홀대받아 오던 유적이 오늘날 황금알을 낳는 거위로 변한 것이다

북경의 거리엔 미니스커트와 반바지의 물결이 수를 놓았다. 자전거를 탈 때 치마가 거추장스러우면 치맛자락을 핸들위에 살짝 걸치고 페달을 밟는다. 남자들은 너도나도 구멍 뚫린 구두를 신고 있다. 우리나라에서도 한때 유행하던 이 구두가 여름을 맞은 북경중심가에 상륙했다.

천안문 광장엔 한 차례 장마바람이 불어왔다. 여인의 스커트가 비바람에 휘말렸다. 처마 밑 돌계단에서 졸고 있는 아낙은 광장 바람에 치마폭이 감겨 속옷이 더러 노출되었으나 아무렇지도 않다는 표정이었고 그러한 현상

북경 천안문

Encyber 제공

은 행인들의 시선을 끌만한 구경거리도 아니었다.

아이스크림 장수의 호객을 뒤로 하며 다시 고척추동물·고인류연구소로 찾아들었다. 가란파 교수는 유동생, 오여강 교수와 더불어 중국고고학계를 대표하는 원로학자이다. 70노구에 거동은 불편했지만 학구열은 식지 않았다. 산서성의 정촌(丁村)유적 석기 등 중국 안의 중요 선사유적의 석기 발굴과 연구는 거의 그를 중심으로 이루어지고 있다.

가 교수는 수제자인 황위문 교수와 같은 연구실에서 근무했다. 연구실에는 중국 안의 각 지역에서 출토된 석기가 널려 있다. 특히 정촌 유적에서 출토된 주먹도끼와 찌르개는 떼임질이 확실하고 끝부분이 매우 예리했다.

학술조사단 일행을 반갑게 맞아들인 가 교수는 "한국과 중국의 석기가 제작수법에서 비슷한 점이 많다"고 말머리를 꺼낸 뒤 "두 나라 학계가 함께 연구하여 고대 인류의 이동을 규명하자"고 제안했다. 고대이건 현대이건 아래윗집에 살면 할 말이 많기 마련이다. 한동안 정치적 이유로 대화가 끊겼었는데 요즘 와서 언로(言路)가 다시 이어지고 있으니 역사는 돌고 도는 모양이다.

가 교수는 주구점의 석기와 경기도 전곡리의 석기가 매우 비슷하다고 지적했다. 돌감(석질)은 다소 달라도 자갈돌을 모룻돌(받침돌)에 던져 떼거나 돌끼리 직접 맞부딪쳐 떼내는 직접떼기수법 등에서 공통점이 많이 발견된다는 얘기이다. 중국의 구석기 문화 발전단계는 대개 두 가지 계열로 나뉜다. 한 줄기는 대형 첨두기(尖頭器 ; 찌르개)를 위주로 한 큰 석편 석기 문화의 합하—정촌계열이고, 또 다른 줄기는 새기개[施文具] 등

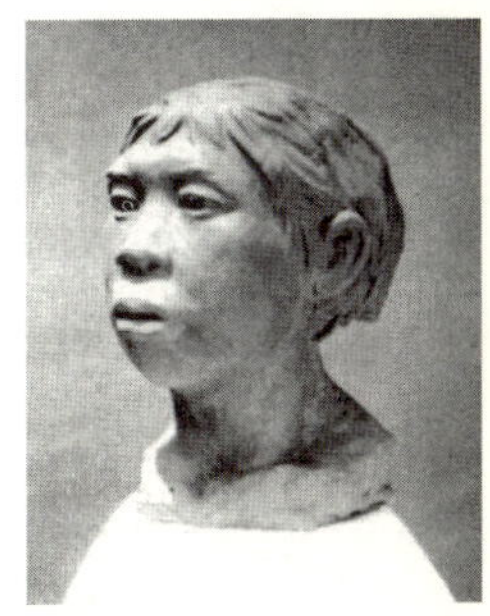

승리산인
평남 덕천군 승리산에서 출토된 인골은 승리산인으로 부르는데, 청원 두루봉 흥수아이와 비슷한 시기인 후기 구석기(대략3~4만 년 전) 사람으로 보인다.

정촌에서 출토된 찌르개

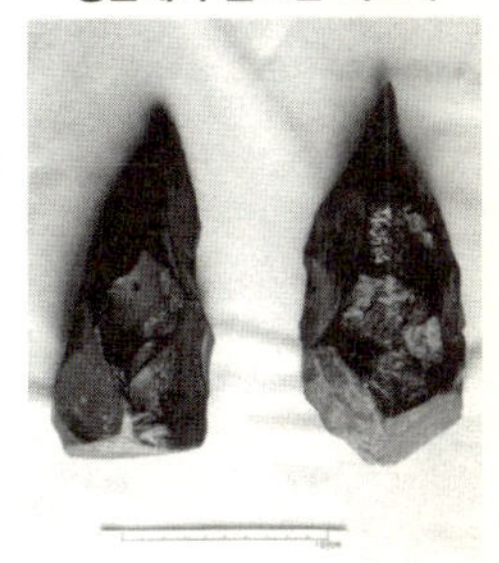

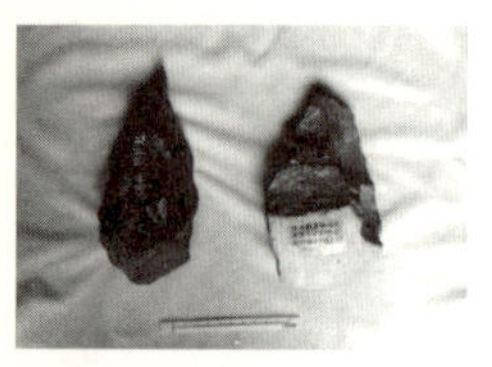

주먹도끼와 찌르개
정촌(丁村)유적에서 출토된 주먹도끼와 찌르개. 정촌문화는 첨두기를 위주로 한 대륙선사문화의 한 줄기이다.

작은 석편문화를 동반한 주구점-치곡계열의 문화이다.

한반도의 구석기 문화가 그가운데 어떤 유형에 속하는지 딱 잘라 말할 수는 없지만, 충북을 포함한 한반도는 작은 석편으로 석기를 만든 두 번째 계열에 더 가깝다. 그러한 사실은 가 교수의 옆방에 있는 가배 교수와 가진 토론에서 실증되었다. 가배 교수는 석기 분야에서 황위문 교수와 더불어 쌍벽을 이루는 중진고고학자다.

가배 교수는 산서성의 호두량(虎頭梁)유적 발굴로 국제학회에 잘 알려진 인물이다. 그는 차곡차곡 쌓아 두었던 유물상자에서 호두량 출토 석기를 꺼내 보였다. 그곳엔 1만 년 전의 신비가 살아 숨쉬고 있었다. 프리즘을 통과한 햇빛처럼 일곱 빛깔의 무지개가 석기마다 반짝였다. 그것은 차라리 예술품에 가까웠다. 단순한 생활도구인데도 더 아름답게 돌을 빚으려는 장인정신이 흠뻑 배어 있었다. 호두량 석기는 단양의 수양개, 공주 석장리, 제천 창내, 전남 화순, 대전, 평양 만달리와 그 맥락을 같이 하는 작은 석기 문화이다. 따라서 이곳의 작은 석기는 한반도에서 출토된 작은 석기와 공통점이 많다. 재료는 달라도 자연면을 그대로 두면서 두세 번 내리쳐 날을 만드는 수법이라든지, 긴 방향으로 타격면을 다듬은 뒤 좀돌날을 얻는 방법(수양개 Ⅱ형식) 등 석기산출 방법이 우리와 거의 같다.

배의 밑면을 연상케 하는 배모양 석기의 경우 호두량 수법은 단양 수양개, 전남 화순, 일본 북해도의 유베스(湧別)·아라야(荒居), 구주의 복정(福井) 기법과 비슷함을 보이고 있다. 때문에 충북대 이융조 교수는 이를 근거로 후기구석기 문화의 전파 루트를, 중국산서성 하천(下川) 유적 → 호두량 → 단양 수양개

→ 공주 석장리 → 전남 화순 → 일본 구주로 설정했던 것이다. 그런데 이 과정에서 하나의 쟁점이 드러났다. 석기 문화의 전파 루트에 대해선 이 교수의 학설에 개배 교수도 공감하고 있으나, 두 유적 사이에 연대측정결과가 문제시 되었던 것이다. 방사성 탄소 연대측정 결과 단양 수양개는 1만 7천 년으로 나타난 데 견주어 호두량은 1만 1천 년으로 수양개보다 6천 년이나 뒤진다.

이 교수는 호두량에서 산동반도를 거쳐 수양개로 이동한 고인류가 호두량으로 되돌아간 것으로 보았으나, 중국학자의 중화(中華)사상 시각에선 이 같은 주장에 공감한다 해도 매우 꺼림칙한 일이 아닐 수 없었다. 개배 교수는 실로 이 점이 불편했던지 이에 대한 질문 공세에는 화살을 피하려는 듯했다. 이러한 문제점이 있다 해도 개배 교수는 고인류의 이동에 관해 손잡고 일하자고 굳은 악수를 청했다.

대륙에서 한반도로 이어진 석기 문화 전파에서 나타난 의문점이 또 하나 있다. 대륙 구석기 문화의 양대 산맥 가운데 하나인 작은 석기 문화가 한반도와 인접한 만주지역에서는 별로 발견되지 않는다는 점이다. 그렇다면 후기구석기(2만 년 전) 문화는 만주지역의 동북삼성(요령 · 길림 · 흑룡강성)을 거치지 않고 곧바로 산동반도를 거쳐 한반도로 접어들었다는 것일까. 의문의 해답을 당장 찾을 수는 없다. 이 같은 까닭 등으로 동방의 잔석기 문화에 대해 어떤 공백기가 있지 않았나 하는 의견이 유럽 학자들 사이에서 지배적이다. 석기 문화에서 대륙과 한반도의 교류 흔적은 너무도 뚜렷하지만 몽골 오르도스지역과 시베리아 지역의 연관성도 깊이 연구해야 할 과제이다. 전곡리석

호두량(虎頭梁) 출토석기
2만 년 전 후기구석기시대의 석기로 잔손질이 많이 되어 있다. 충북 단양 수양개의 석기와 견주어진다.

기와 비슷한 쿠르탁의 자갈석기라든지, 우스티노쁘카 유적에
서 나온 좀돌날 몸들은 단양 수양개 등 한반도 구석기 유물과
닮은 점이 많기 때문이다.

6. 인류의 고향 주구점(周口店) (1)

촘촘히 박힌 백양나무 가로수가 삼복의 불볕을 막아 주었다.
울창한 가로수 터널을 헤치며 취재차량은 동북아 인류의 고향
주구점을 찾아 나섰다. 현지 차량 사정이 여의치 않은 터라 학
술조사반은 이를 은근히 걱정했는데, 다행히 중국 고척추동물
·고인류연구소 쪽에서 봉고차를 내주었다. 조사단을 실은 봉
고차는 북경의 외곽으로 빠져 고속도로로 진입했다. 고속도로
는 비교적 한산했다. 교통체증으로 빚어지는 병목현상이라든
지 고속도로의 주차장화 같은 현상은 좀처럼 볼 수 없었다. 운
행차량이 차선을 바꿀 때나 추월할 때 방향지시등(깜박이)을
켜지 않는 게 이상스러웠지만, 차량소통이 많지 않기 때문에
운전기사는 별다른 불편함을 느끼지 못하는 듯했다.

고속도로를 따라 바둑판처럼 경지정리가 잘된 집단농장이
끊임없이 이어졌다. 마르코 폴로가 건넜다고 전해지는 '노구
교'가 중일전쟁의 상흔을 간직하고 있었다. 폴로는 칭기즈칸
의 후예를 따라 칸느바리크(북경)에 얼마동안 머물면서 《동방
견문록》이라는 이름으로 동방의 신비를 기록했던 것이다.

고속도로 중앙분리대에는 대개 잔디를 조성해 놓았다. 잔디
밭을 가꾸는 일은 죄수들 몫이었고 그 옆에는 무장한 교도관이
이를 감시하고 있었다. 북경에서 서북으로 55㎞쯤 떨어진 주구

점은 광산촌 방산(房山)에서 태고의 숨소리를 전했다.

석회암 광산지대인 이곳은 마을 전체가 온통 석회암 가루로 뒤덮여 있었다. 마치 충북의 단양지역을 연상케 할 정도로 석회암 공해가 심했지만 그 석회암 덕택에 50만 년 전 고인류의 족적을 화석으로 볼 수 있게 되었으니 이 또한 인류사의 아이러니가 아닐 수 없다.

이따금 석회석 광산에서 발파음이 들려왔고 광석을 실은 화물차가 주구점 유지(遺址) 앞을 오갔다. 주구점유적 앞의 건널목은 태고와 현대, 원시와 문명을 가르는 어떤 경계선 구실을 했다. 태고와 현대가 공존하는 건널목을 지나 유적으로 안내되었다. 외국인에게 오랫동안 밀봉해 두었던 금단의 빗장이 열리는 순간이다. 채병계(蔡炳溪) 주구점유적 박물관장은 학술조사단을 맞이하면서 먼저 주구점 현황을 설명했다. 그도 고척추동물·고인류연구소 소속 직원으로 이를테면 이곳에서 파견근무를 하는 셈이었다.

채 관장은 1921년 유적의 발굴에서부터 현재까지 연구업적 등을 나열하며 처음으로 한국인 언론인을 접한다며 무척이나 반겼다. 1921년 주구점의 비밀이 풀리기 시작한 것은 어쩌면 청원 두루봉이 밝혀진 때와 같았다. 주구점이나 청원 두루봉은 짐승뼈 화석이 상처에 효험이 있다는 소문이 퍼진 뒤로 알려지기 시작했던 것이다.

주구점의 방산 주민들은 살고 있는 동네가 구석기 유적의 보물상자

노구교 [蘆溝橋, Lugouqiao]
중국 북경의 영정하(永定河) 위에 세워진 다리. 이 다리는 북경에서 가장 오래된 석조 아치 다리이며 길이는 266.5m이고 11개의 아치형 구멍이 뚫려 있다. 구조가 견고하고 모양새가 매우 아름다우며, 특히 다리 양변을 따라 세워져 있는 140개의 돌기둥마다 새겨진 485마리의 사자조각은 다양하며, 그 생생한 모습이 돋보인다. 유명한 베네치아의 여행가인 마르코 폴로가 이 다리를 세계에 둘도 없는 아름다운 다리라고 칭찬했기 때문에 사람들은 흔히 '마르코 폴로의 다리'라고 부르기도 한다. (한국브리태니커 제공)

인지도 모른 채 이곳을 다만 용골산(龍骨山)이라 불렀다. 이곳에서 나온 짐승뼈를 상처에 바르는 외상 치료약으로 알았고 더러는 시장에 내다 팔았다고 한다. 용골산이란 명칭은 짐승뼈가 많이 나오기 때문에 발굴 이전부터 주민들 사이에 붙여진 산이름이다.

당시 이 광산의 고문 격으로 와있던 스웨덴의 지질학자 앤더슨은 예삿일이 아님을 알아차리고 주구점 일대를 탐사하다 사람의 세 번째 어금니를 발견했는데, 이것이 바로 북경원인의 어금니였던 것이다. 그뒤 해부학자인 D. 블랙은 이 어금니를 확인하며 어금니의 소유주를 '북경원인' (시난트로프스 페키넨시스)이라 이름했다. 이렇게 세상에 알려진 주구점은 1927년 중국 고고학의 선구자인 배문중(裵文中)의 주도로 본격적으로 발굴되기 시작했다. 그해 쯔단스키와 볼링은 주구점 1지점에서 사람의 어금니를 발견하였고 배문중은 1928년 성인의 앞어금니와 요골을 찾아냈다.

주구점 유적 전경

이처럼 산발적으로 출토되던 인류의 발자취는 1929년 12월에 이르러 확연히 그 모습을 드러냈다. 배문중이 1929년 12월 2일 1지점 10층에서 드디어 북경원인의 두개골을 찾아낸 것이다. 이마가 경사지고 눈두덩이 튀어나온 '북경1호인' 이 50만 년의 침묵을 깨고 세상으로 나온 것이다.

2만km² 이상의 방대한 유적에서는 지금까지 45인의 인골과 수십 만 점의 석기와 뼈화석이 출토되었고, 유적이 처음으로 발견된 뒤 70년이 지난 오늘에도 발굴작업은 계속되고 있지만, 1929년 북경1호인의 발굴은 세계고고학계를 깜짝 놀라게 할 만한 사건이었다. 북경원인은 눈두덩이 튀어나왔을 뿐만 아니라 뇌용적이 1,250cc로 현대인의 용적 1,450cc보다 작아 진화 이전의 직립인(곧선사람 ; 호모 에렉투스)에 속한다. 이곳에서는 보존상태가 양호한 다섯 개의 두개골이 차례로 발견되었는데, 그가운데 최초로 발견된 1호인의 두개골이 행방불명되었고 그 해괴한 사건은 지금도 미스터리로 남아 있다.

2차대전 당시인 1941년 12월 8일 일본인들은 이 화석을 접수할 생각으로 배문중 박사를 찾아 그의 입회 아래 뚜껑을 열었는데, 괴이하게도 일주일 전까지 있었던 두개골이 증발해 버린 것이다. 이 사건은 지금까지도 풀리지 않은 채 세계 도처에서는 복제품만 무수히 나돌고 있다. 채병계 박물관장은 당시 미국인이 슬쩍 했었을 것이라고 주장하나 확실한 증거는 없다고 한다.

어금니 하나가 발단이 되어 베일을 벗기 시작한 주구점은 지금까지 1지점에서 22지점까지 발굴조사를 마쳤는데 중국 고척추동물 ·고인류연구소는 유적의 재발굴과 아울러 충북대와 공동으로 26지점인 석가무(石家霧)유적의 발굴 등을 계획하고 있다. 언제 끝날지도 모를 유적의 발굴사업은 우리 실정과 견주어 볼 때 엄청난 차이를 보인다. 기껏해야 2~3년이 고작이고 예산상의 이유나 현대화에 밀려나기 십상인 우리의 선사유적 발굴과는 대조적으로 몇 십 년 몇 백 년이 걸려도 좋다는 식이니 생활뿐만 아니라 유적의 발굴에까지 만만디 철학이 작용하는 듯했다. 배문중, 양종건, 이사광(李四光) 등은 주구점 발굴

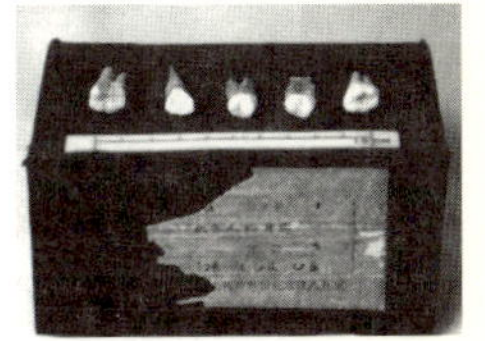

북경원인의 어금니
20만 년 전 북경 주구점 동굴에서 살았던 북경1호인의 어금니. 표면에 잔주름이 있는 '시노이빨'은 몽골리언의 특징으로 오늘날 동북아 현생인류에게도 나타나고 있다.

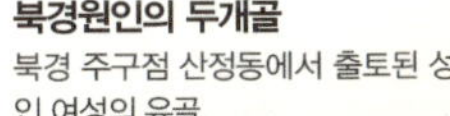

북경원인의 두개골
북경 주구점 산정동에서 출토된 성인 여성의 유골.

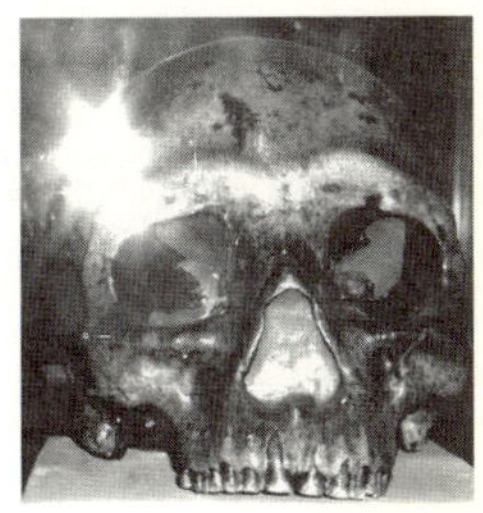

에 참여한 중국 1세대 고고학자 트리오로 지금도 국민의 추앙을 받고 있다.

중국과학원은 지난 1989년도에 '북경1호인' 발굴 60주년을 기념하는 국제 고고학술회의를 연 데 이어, 1991년에는 중국 우정국에서 배문중, 이사광의 업적을 기리는 기념우표도 찍어 냈다. 고고학자의 기념우표가 개방화의 물결 속에 첫선을 보인 것이다.

7. 주구점 (2)

인류의 원초적 생명력은 여전히 살아 꿈틀거렸다. 주먹도끼와 팔매돌을 들고 사냥길에 나서던 원인의 오솔길은 어느새 관광코스로 변해 동굴과 동굴을 연결해 주었다.

석기가 많이 출토된 15지점부터 2만 년 전의 인류 두개골이 출토된 산정동과, 50만 년 전 원인의 두개골이 출토된 원인동(猿人洞)에 이르기까지 2만㎢에 이르는 주구점유적은 고리처럼 하나의 환상(環狀)도로로 이어졌다. 억겁의 신비가 숨쉬는 동북아 인류의 고향에서는 아직도 태고의 숨결이 들리는 듯했다. 원인의 숨결은 이브의 목소리인 양 일행을 유혹했다. 태초의 유혹과 현대인의 호기심이 동굴입구에서 엇갈렸다.

조사단은 곧 동굴 속으로 기어들었다. 밖은 삼복인데 동굴 끄트머리에서는 찬바람이 불어 왔다. 토석과 석회암으로 엉긴 동굴은 삽자루가 튕겨나갈 정도로 단단했다. 10여 개의 퇴적암 지층은 육안으로도 식별이 가능했다. 15지점과 13지점 등은 앞서 발굴이 완료된 곳이지만, 현장에서는 아직도 사슴 정강이뼈

부스러기 등 짐승화석을 발견할 수 있다.

산정동은 주구점과 별개의 유적이 아니라 주구점 안에 포함된 동굴유적의 하나이다. 산기슭에 자리한 유적과 달리 산 정수리 부분에 있다고 하여 '산정동'이라는 이름이 붙었다. 1933년 배문중의 주도로 발굴된 이곳은 약 2만 년 전의 후기구석기 유적으로 3점의 두개골과 석기, 그리고 장식용으로 추정되는 구멍 뚫린 조가비 등이 출토된 곳이다. 50만 년 전 전기구석기부터 20만 년 전 중기구석기를 거쳐 2만 년 전 후기구석기 유적이 함께 있는 곳으로 가히 교과서적인 표준유적이다. 산정동인은 50만 년 전 북경원인보다 훨씬 진화된 슬기슬기사람(호모 사피엔스 사피엔스)으로 현대인 체형과 거의 같다. 그러나 50만 년 전 북경원인이 곧바로 진화하여 산정동인이 되었다고는 볼 수 없으며 배달겨레의 조상이 된다고도 속단하기 어렵다.

3개의 두개골은 몽골인과 접근되어 있으나 각기 멜라네시안, 에스키모, 아메리카 인디언의 특징을 보이고 있다. 그런데다 두개골의 형태가 북경원인과는 전혀 계통이 달라 두 집단 사이에 어떤 갈등을 짐작케 한다. 인류의 기원이 아프리카에서 시작됐다는 '단일지역기원설'에 바탕을 둔 충북대 박선주 교수(체질인류학)는 "다른 문화를 가진 산정동인이 이곳에 이르러 기존의 집단인 북경인을 내쫓고 거주한 것으로 본다"고 말했다. 몽골로이드라는 큰 범주 속에서 북경인과 산정동인이 배달겨레의 뿌리와 근접하고 있는 것은 사실이나 직접적인 뿌리는 아닌 듯싶

동북아 인류의 고향
50만 년 전의 인류두개골이 출토된 북경 주구점 유적을 학술조사단이 답사하고 있다. 충북대 선사문화연구소는 1992년 7월 중국과학원으로부터 주구점유적의 공동발굴을 제의 받은 바 있다. 왼쪽에 이융조 교수,오른쪽에 임병무 과학교육부장.

다. 북경인 또는 산정동인의 한줄기가 금우산(金牛山)으로 북진하여 만주지역에서 유전자의 교환을 거친 뒤 그 한 가닥이 한반도로 유입되지 않았나 하고 관련 학계는 보고 있다.

주구점에서 나온 북경인의 앞니는 오늘날 우리에게도 나타나는 부삽모양(혀끝 닿는 부분이 패여 있음)인 데다가 어금니 표면의 주름 등이 현생 동북아 인류와 공통점을 갖고 있어 민족의 뿌리를 규명하는 데는 체질인류학적 연구가 더 진행돼야 할 것이다.

북경1호인 두개골이 나온 원인동(猿人洞)은 산기슭에 자리해 있다. 주구점 안에서 가장 먼저 조사된 22개 발굴지점 가운데 규모도 가장 크다. 거대한 동굴의 입구를 따라 돌계단이 정연하게 놓여 있다. 관람객의 편의를 위해 만들어 놓은 것이다. 발굴조사로 동굴의 뚜껑은 열려 있었지만 동굴의 높이는 사람 키의 수십 배에 달했다. 금방이라도 50만 년 전의 원인이 뛰어나올 것만 같았다.

동굴의 끝 암벽에는 '猿人洞' 이라는 붉은 글씨가 큼직하게 새겨져 북경원인의 출토지를 알렸다. 그 밑면에는 1층부터 13층까지 발굴 당시의 퇴적층을 표본에 담아 당시의 상황을 설명했다. 표지판 왼쪽으로는 북경1호인이 출토된 곳이고 오른쪽으로는 화덕자리를 그대로 보존해 두었다. 북경원인은 직립인으로서 오늘날 현대인처럼 슬기(지혜)를 갖지 못하였으나 최소한 불은 사용할 줄 알았다. 자연 발화된 불씨를 이곳에다 간직한 뒤 사냥한 짐승을 요리했던 것이다. 50만 년 전 구석기인의 불 땐 자리엔 주변의 홍적토(洪積土)가 검게 그을려 있었고 탄화된 숯이 곳곳에 널려 있었다.

유강인(柳工人) 두개골

몽고 인종과 연결을 짚어볼 수 있는 인류화석으로 현대인류와 근접해 있다. '현대 중국인의 선조는 중국에서 탄생했으며 아프리카에서 탄생한 것이 아니다' 라는 새로운 학술 관점이 나타나는 등 아프리카기원설에 직접적으로 도전하는 새로운 연구 성과가 나타나 이슈가 되고 있다. 일전에 중국 과학자들은 세계 선진적인 지층 연대 측정 방법을 이용하여 사상 최초로 중국 유강(柳江)에 매장돼 있던 인류 두개골 화석 지층에 대한 연대를 측정함으로써 앞서 말한 학술 관점을 정립하게 되었다. (과학시보 2002.10.14)

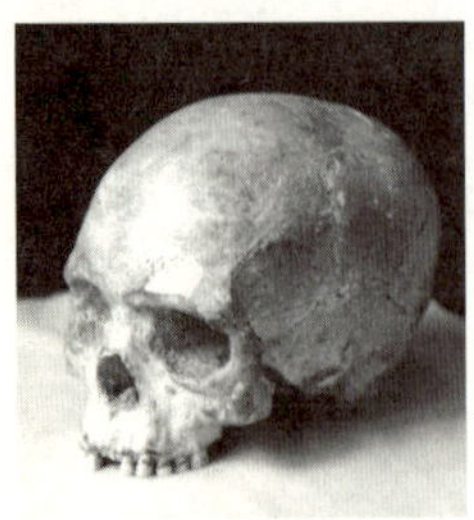

한마디로 이곳이 구석기인의 집터임을 알려주는 중요한 자료이다. 서양의 프로메테우스 전설이 동양에서 숨쉬고 있는 것이다. 불의 사용은 인류역사에서 가히 혁명적인 일이다. 어둠을 밝히고 음식을 익혀먹을 수 있는 장점이 있기 때문이다.

택지개발에 밀려났지만 대전(大田) 둔산지구에서 발견된 구석기 유적의 집터에서도 화덕자리가 확인돼 인류와 불의 관계를 설명해 준 바 있다. 북경원인과 관련된 흥미 있는 학설로서 '식인풍습'을 들 수 있다. 봐이덴 라이히교수는 이곳에서 수습된 인골 가운데 두개골은 많은 데 견주어 사지뼈가 적음을 들어 당시 사회에 식인풍습이 있었다고 주장한다. 즉 사지뼈의 골수를 빼먹기 위해 뼈를 부숴 버렸다는 얘기이다. 그러나 이융조 교수와 박선주 교수(충북대) 등은 꼭 식인풍습으로 단정할 수 없다며 이 학설을 반박했다.

식인풍습보다는 어떤 주술적 의미가 있지 않나 두 교수는 보고 있다. 청원 두루봉동굴에서 나온 사슴뼈의 경우 머리 부분이 한 곳에서 집단 출토된 바 있는데, 이 교수는 이를 주술이나 신앙형태로 해석했다. 이를테면 더 많은 짐승이 잡히길 바라는 기대심리가 작용했을 것이라는 추측이다.

중국과학원 고척추동물·고인류연구소는 일단 주구점 안의 22개 지점에 대한 발굴을 끝냈으나 필요에 따라 재발굴을 벌일 계획으로 있다. 1차 발굴의 미비점을 보완하자는 뜻이다. 현지 답사에서도 이 교수는 재발굴의 필요성을 제시했으며, 고척추동물·고인류연구소 쪽도 이 점에서 인식을 같이 했다. 전통과 현대, 보존과 개발의 틈바구니에서 주구점유적도 심한 몸살을 앓고 있다. 주변이 석회석 광산이어서 유적의 훼손이 뒤따르기 때문이다. 그러나 중국 당국은 석회석의 생산량 증가보다 인류의 유적지를 선택하면서 이의 보존에 안간힘을 쓰고 있다.

8. 주구점 (3)

중국 당국은 지난 1961년 주구점유적을 '중점문물 보호단위' 로 지정해 놓았다. 우리나라의 사적에 해당하는 셈이다. 이곳에서는 문화재 훼손과 관련된 어떤 행위도 금지되어 있다. 음주나 담배조차 피우지 못한다. 유량의 보호의지는 박물관 건립과 숙박시설의 신축에서 또 한번 읽을 수 있다.

'북경원인 전람관' 을 세워 이곳에서 출토된 인골, 짐승뼈, 석기 등 유물을 보관 전시하고 있다. 문화재 현장보존의 원칙을 최대한 살리고 있는 것이다. 1991년 7월 유네스코에서 주요 유적지로 지정한 이곳은 대략 세 가지 기능을 충실히 수행하고 있다.

그 첫째가 청소년의 교육도량으로 삼는 점이다. 후손에게 그들의 뿌리를 알려주기 위함이다. 전시관 입구에 '德育基地' 라고 쓴 푯말은 이 같은 의지를 대변해 준다. 둘째 기능은 두말할 것도 없이 유적의 보호에 있다. 석회석 광산에 둘러싸인 이곳을 지키려 함이다.

가장 관심을 끄는 대목은 세 번째 기능이다. 역사적 소산을 곧바로 관광자원화 한다는 점이다. 이곳엔 연간 약 40만 명의 관광인파가 찾아들고 있다. 30만 명은 중국인이고 10만 명쯤은 외국인이다. 중국에서 외국인의 관광코스는 대개 자금성~만리장성~서안(西安)~소주~항주 등으로 이어지지만, 요즘엔 문화유적지를 찾는 탐방객도 증가하는 추세다. 이를테면 관광자원의 다변화 전략인 것이다. 이 전략에 맞춰 중국 당국은 주구점유적 산 뒤쪽에 호텔신축을 계획하고 있다. 관광객을 유숙케 하여 한 푼이라도 더 벌어 보자는 계산이다. 유적 안에는 관광객을 겨냥한 기념품가게와 식당도 등장했다. 침묵과 금단의 지역이 어느새 자본주의와 결합했다.

기념품 가게에서는 주구점유적과 관련된 각종 상품을 팔고 있었다. 북경원인의 흉상을 새긴 T셔츠와 기념엽서, 유적을 소개하는 슬라이드, 북경원인을 축소하여 만든 흉상 등을 물목으로 차려 놓았다. 식당에서는 한여름인데도 개구리 요리가 별식으로 나왔다. 경칩 개구리는 먹어봤어도 오뉴월 개구리 요리는 처음이다.

외국인을 위한 숙박시설뿐만 아니라 도서관 건립도 계획하고 있다. 동북아 문화 발상지로서 그 면모를 갖추기 위해 종합적 문화타운을 구상하고 있는 것이다. 시설투자는 정부에서 맡고 부족한 부분에 대해선 외국인 투자도 기꺼이 받아들이겠다고 한다. 관광자원의 달러화, 그것은 어쩌면 개방화로 치닫는 중국사회의 한 단면이며 이데올로기보다는 실리를 추구하자는 실용주의의 표출로 풀이된다. 그야말로 꿩 먹고 알 먹고 털 뽑아 부채질하는 일석삼조의 효과이다.

여기에 견주어 우리의 현실은 어떤가. 한마디로 한심한 지경이다. 50만 년 전의 쌍코뿔이와 동굴곰, 4만 년 전의 인골이 나온 청원군 문의면 노현리의 청원 두루봉동굴은 흔적도 없이 사라졌다. 2만 년 전의 후기구석기 유적인 단양 수양개 유적도 멸실 위기에 놓여 있다. 남북한을 통틀어 지금까지 한반도에서

세계유산(World Heritage)
1972년 유네스코 세계 문화 및 자연유산 보호협약(The Convention Concerning the Protection of the World Cultural and Natural Heritage)에 따라 정부간 회의인 세계유산위원회 결정으로 세계적인 가치를 지닌 각국의 부동산 유산 가운데 문화유산, 자연유산, 그리고 문화와 자연 특성을 혼합적으로 지닌 복합유산으로 지정된 유산이다.

세계유산(World Heritage) 상징로고
1978년 미쉘 올립(Michel Olyff)이 도안했다. 가운데 사각형은 인간이 만든 형상이며 단(원)은 자연을 뜻하며, 사각형과 원이 서로 연결되어 있는 것은 인간과 자연이 밀접히 연관지어져 있음을 나타내며 둥근 로고는 세계의 표상이며 보호의 심볼이다. 전체적으로 인간이 만든 문화유산과 자연유산의 상호보존 및 자연과 인간의 연관성을 상징한다.

세계문화유산, 周口店의 북경원인유적(Peking Man Site at Zhoukoudian : 문화부문 1987)
베이징 남서쪽 42km지점에 자리한 주구점에서 홍적세 중기에 살았던 고인류인 시난드로푸스 페키넨시스 (Sinanthropus Pekinensis; 북경원인의 학명) 유물이 발견되었다. 호모 사피엔스 사피엔스에 해당되는 이 고인류는 B.C 18,000 ~11,000년까지 거슬러 올라간다. 이 유적은 오래 전 아시아대륙의 인류사회를 떠올리게 하는 특별한 유적인 동시에 인류진화 과정을 잘 나타내 주는 귀중한 사례이기 때문에 세계문화유산으로 선정된 것이다. (한국유네스코 홈페이지 www.unesco.or.kr 에서 인용)

청원 두루봉동굴
충청북도 청원군 문의면 노현리에
자리한 구석기시대 동굴 유적으로,
석회암 광산을 일구면서 동굴이 나
타났고 동굴 안에 여러 가지 짐승뼈
가 묻혀 있는 것을 확인하고 발굴
조사를 하게 되었다. 1976년에서
1978년까지 연세대학교박물관에서
발굴하였고, 그뒤로는 1983년까지
충북대학교에서 10차에 걸쳐 발굴하
였다.

발굴된 30여 개의 구석기 유적 가운데 충북지방이 10여 개로 전체의 3분의 1을 차지하고 있지만, 몇 군데만 사적 또는 지방 문화재로 지정됐을 뿐이다. 프랑스의 룸리, 독일의 코비누스, 중국의 유동생 같은 세계적 석학들이 잇달아 이곳을 답사하여도 정작 우리는 관심이 별로 없다. 주구점과 견줄 만한 선사유적이 출토되어도 현대화나 택지개발에 밀려나기 일쑤다. 그 오랜 역사의 숨통을 스스로 끊고 있다.

중국은 이제 문화재 보호에 발 벗고 나섰다. 유적의 현장을 입체적으로 보여주고 있으며 박물관의 진열에도 세심한 배려를 아끼지 않는다. 활석(곱돌)으로 고급스럽게 제작한 안내판이라든지 유적의 문화층을 입체적으로 전시한 점, 북경인 산정동인의 흉상배치 등 유적 곳곳에 스민 정성이 대단하다.

'북경원인 전람관' 앞에는 발굴 당시의 암석표본을 전시해 놓았는데, 가만히 들여다보면 석회석에 둘러싸인 사슴뼈를 발견하게 된다. 기념관 안으로 들어서면 우선 주구점에서 출토된 북경사람의 두개골을 만나게 된다. 완전한 형태의 두개골은

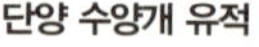

단양 수양개 유적

6개이고 쪼가리 등을 합치면 22개쯤 된다. 22개의 두개골을 나이별로 분류한 결과 14세 이하가 15개(68.2퍼센트), 15~30세가 3개(13.6퍼센트), 40~50세가 3개(13.6퍼센트), 50~60세가 1개(4.6퍼센트)로 나타났다.

10만여 점이나 되는 방대한 유물 가운데 출토 상태가 양호한 것을 골라 원형 그대로 전시하고 있다. 쌍코뿔이, 하이에나, 동굴곰, 고슴도치, 이리, 오소리, 여우, 박쥐, 두더지, 멧돼지 등 97종에 달하는 동물화석이 되살아 움직이는 듯했다. 그가운데서 청원 두루봉에서 출토된 짐승과 견줄 만한 동물상이 상당수에 달했다. 쌍코뿔이, 하이에나, 동굴곰, 원숭이, 코끼리상아 등이 연구의 대상물로 학술조사단의 관심을 끌었다.

"청원 두루봉동굴과 주구점 유물을 비교 전시하면 유물의 없어진 부분을 보완할 수 있고 따라서 짐승의 종류와 환경변화에 따른 동물의 변이를 알아낼 수 있을 것입니다."

이융조 교수의 이 같은 제안에 우옥주 고척추동물·고인류연구소 행정처장이 동의함으로써 이르면 그 다음해부터 양국 유물의 교환전시가 가능케 됐다.

뼈화석의 보고(寶庫)인 주구점에서는 이에 걸맞게 상당량의 석기가 출토돼 인류의 발자취를 확인시켜 주고 있다. 1931년부터 1966년까지 제1지점에서만도 규암, 사암, 석회암으로 만든 10만여 점의 석기가 출토되었다. 강자갈을 한 손에 들고 다른 손에 돌망치를 든 다음 강자갈을 내려치는 직접떼기수법에서부터 양극타격법 던져떼기 등의 수기 제작 수법이 등장했음을 알 수 있다. 찌르개, 긁개, 새부리형기[鴨形器] 등은 첨두기 자갈돌 문화라는 주구점의 특징을 잘 드러내고 있으며 그 체취는

산정동인 흉상
출토된 두개골을 바탕으로 2만 년 전 주구점에서 살았을 산정동인을 재현한 것이다.

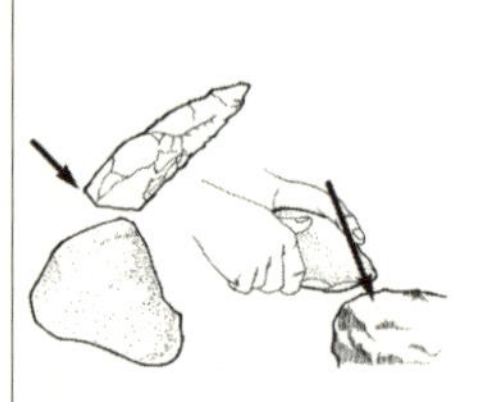
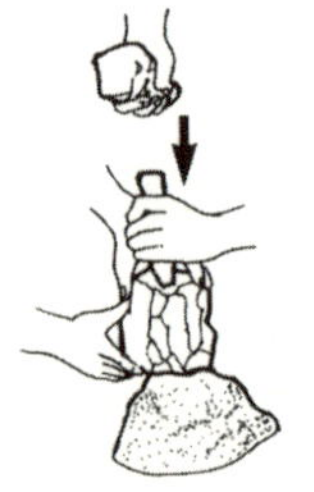
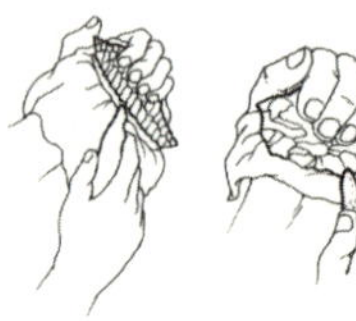

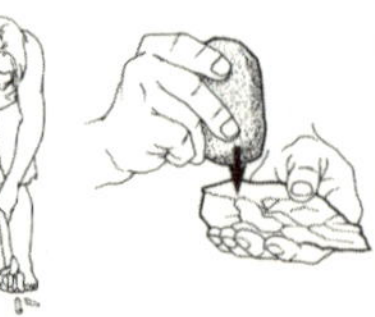

모루떼기
두 손으로 돌감을 쥐고 땅위에 있는 큰돌(모루)에 내리쳐 떼내는 단순한 방법이다. 이 같은 타격으로 생기는 박편이나 박편이 떨어져 나간 몸돌을 그대로 사용한다.

간접떼기
직접 돌감을 때리지 않고 뼈나 뿔을 이용해서 간접적으로 때려내는 방법이다. 직접떼기에서 더 발전한 방법이다. 보다 정교한 석기의 모양을 만들 수 있다.

눌러떼기
작고 날카로운 펀치 도구를 이용하여 지속적인 압력을 줌으로써 돌감을 떼낸다. 아주 작은 석기에 정교한 잔솔질을 할 수 있는 가장 발달된 방법이다.

직접떼기
한 손에는 돌감을 쥐고 다른 한 손에는 망칫돌을 쥔 다음 손의 힘으로 돌감에 직접 타격을 가하는 방법이다. 이 방법이 발전하면 돌 대신 동물 뼈나 뿔처럼 무른 재질의 망치를 사용하기도 한다.

〈뗀석기제작법〉

만주 또는 산동반도를 거치며 경기도 전곡리 등으로 이어졌을 가능성이 매우 크다.

전시관 안에는 중국 고고학의 선구자인 배문중과 양종건의 흉상과 더불어 D. 블랙 볼린 등 주구점유적 발견과 발굴 당시의 사진을 전시, 그들의 업적을 기리며 관람객의 이해를 돕고 있었다.

9. 흑요석의 비밀 (1)

흑요석(黑曜石). 표면이 반질반질할 정도로 광택이 나고 암질이 단단한 검은 색깔의 흑요석은 선사시대 사람들의 이동경로를 밝힐 수 있는 비밀의 돌이다. 선사인들의 수렵생활과 인적교류와 문화의 전파를 고이 간직하고 있는 돌이기 때문이다.

흑요석은 화산활동에서 생성된 돌이다. 화산이 터져 올라가 공중에서 떨어질 때 식으면서 생기는 돌이다. 지하의 용암이 공중에서 바람과 만나 담금질을 했던 까닭에 현무암 등 다른 화산암과 달리 암질이 매우 단단하다. 이 때문에 선사인들은 화살촉이나 날카로운 연모를 만들 때 흑요석을 돌감(재료)으로 많이 사용했던 것이다.

우리나라에서 발견된 석기의 돌감은 개차돌, 반암, 규암, 점판암(셰일) 등이 대종을 이루는데, 이 가운데 흑요석과 이로 만든 연모가 10여 곳에서 발견되었다. 단양 수양개유적을 비롯해 제천 창내, 강원도 오산리 · 교평리 · 상무룡리 · 신답리, 경기도 전곡리, 공주 석장리, 통영 상노대도 · 연대도, 함경도 회령, 부산 동삼동 등이 바로 그곳이다.

한반도에서 화산활동은 백두산 등 극히 제한되어 있기 때문에 선사 유적지에서 흑요석의 발견은 곧 배달겨레의 뿌리와 이동을 규명하는 결정적인 단서가 된다. 고고학계에서는 수습된 흑요석을 과학적 방법으로 분석하여 흑요석 고향 찾기에 나서고 있다. 흑요석의 고향은 바로 우리 민족의 고향이기 때문이다. 분석방법으로 대개 중성자 방사화 방법과 형광X선 분석법을 사용한다. 흑요석을 구성하고 있는 원소를 알아보기 위해서이다.

손보기(孫寶基 ; 한국선사문화연구소장) 박사의 연구에 따르면, 우리나라 선사유적지 10곳에서 채취한 흑요석을 중성자 방사화 방법으로 분석한 결과 적은 양의 바륨(Ba), 지르코늄(Zr), 스트론튬(Sr), 팔라듐(Pd)이 조사되었다. 그 결과 상무룡리와 전곡리 것은 백두산 계통임이 밝혀졌고 수양개는 다른 계통인 것으로 나타났다.

흑요석의 분석으로 원소의 단위가 40 이하이면 같은 고향이

백두산의 흑요석
화살촉을 만들어 쓰던 흑요석은 민족의 이동을 밝힐 수 있는 중요한 단서가 된다. 사진은 심양시 신락박물관에 소장된 흑요석이다.

흑요석
패각상 단구(완만하게 굽은 표면과 날카로운 모서리) 때문에 날카로운 석재의 인공유물들이 흑요석으로 만들어졌는데, 그 예로 화살촉이 남아 있다. 이들 가운데 일부는 시간이 지남에 따라 노출된 표면에 수화물 껍질이 생기므로 이를 이용해 제작연대를 측정할 수 있다.

고 1천이상이면 고향이 다른 것으로 관련 학계는 보고 있다. 일본의 동촌무신(東村武信, 京都大)은 "오산리의 흑요석은 양질인 데 견주어 백두산의 흑요석은 거친 편"이라며, "그러나 형광X선 분석법으로 볼 때 양자는 동일한 마그마에서 생성되었다"고 밝힌 바 있다. 우리나라 관련 학계에서도 흑요석의 성분을 분석할 수 있으나 원산지 분석 자료가 없어 일본학계에 의뢰하고 있는 형편이다.

흑요석 산지의 확인은 바로 배달겨레의 젖줄을 찾는 작업이다. 학술조사단은 북경 주구점 일대에서 조사를 마치고 민족의 고향인 백두산을 찾아 나섰다. 백두산이 있는 조선족 자치주의 연길(延吉)에 이르는 데 비행기와 열차 편이 있다. 열차로 가자면 거의 이틀이 걸리는 터라 비행기 편을 택했다. 때가 마침 관광철이라 비행기표를 사기가 매우 힘들었다. 관광객이 밀리자 중국민항은 임시 전세기를 운항했다. 비행기라고 해야 국제선을 운항하는 점보기가 아니라 40인승 프로펠러기였다. 2차대전의 유물 같은 이 비행기를 타는 데 몇 가지 어려움을 참아야 한다. 기내(機內)의 퀴퀴한 냄새는 그렇다 치더라도 정지해 있을 때는 에어컨이 작동하지 않아 한증막을 방불케 했다. 비행기가 40인승이기 때문에 개개인의 짐이 20kg을 넘으면 함께 탑승할 수 없다.

소화물 때문에 한참 실랑이를 벌이다 하는 수 없이 무거운 짐 몇 개를 맡기고 출발했다. 새털구름 사이로 광활한 대륙벌판이 끝없이 이어졌다. 산이라곤 좀처럼 구경하기 힘들다. 연길까지 꼬박 4시간 동안 비행기로 날아도 벌판은 끝나지 않았다. 바둑판 모양으로 경지정리가 잘 된 옥수수밭 사이로 30여

호 씩 모여 있는 촌락이 똑같은 모습으로 줄지어 있었다.

이 벌판은 분명 고구려와 발해의 옛 땅이건만 바라보는 것만으로 만족할 수밖에 없는 것이 현실이다. 광개토대왕, 연개소문, 대조영의 말발굽 소리는 아득한 역사의 뒤편으로 사라졌다. 흑요석으로 화살을 만들어 쓰던 선인의 발자취는 분명한데도 말이다. 조선족 자치주의 수도인 연길시에는 개방의 물결이 세차게 몰아치고 있었다. 초가를 없애고 마을길을 넓히는 등. 연길시 뒷골목에 게딱지처럼 다닥다닥 붙어 있던 간이음식점과 상점들이 철거되고, 그 자리에 아파트나 슈퍼마켓이 들어서고 있었다.

두만강 하구의 훈춘이 중국 정부로부터 경제특구로 지정받은 데 이어, 연길은 길림성 정부로부터 전략적으로 개방도시로 지원받아 육성되고 있다. 연길사람들, 그들은 우리와 같은 모습이고 우리와 같은 말과 글을 쓰고 있으며 우리의 풍습을 고이 간직하고 있었다.

우리말 간판이 눈에 익고 우리말 노래가 귀에 익다. 시장바

백두산
천지에서 백두산 등반길을 되짚어본 모습. 구름이 산허리에 맴도는 이 길을 선사인도 오갔을 것으로 추정된다.

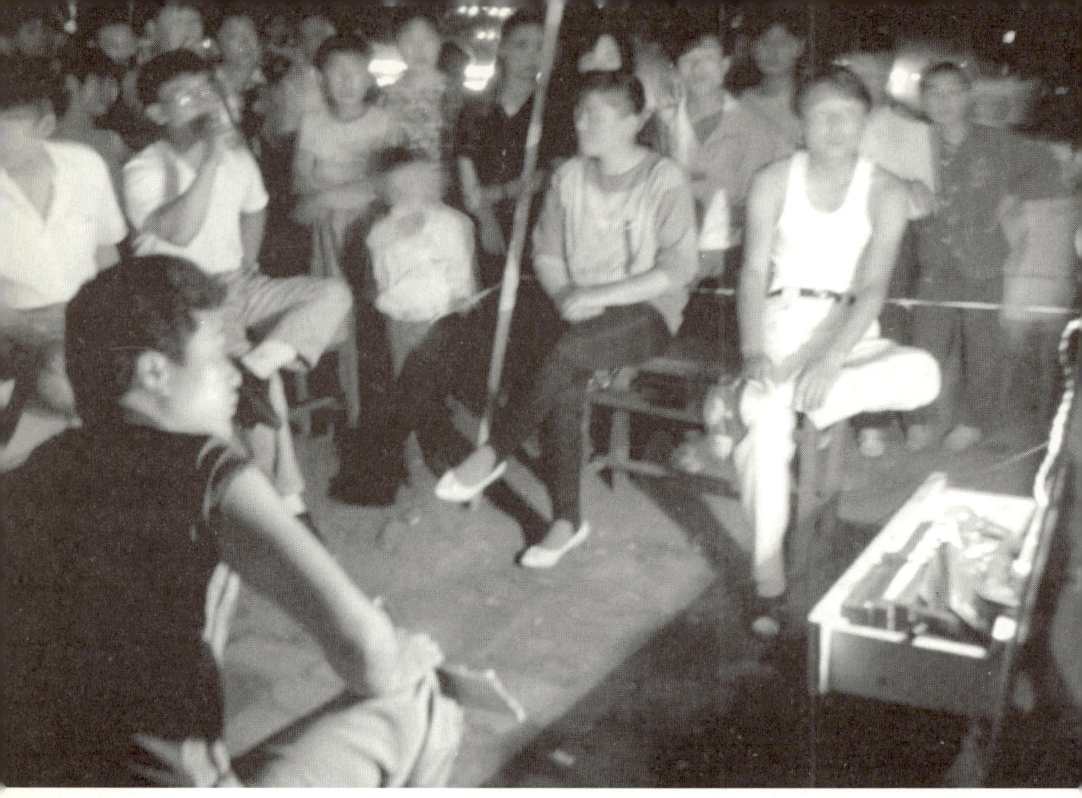

닥이나 버스 택시의 카세트에서 흘러나오는 '눈물젖은 두만강'이나 '신사동 그 사람'이 민족의 동질성을 한층 느끼게 한다. 개방의 물결에 편승, 한국의 몇몇 기업이 진출해 있고, 백두산 개발이나 연길에서 용정으로 넘어가는 고개인 모아산(帽兒山) 개발 청사진을 다름 아닌 청주대 장태현 교수가 맡고 있었다. "횡재를 하려면 연길에 투자하시길" 연변일보 등 신문 광고에는 외국인 투자를 유도하는 연길시 당국의 광고가 전면에 등장한다.

연변(延邊) 조선족 자치주 40주년을 맞은 연길시는 축제 분위기로 술렁거렸다. 동네마다 씨름판과 그네뛰기가 한창이었다. 거리의 노래방도 축제의 흥취를 돋우었다. 저녁나절이면 젊은이들은 삼삼오오 짝을 지어 거리의 노래방을 찾아 1위엔을 내고 가라오케 반주에 맞춰 노래 솜씨를 한껏 뽐낸다. 북한 노래는 거의 없고 남한 노래 일색이다.

땅거미가 어슬어슬 찾아든 연길 뒷골목에서 '눈물젖은 두만강'이 메아리쳤다. 민족의 한이 서린 그 노래를 뒤로 하고 일행은 백두산행을 재촉했다. 연길에서 안도현에 있는 백두산을 가자면 꼬박 이틀이 걸린다. 때문에 야간행이 불가피했다. 조선족 냉면집에서 국수로 요기를 하고 백두산행에 나섰다.

연변 야생동식물연구소 손장호(孫長鎬) 소장의 주선으로 중국산 지프를 전세냈다. 까만 흑요석을 찾아 까만 국경의 밤을 쉴 새 없이 달렸다.

연변 농민절 풍경

10. 흑요석의 비밀 (2)

백두산 기슭에 자리 잡은 이도백하(二道白河)에 도착한 것은 밤 12시가 가까워서였다. 산짐승소리가 간간이 들리는 백두 산록에서 날밤을 새울 수도 없는 노릇이었다. 염치불구하고 숙소의 문을 두드렸다. 안도현 내두하 발전창 양성기지 초대소에서 잠이 덜 깬 종업원(그들은 복무원이라 부른다)이 눈을 부비며 귀찮다는 듯이 문을 열어 주었다. 풀잎에 맺힌 백두산 자락의 아침이슬을 헤치며 잠깐 동안 산책에 나섰다.

발전창(발전소) 초대소 부근을 맴도는데 이게 웬일인가. 숙소 앞마당 화단 모퉁이에서 이융조 교수가 석기 한 점을 찾아낸 것이다. 석기의 상태는 썩 좋은 편은 아니었다. 긁개를 만들

이도백하 공사장
화산암의 일종인 현무암을 가루로 내어 건축자재로 사용하고 있다. 백두산 기슭 이도백하(二道白河) 길가에 쌓인 현무암.

려다 그만둔 '덜된연모'였다. 흑요석을 가지고 백두산과 한반도를 오간 선사인의 족적임이 분명했다. 백두산 계곡은 사시사철 맑은 물을 쏟아냈고 자작나무 숲에선 시원한 바람이 불어왔다.

계곡의 맑은 물을 막아 간이 수력발전소가 세워져 있었다. 그 발전소는 국가소유가 아니라 개인 소유의 사설발전소였다. 안도현 내두하 발전소에서 퇴직한 정대원(鄭大圓) 씨는 이곳에 대천(大川)발전소를 세워 이 일대에 전력을 공급하고 있었다. 물론 시설투자는 정 씨가 부담했고 이에 따른 이익도 그에게 돌아갔다. 사회주의 국가에서 개인발전소, 그것은 변화를 갈망하는 중국 사회의 일면이기도 했다.

숲은 점점 깊어졌다. 하늘을 향해 일직선으로 솟구친 미인송(美人松)이 키 재기를 했다. 흥선 대원군이 경복궁을 지을 때 쓰던 재목이다. 그로부터 2세기가 지난 요즘 경복궁 복원에 다시 백두산의 원목이 사용되고 있다 한다. 원목을 실어 나르는 트럭의 행렬과 레일이 곳곳에서 교차되었다. 화산폭발 때의 검은 재가 스며들었다. 이도백하 곳곳엔 현무암(바잘트)이 쌓여있다. 이를 분쇄하여 건축자재로 사용하고 있었다. 레닌모를 쓴 인부가 모래처럼 가루가 된 현무암 분말을 열심히 퍼 올리고 있었다.

질척거리는 빗길 속에서도 백두산행 관광인파가 꼬리를 물었다. 일행은 백두산에서 학술조사를 벌여야 하는 까닭에 은근히 걱정이 됐다. 우리나라의 국립공원보다 더 엄격히 관리되고 있는 백두산은 자연보호구역으로서 학술조사 차원의 사진촬영 등이 제한돼 있기 때문이다. 이 사정을 알았던지 동행한 연변

장백폭포
중국과학출판사 제공

조선족 김해석(金海石) 씨는 평소 친분이 있는 공안원(우리나라의 경찰에 해당)을 소개해 줬다. 콧수염을 기른 중국인 공안원의 안내 덕분에 학술조사의 걸림돌이 일단 해소된 셈이다.

장백폭포에 이르자 빗길은 더 혼잡해졌다. 수백 대의 관광차량이 뒤엉켜 꼼짝달싹 못했다. 관광객들은 삼복더위 속에서도 산바람과 장대비에 몸을 떨었다. 저마다 천지 물에 멱을 감은 듯했다. 장대비는 좀체 그칠 기미가 보이지 않았다. 하늘의 빗물을 받아 쏟아놓는 탓인지 장백폭포는 더욱 큰 포말을 일으켰다. 학술조사고 뭐고 다 틀렸다 싶었다. 기적이 일어나지 않는 한 백두산 정상에 오르는 일은 불가능해 보였다.

그런데 그 기적이 일어났던 것이다. 하늘의 도움이었다. 억수같이 퍼붓던 장대비가 그치고 하늘이 점점 개기 시작했다. 일행을 태운 지프는 늑골 앓는 소리를 내며 해발 2,744m의 정상으로 향했다. 구름이 발밑으로 스쳐 지나갔다. 미인송 대신 난쟁이 관목이 하늘 밑에 엎드려 있었고 알프스의 에델바이스를 연상케 하는 고산 양귀비가 산바람에 꽃잎을 떨어뜨렸다. 단군 할아버지가 비[雨師], 구름[雲師], 바람[風伯]을 몰고 와 신시(神市)를 연 배달의 고향에 드디어 이른 것이다. 하늘의 연못 천지(天池)엔 전설의 물결이 일렁였다. 태고의 신비는 여전히 숨쉬었고 배달의 맥박은 사뭇 고동소리를 내는 듯했다. 한민족(韓民族)의 기상이 용트림하던 그곳은 엉뚱하게도 남의 땅이 되었고 호수 건너편(북한)도 갈 수 없는 금단의 지역이 되었다. 선사인은 자유로이 남북을 오가고 백두산의 흑요석을 채취해 화살촉을 만들었건만, 그보다 지혜가 발달한 호모 사피엔스의 후예들은 서로 금을 그어놓고 반목하고 있으니 이 또한 역사시대의 비극이다.

80여 리에 달하는 천지 주변은 백운봉과 장군봉 등 수많은 산봉우리가 머리띠를 두른 듯 이어졌다. 화산재가 엉긴 까닭에 암석은 밟을 때마다 부석거리는 소리를 냈다. 현무암의 검은 재가 널린 백두산 정상에서 일행은 흑요석 찾기에 나섰다. 반짝반짝 윤이 나는 돌은 천지주변 곳곳에 널려 있었다.

밤톨만한 알갱이에서부터 주먹만한 크기의 흑요석이 현무암 틈새에서 고개를 내밀었다. 억겁의 신비를 간직해 온 마법의 돌, 단군 이전부터 배달의 얼과 슬기를 간직한 비밀의 돌은 여전히 침묵했다. 약 2만 년 전 이 땅에 살았던 선사인들은 당시에도 흑요석의 단단한 암질을 알아냈고 그러한 특성을 이용해 화살촉 등 생활용구를 만들어 썼던 것이다. 그 돌은 선사인

백두산의 흑요석 탐사
학술 조사반이 천지(天池) 일대에서 선사인이 화살촉을 만들어 쓰던 흑요석을 조사하고 있다. 왼쪽부터 임병무 과학교육부장, 하문식 강사, 이융조 교수.

의 보따리에 간직되어 생활거처를 옮길 때마다 행동을 같이 했다. 백두산에서 함경도 회령으로, 단양 수양개로, 부산 동삼동으로 흑요석의 발길은 이어졌다. 쉽게 말하면 흑요석은 선사인의 생필품이었다. 이 돌만 있으면 수렵생활로 우선 식생활이 해결되었기 때문이다.

백두산 정상에서 보물찾기는 한나절 동안 계속되었지만 채취시료들을 눈으로 확인하고 사진으로 찍는 데 만족해야 했다. 백두산이 자연보호구역으로 묶여 돌 하나 풀 한포기도 반출할 수 없도록 돼 있다. 다만 현지 잡상인들이 파는 화산재 덩어리를 기념품으로 살 수밖에 없었다. 선사인들은 자유로이 이 돌을 채취하였는데, 문명시대의 현대인들은 그냥 바라볼 뿐이다.

흑요석의 확인작업으로 보더라도 배달겨레는 백두산을 중심으로 살았던 백두산족임이 확실하다. 그러나 오늘날 백두산의 반쪽은 중국이 차지했고, 건너편 반쪽은 우리의 땅이긴 하되 이데올로기의 셔터가 내려져 있어서 관광용 망원경으로 바라보는 데 그쳐야 했다. 민족분단의 비극을 아는지 천지의 쪽빛물결엔 잔물결이 일렁일 뿐이다.

11. 초원의 빗살토기

대조영(大祚榮)의 옛 땅엔 가을을 재촉하는 부슬비가 내렸다. 가을비가 내리고 나면 이내 겨울로 치닫는 장춘(長春)이다.

송화강가 초원에 자리 잡은 길림성의 수도 장춘의 봄은 그들의 기대처럼 길지 않다. 부여(扶餘), 고구려, 발해의 흥망에 이은 만주사변은 장춘의 봄을 사정없이 할퀴었고 마지막 황제 푸

이도 그 잔인한 봄 속에서 작별인사를 고했다. 초원에 찍힌 인류의 발자취는 역사의 뒤안길로 사라졌고, 다만 그 편린의 일부가 박물관 유리 상자에 갇혀 역사의 호흡을 전하고 있다. 광개토대왕의 함성과 대조영의 말발굽 소리는 엉뚱하게도 박물관으로 변한 푸이의 궁전에서 화석으로 굳어 있다.

삼천리 금수강산 위쪽에도 배달의 광활한 삶의 터전이 있었건만 지금은 남의 땅이다. 부여의 금와왕(金蛙王) 이전에도 송화강변엔 우리네와 비슷한 사람들이 모여 질그릇과 청동검을 만들며 살았다.

중국의 시각으로는 이 문화의 창조자를 선비족(鮮卑族)으로 보고 있지만, 우리는 어디까지나 배달의 얼이 서린 부여족(扶餘族)임을 내세우고 있다. 길림성박물관에선 강붕(姜鵬) 길림성문물고고연구소 교수와 교포 이운택 교수가 일행을 맞았다.

강붕 교수는 길림성유적보호위원 및 박물관학회 이사로 있으면서 관련 학계에 막강한 영향력을 갖고 있는 고고학자다. 동북삼성(요령성 · 길림성 · 흑룡강성)에서 이 분야의 원로학자

길림성박물관
만주국을 세울 때 마지막 황제 푸이가 사용하던 궁전이었으나, 지금은 길림성박물관으로 쓰고 있다. 부여 고구려 발해의 유물도 다수 보관하고 있다.

로 대접을 받는 그는 《동북 구석기 문화 연구》라는 역저를 펴 낸 바 있는데, 이 책은 최무장(崔武藏 ; 부여문화재연구소장) 교수가 국내에 소개했었다.

이운택 교수는 본관이 경기도 안성으로 경북 울진이 선향이라고 했다. 부여국(扶餘國)의 수도 장춘에서 부여의 후예가 이 땅에 살다간 선인의 발자취를 설명해 주었으나 안타깝게도 그의 국적은 중국이다.

길림성의 역사 또한 구석기에서 시작된다. 길림성 박물관 초입은 선사인의 동굴처럼 꾸며 놓았다. 관람객이 석기시대를 절감하도록 당시 주거 형태를 재현해 관람 분위기를 최대한 살렸다. 태고적부터 송화강 넓은 들에 명멸하였던 배달겨레와 한족(漢族), 만주족의 문화가 한자리에서 견주어졌고 어떤 부분은 대륙과 한반도 문화의 갈림길을 알려 주었다.

전기·중기구석기까지는 화북(華北)의 영향권에 있다가 후기 구석기(2만 년 전)로 접어들면서 동북시베리아문화권과 접목하고, 신석기에서 청동기로 이어질 때는 더욱 한국적 요소가

원보구 빗살무늬토기
길림성 농안현(農安縣) 원보구(元寶溝) 출토 빗살무늬토기로 표면의 격자문(格子文)이 永同 금정리와 비슷하다.

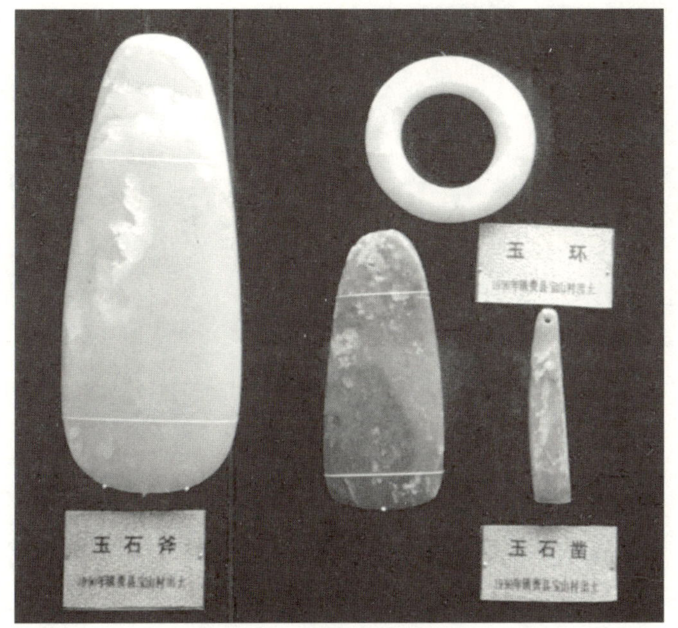

길림성박물관의 옥석기
초원지대에서 많이 나오는 옥으로
만든 옥석기. 우리나라와는 문화계
통이 다르나 전북 부안 화계리에서
옥석기가 출토된 바 있다.

강하게 작용하는 것이 한반도 선사문화의 특징이다.

한반도와 대륙의 구석기 문화 사이의 닮은 점은 먼저 길림성
유수대교둔(楡樹大橋屯)유적이 말해준다. 지난 1988년 9월 밭
을 갈던 농민의 신고로 조사된 이곳은 5만 년 전의 중기구석기
유적으로서 몸돌등 석기가 많이 나왔다. 석기의 돌감(재료)은
대부분 석영(차돌)인데, 이는 한반도 출토 석기의 재료가 석영
이 대종을 이루고 있는 점과 일맥상통한다. 이 유적에서 특기
할 만한 사실은 코끼리 상아로 만든 뼈연모(긁개)의 등장이다.
사슴뼈 등으로 만든 뼈연모는 대륙 곳곳에서 출토되고 있지만
상아뼈연모는 이곳에서 처음으로 발견되었다. 우리 고장인 청
원 두루봉에서 상아 골각기가 발견된 점과 견주면 매우 흥미
있는 사실이다.

신석기시대에 만든 대륙의 옥석기(玉石器)는 퍽이나 아름답

다. 초원지대에 많이 나는 중국의 특산물인 옥으로 만든 석기
이다. 옥을 다듬어 옥도끼나 장식품을 만들었다. 연초록색의
투명한 옥석기는 거의가 흑룡강성 등 북쪽 초원지대에서 출토
되고 있다. 한반도 석기 문화와는 다른 계열임에도 전북 부안
화계리에서 옥석기가 출토되는 바람에 의문이 더해가고 있다.

　　연변조선족자치주 안에 있는 훈춘의 대육도구(大六道溝)유
적과 길림성 농안현(農安縣) 원보구(元寶溝)유적도 유의해 볼
필요가 있다. 이곳에서는 영동 금정리에서 나온 빗살무늬토기
와 비슷한 유형의 토기가 출토됐기 때문이다. 금정리에선 우리

길림성박물관의 토기들
훈춘 대육도구(大六道溝)에서 출토
된 손잡이 달린 토기로 영동(永同)
금정리에서 출토된 빗살무늬 토기
와 견주어진다.

나라 신석기 유적에서 드물게 보는 빗살토기 손잡이가 나오고
있는데 신석기 초기의 유적인 대육도구에서 이 같은 토기손잡
이가 나온 것이다. 이 토기는 전형적 빗살토기가 아니라 빗살
토기가 퇴화하는 과정에서 나타나는 퇴형 빗살토기인 것이다.

원보구 유적 빗살토기는 크기가 20㎝ 이내로 다른 빗살토기
(40~50㎝)에 견주어 작다. 이곳의 빗살토기는 토기표면에 가위
표를 한 듯한 XX 무늬가 새겨져 있다. 격자문(格子文)이라고도
일컫는 이 무늬가 바로 금정리에서 나오고 있다. 대륙과 한반
도의 문화교류를 입증하는 자료들이다.

대륙도구 유적에서 나온 그물추는 한반도 출토 그물추보다 훨씬 크다. 얇은 자갈돌로 만든 한반도 그물추는 밤톨만한 데 견주어 이곳의 그물추는 3~4백g 정도로 배 이상 컸다. 그물에 달기 위해 파놓은 홈은 마찬가지였으나 추의 크기와 무게는 큰 차이가 났다. 무엇 때문에 이처럼 큰 그물추를 사용했을까. 이러한 의문은 대체로 몇 가지 해답을 추정케 했다.

첫째로 강의 크기와 고기잡이 방식이 달랐지 않았나 추정된다. 두만강 하구에 있는 훈춘은 강폭이 넓고 수심이 깊어 그물을 내리자면 마땅히 큰 그물을 사용할 수밖에 없고 따라서 어로(漁撈) 방식도 약간은 다르지 않았나 하는 추정이다.

둘째로는 서식 어종(魚種)의 문제에 있다는 해답이다. 큰 고기를 잡으려면 올이 성긴 큰 그물을 사용해야 하고 이때는 필수적으로 큰 추를 달아야 한다는 가설이다. 실례로 중국산 초어(草魚)는 크기가 1m 이상인 초대형 어종이다. 물속에서 수초를 먹고 자라는 초어는 식성이 강해 먹이를 먹을 때 소가 여물을 씹는 듯한 소리를 낸다.

한때 우리나라에서도 내수면 어자원 증식을 위해 도입한 바 있으나 맛이 없는 데다가 토종 물고기 씨를 말리는 통에 양식에 실패를 했다. 이처럼 큰 고기를 잡기 위해 큰 그물과 그물추를 사용했다는 해답을 구했으나 정확한 사실의 규명이 아닌 가설에 그칠 뿐이다. 수렵과 농경문화에 대한 시간적 공간적 차이를 느끼게 하는 자료들이다.

12. 청동검(靑銅劍)의 주인

　쇠붙이의 발견으로 석기시대는 종말을 고한다. 인간의 지혜는 자연의 철광석을 알아냈고 이내 금속을 섞는 합금술로 발전하였다. 돌칼이나 돌화살촉을 쓰는 것보다 청동검이나 청동화살촉을 쓰는 것이 수렵과 농경생활에서 훨씬 효율적이었다. 쇠붙이의 발전은 가히 인간생활에서 혁명적인 일이었다.

　우리나라 청동기시대에 대한 논란은 가시지 않았지만, 대체로 2~3천 년 전을 그 시기로 잡고 있다. 물론 청동기시대 이전에 구리만 사용했던 순동(純銅)시대도 있었다. 신석기말의 금석병용기를 일컫는 말이긴 하지만 이 역시 논란이 많다. 평북 용천 신암리에서 출토된 자연산 구리로 만든 귀고리, 목걸이, 팔찌 등은 순동 시기의 실존을 말해 준다.

　순동 시기는 곧바로 청동기에 바통을 넘겨준다. 단일 금속물질보다 여러 가지 금속을 섞을 때 쇠가 단단해지고 표면처리가 용이해짐을 알게 되었다. 구리에다 주석, 납, 아연을 섞은 청동 생활용구가 등장하며 청동기는 인류역사의 큰 획을 긋게 된다.

　이때 만들어진 생활용구로는 청동검, 청동도끼, 청동거울, 청동방울 등을 들 수 있다. 그가운데서 청동검은 청동기시대를 대표할 만한 주조물로 그 형태나 합금 비율 등에 따라 갈래를 달리한다. 한반도와 대륙에서 발견되는 청동검은 대략 4가지 형태를 띠고 있는데, 비파형동검, 세형동검, 도씨검(桃氏劍), 오르도스동검 등이 바로 그것들이다.

　비파형동검이란 그 모양이 중국의 악기인 비파(琵琶)처럼 생

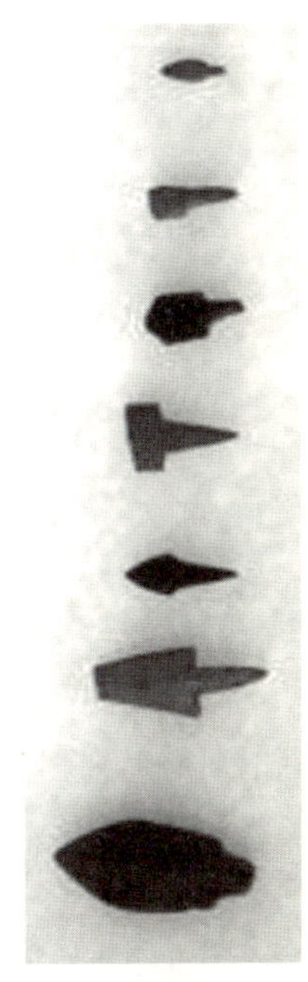

돌화살촉

청동거울
선사시대의 청동거울은 거친무늬거울[粗紋鏡]과 잔무늬거울[細紋鏡]로 나뉜다. 거친무늬거울은 크기가 작은 편이며 줄무늬가 굵고 거칠어 구성이 정밀하지 못하고 만든 수법도 아주 조잡한데 요령(遼寧) 정가와, 부여 연화리, 익산 오금산, 대전 괴정동유적 등에서 발굴되었다. 잔무늬거울은 거친무늬거울이 발전된 형태인데 한국식동검과 출토지역 분포가 거의 비슷하다. (한국브리태니커 제공)

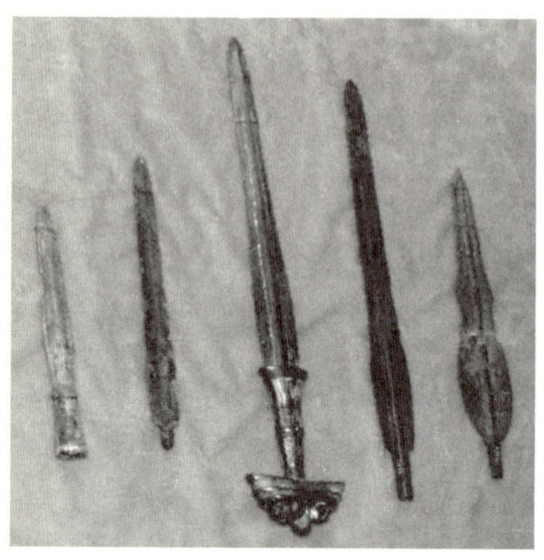

청동검
오른쪽이 한국 청동기 문화를 대표할 만한 비파형동검. 오른쪽에서 두 번째는 세형동검이며 세 번째는 북방계통의 오르도스 동검이다.

겼다고 해서 붙은 이름이다. 만주식동검, 요령식동검, 부여(송국리)식동검, 곡인검(曲刃劍) 등도 모두 비파형동검을 일컫는 말이다. 이는 요령지방과 한반도에서 많이 출토되는 형식으로 한국의 청동기문화를 대표할 만한 유물이다.

임병태(林炳泰) 숭실대 교수는 일찍이 한국의 청동기문화를 '비파형동검문화' 로 일컫고 있다. 이 양식이 요령지방과 한반도에서 많이 나오고 있지만, 그렇다고 해서 요령의 양식이 한반도로 직수입되었다고는 볼 수 없다는 게 임 교수의 주장이다. 한반도에서 간헐적으로 출토되던 비파형동검은 최근 전남 여수 고인돌에서 20여 점이 무더기로 나왔다.

이 점에 대해서 관련 학계 일부에서는 요령지방에서 육로를 거치지 않고 곧바로 서해를 지나 한반도 남쪽으로 전해지지 않았나 추정하고 있다. 요령지방에서 비파형동검이 많이 나오고 있는 데 견주어, 길림성에서는 별로 나오지 않고 더욱이 조선족이 많이 사는 연길지역에서는 전혀 출토되지 않는 점이 별스럽다. 그렇다면 연변의 청동기문화는 한반도와 다른 유형일까. 이 점에 대한 의문이 커지고 있는 가운데 일부 학자는 연변지역이 요령과 길림보다 내륙 쪽인 흑룡강성의 영향을 받지 않았나 보고 있다.

세형동검은 비파형동검의 양식이 퇴화한 형태로 충남 서해안 등에서 많이 출토되는 가장 한국적인 동검이다. 오르도스동검은 내몽고에 살던 초원 지역의 유목민들이 즐겨 쓰던 것으로 손잡이 부분에 화려한 장식이 있는 것이 특징인데 우리 청동기 문화와는 다른 갈래에 속한다. 손잡이부분이 나무로 된 중국 청동기의 대표적 동검인 도씨검 역시 우리와는 다른 계통이나 이 동검이 전북 부안에서 출토된 바 있다. 관련 학계는 화북(華北)에서 산동반도를 거처 서해안으로 전래되지 않았나 추정하고 있는데, 이 가설대로라면 청동기시대에 벌써 대륙과 한반도 사이에 무역과 같은 형태의 어떤 문화교류가 있었던 셈이다.

한국형 비파형동검은 요령지방 동검보다 합금비율이 약간 다르다. 구리, 주석, 납을 섞은 것은 마찬가지이나 아연에서 요령동검의 3%보다 높은 10%를 기록하고 있는데, 이는 아연 산지가 한반도에 많기 때문이다.

부채꼴 모양의 선형 청동도끼는 길림의 소달구(騷達溝)와 산정대관(山頂大棺) 그리고 장사산(長蛇山)에서 나왔는데, 한반도에선 부여 송국리에서 거푸집이 나온 데 이어 강원도 강릉과 명주 등에서 출토돼 한반도와 대륙 사이 청동기문화의 연관성을 보여주고 있다. 이처럼 문화 양상이 제각기 다른 청동제 생활용구는 길림성박물관에서 함께 선을 뵈어, 오랜 옛날 만주벌판에 명멸했던 배달겨레와 한족(漢族), 만주족, 몽고족 문화를 대비시켜 주고 있다.

비파형동검과 더불어 배달의 문화와 맥(脈)을 잇댄 또 하나의 유물로서 붉은 간토기[紅陶]를 꼽게 된다. 신석기시대 빗살무늬토기의 뒤를 이어 청동기시대에 출현한 붉은 간토기는 흑도(黑陶)와 함께 무문토기 계열로 청동기시대를 대표할 만한 그릇이다. 흙으로 토기를 빚은 뒤 표면에 붉은 색의 유약을 발랐다고 해서 '붉은 간토기' 라 부른다.

비파형동검
요령지방에서 자주 출토되는 청동기시대의 비파형동검. 한반도에서도 출토된다.

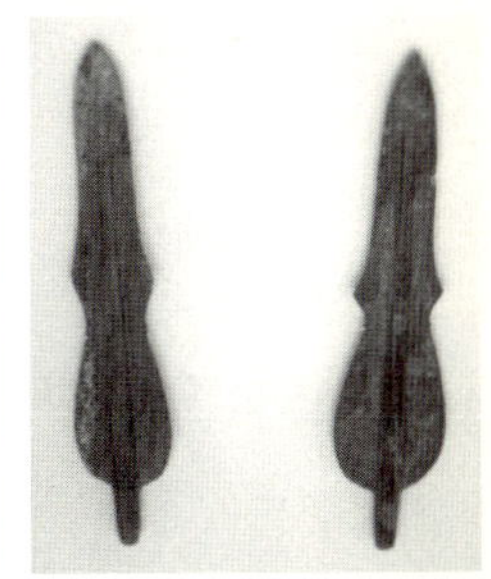

왜 토기표면에 붉은 색을 칠했을까. 충주댐 수몰지구인 제천군 청풍면 황석리 고인돌에서 보듯 토기의 붉은색은 망자(亡者)의 피[血]나 악귀의 범접을 막는 상징적 의미로 풀이되었다. 그런데 뒤이어 출토된 붉은 간토기는 사발, 보시기, 단지 등 실생활에 쓰인 그릇의 종류가 다양했다.

토기 표면에 매끈하게 바른 붉은 유약은 상징성말고도 농경사회에서 조리를 할 때 그릇 안의 수분 증발을 막기 위한 조치로도 풀이된다. 이와 같은 붉은 간토기와 초기 철기시대까지 존재하였던 흑도(黑陶 ; 청주 비하동서 출토된 바 있음)가 만주지방에서 나오는 것은 어떤 까닭일까. 길림성의 후석산에서는 흑도가, 향양강(向陽崗)유적에서는 홍도가 출토되어 현재 길림성박물관에 진열돼 있다.

향양강 유적의 홍도는 제천 황석리의 홍도와 견줄 만한 토기이다. 차이점이 있다면 황석리토기는 유약이 매끈하게 칠해진데 견주어 향양강토기는 칠이 거칠다. 이것은 시기의 차이인지

붉은간토기
제천(堤川) 황석리에서 출토된 붉은 간토기와 견주어지는데, 토기표면의 붉은 칠이 매우 거친 편이다. (왼쪽 토기)

문화의 차이인지 현재로서는 규명되지 않았으나 과학적 방법으로 분석하면 문화의 성격 내지는 동질성이 밝혀질 것으로 보인다.

연길의 금곡(金谷)유적에서 나온 번개무늬[雷文]토기도 한반도의 빗살토기와 맥락을 같이 한다. 이곳의 토기는 번개무늬가 퇴화하는 과정에서 변형된 모습을 보여주고 있는데, 태토(胎土)라든지 토기의 조성방법 등이 한반도 신석기 청동기문화상과 매우 비슷하다. 번개무늬토기가 나온 금곡 유적은 함경도 무산(茂山) 호곡동, 웅기(雄基) 서포항 유적과 견주어진다. 금곡 유적에서는 토광묘와 석관묘가 많이 출토되었는데, 석관묘가 320×60×50㎝로 비교적 크다. 석관묘는 1인보다 합장묘가 많았는데, 충북대 하문식 교수는 이 묘제가 발해의 다인장(多人葬) 풍속과 연결된 것으로 보고 있다.

13. 웅녀(熊女)의 후예

배달겨레의 혈맥엔 곰[熊]에 대한 향수가 살아 있다. 그 향수는 자그마치 5천 년을 이어 내려온다. 신석기 청동기시대에 등장한 단군신화에서 보듯이 배달은 곰을 따르는 웅녀(熊女)의 자손이다.

배달의 건국설화는 환인(桓因)의 아들 환웅(桓熊)과 웅녀의 결혼에서 비롯된다. 쑥과 마늘을 먹으며 삼칠일 동안 동굴에서 인고(忍苦)의 시간을 마친 곰은 드디어 인간으로 변해 환웅과 결혼하고 참을성 없는 호랑이는 동굴 밖으로 뛰쳐나간다. 단군설화에 등장하는 곰은 단순한 토테미즘이 아니라, 5천 년이 지

웅진동의 돌곰상[石熊]
공주 시내 웅진동 곰사당[熊祠堂]
자리에서 수습(收拾)된 것이다.
즉, 무령왕릉 맞은편 남쪽 구릉 중
복의 경사면에서 출토된 것인데,
1972년에 공주박물관에 수장(收
藏)하게 된 것이다. 이 돌곰상이
출토된 곳이 바로 웅진동의 곰사
당 자리인 것으로 보아, 이 곰상을
사당에 안치하여 제사를 지내며
신앙의 대상으로 삼았다고 보고
있다.

난 지금까지도 민족정서에 깊이 뿌리내리고 있다. 은근과 끈기로 대변되는 우리의 정서는 동굴 속에서 햇빛을 기다리는 곰의 참을성 유전인자를 그대로 받아들인 것이라 하겠다.

'곰처럼 미련하다', '곰 같은 여자' 라는 시쳇말은 토테미즘과 연관된 발상이다. 곰에 관한 숭배사상과 의식은 배달의 생활풍습 곳곳에 스며 있으며, 곰과 연관된 설화나 지명도 전국적으로 수없이 흩어져 있다.

웅녀가 동굴 속에서 참고 기다리는 백일은 곧 '백일기도' 라는 민족신앙으로 이어지며 3·7일은 여자가 아이를 낳은 뒤 외부와 접촉을 끊고 몸조리하는 기간이다.

충남 공주군 웅진동 고마나루(곰나루)에는 곰과 인간의 애틋한 사랑의 전설이 알려져 내려온다. 여미산(余美山)에서 약초를 캐던 사내가 암곰에게 사로잡혀 동거를 하게 되었고 아이까지 낳았다. 사내는 암곰과 부부생활을 하다 집 생각을 떨칠 수 없어 몰래 도망쳤다. 이에 낙담한 암곰은 새끼와 함께 강물에 몸을 던졌다고 하는 순애보이다. 결과는 비극적이었지만 이야기의 전개과정이 단군설화와 매우 비슷하다. 금강가 곰나루에서는 암곰이 빠져죽은 뒤 풍랑이 심해 행선(行船)의 위험이 많으므로 웅신제(熊神祭)를 지냈다는 기록도 있다.

한반도 남쪽지역에서 곰과 관련된 지명은 약 400여 개에 달한다. '곰내', '곰실', '곰바우', '곰티' 등이 바로 그러한 지명들이다. 충남 공주군의 '웅진동', 논산군 별곡면 남천리의 '곰티재', 용산리의 '곰밭' 등 곰과 연관된 지명들이 충남 지역에 유난히 많다.

충북에도 괴산군 불정면 '웅동이', 청천면 화양리의 '곰네

장천고분의 고구려벽화
장천고분은 집안에서 압록강을 따라 북동쪽으로 약 25km 지점에 자리하며, 높이 6m, 둘레 88.8m이다. 길림성 박물관 쪽이 1970년 8월에 정리를 끝낸 것으로 일제시대에 공개된 고분들에 견주어 보존 상태가 좋다. 연도, 전실, 현실로 이루어진 쌍실묘인데, 전실에서 현실로 이르는 공간에는 바닥만 빼고는 모두 벽화를 그렸다.

미', 단양군 가곡면 보발리의 '곰절' 등 곰 지명이 수십 개에 달한다.

길림성 박물관에 전시된 고구려벽화는 민족의 맥박 속에 면면히 스민 곰 토테미즘을 설명해 준다. 이 벽화에서 곰의 생태, 곰에 대한 당시 사회의 숭배의식은 숨은그림찾기처럼 발견하기가 어렵다. 집안현(集安縣) 장천(長川) 1호분 벽화는 고구려인의 활달한 기개가 넘치는 수렵도이다. 남성들은 말을 타고 질주하며 호랑이와 사슴 등 야생동물을 향해 힘차게 활시위를

덕흥리고분의 기마인물수렵도
고구려시대에는 무덤 안에 그림을 그리는 고분벽화 미술이 발달했다. 고구려시대에 그려진 벽화에는 주로 사람들의 일상적인 생활 모습이나 사냥하는 모습, 춤을 추고 노래하는 모습, 씨름하는 모습, 외적에 맞서 용감하게 싸운 무사들의 모습이 그려져 있다. 고구려 사람들은 사냥을 즐겼다고 한다. 땅이 거칠어 농사를 짓기가 알맞지 않으니 사냥이 중요한 생계수단이었을 것이다. 고구려 벽화 가운데도 사냥하는 그림이 많이 있다. 그 가운데 덕흥리 〈기마인물수렵도〉와 무용총 〈기마인물수렵도〉가 널리 알려져 있다. 이 그림은 덕흥리 고분 속에 있는 〈기마인물수렵도〉이다. 무용총 〈기마인물수렵도〉만큼 팽팽한 긴장감과 박진감을 느낄 수는 없지만 달리는 말 위에서 뒤로 활을 쏘는 모습이 아주 인상적이다. (웅진닷컴 제공)

당긴다. 화살을 맞은 맹수들은 포효하며 쓰러지고 한쪽에서는 벌써 모닥불을 지피고 있다. 상수리나무 주변에선 여인들이 마음을 졸이고, 또 다른 곳에서는 웃통을 벗은 남정네가 씨름판을 벌이고 있다. 그런데 벽화의 왼쪽 아랫부분에는 곰이 동면을 하고 있다. 박달나무 아래 동굴에선 한 마리의 곰이 사냥과 관계 없다는 듯 다소곳이 겨울잠을 자고 있다. 곰의 주변엔 당초문 장식까지 그려 넣고 있다. 사냥꾼들은 곰을 깨우려 들지 아니 하고 더욱이 곰을 향해 활시위를 당기려 하지 않는다. 오래 전부터 그들의 모태(母胎)이기 때문에 사냥 대상물로 금기한 것이다.

농경문화가 열리던 신석기시대에 시베리아 만주벌판에는 곰, 독수리, 호랑이를 따르는 무리가 각기 살았다. 인디언이 독수리를 섬긴 데 견주어 배달민족은 곰을 따랐다. 고조선의 건국은 투쟁이 아닌 화합의 결과였다. 하늘(환웅)과 땅(웅녀)이 화합하고 햇빛과 그늘(동굴)이 합쳐졌으며, 자연과 투쟁이 아닌 순응이었다. 상대방을 공격하여 얻은 승리의 산물이 아니라 사람과 동물이 대화하고, 싸움보다는 참고 견디는 '인내'를 선택한 것이 우리 건국신화의 특징이다. 티베르강 가에서 이리 젖을 먹고 자라며 로마제국을 세운 로물로스 형제나 용(龍)의 배를 째고 나오는 식의 일본설화와는 그 원류가 다르다.

학술조사단은 고구려 수렵도에서 숨은 벽화의 비밀을 찾아내는 데 한나절을 들였다.

빗살무늬토기 문화를 가진 종족은 대개 곰이나 호랑이를 숭배했다. 곰을 따르는 무리는 우리 민족말고도 여러 종족이 있다. 퉁구스 달단족이나 핀랜드족도 곰을 숭배하며 일본의 토착민인 아이누족에도 산신과 곰이 결혼하여 시조를 낳았다는 설화가 있다. 일본의 북구주대(北九州大) 황목박지(荒木博之) 교수는 "한반도의 단군신화가 구주를 거쳐 일본열도에 상륙, 영언산(英彦山)과 웅야(熊野)에 이른 것"으로 보고 있다. 곰 신앙이 우리의 정서 속에 뚜렷이 자리 잡고 있음을 감안할 때, "88서울 올림픽의 마스코트를 호랑이(호돌이)로 내세운 것은 잘못"이라고 강원대 사학과 주채혁(周采赫) 교수는 주장했다.

오늘날 만주지방에서는 곰 사육이 널리 이뤄지고 있다. 다름 아닌 곰 쓸개즙(웅담)을 빼먹기 위해서이다. 연변조선족자치주안에서도 곰 사육은 성행하고 있다. 야생 곰을 우리에 가두어 키우며, 주사기로 곰의 담즙을 빼낸다. 웅담즙을 분말로 만들어 시험관 같은 작은 유리병 속에 넣어 판매한다. 웅담은 예로부터 어혈, 간장질환, 심장병 등에 탁월한 효과가 있는 것으로 알려져 외화벌이를 톡톡히 해낸다. 정력제라면 사족을 못 쓰는 한국인 관광객에게 웅담분말은 자못 인기가 높다. 곰은 자기의 쓸개를 빼어주고도 장난스럽게 헤살을 놓는다. 쓸개즙을 빼낸 다음 밴드로 상처부위를 싸매 준다. 그대로 뒀다간 미련하게도

발로 상처를 건드려 내장이 터져 나올 수도 있다.

오늘날 곰의 자손은 곰을 모태로 떠받들면서도 쓸개즙을 빼먹는 이율배반적 행위를 서슴지 않고 있다. 젖줄을 가르고 쓸개를 빼는 곰 자손의 후예, 어쩌면 이러한 행태는 모태로 회귀하는 일일지도 모른다.

14. 요령의 선사문화

동북아 선사문화 학계의 원로학자인 강붕(姜鵬) 교수는 우리 일행과 이별하는 것을 매우 아쉬워하며 장춘역(長春驛)까지 배웅했다. 장춘역에는 디젤기관차와 석탄기관차가 공존하고 있었다. 여객을 실은 특급은 디젤기관차이고 화물열차는 대개 종래의 석탄기관차이다. 두 기관차의 모습은 마치 전통(석탄)에서 개방(디젤)으로 치닫는 중국사회의 한 단면이기도 했다.

바구니에 켄트담배와 칼스버그 맥주, 그리고 중국산 오성(五星)맥주 등을 담은 행상이 차창으로 엉겨 붙었다. 반대쪽에서 교차되는 완행열차엔 피난민 행렬처럼 난간에 많은 승객이 매달려 있었다. 객실 스피커에선 안내방송에 이어 '다뉴브강의 잔물결' 이나 록 음악이 흘러나왔지만 음질이 엉망이어서 오히려 귀를 아프게 했다.

철로변에는 해바라기가 가을을 준비했다. 수수나 기장을 갈무리하는 원추형 움집이 철로변을 따라 도열했다. 가도 가도 끝이 없는 만주벌이다. 그 흔한 터널도 없고 야트막한 야산조차 없다. 사방을 둘러봐도 차창 밖으로는 오직 수수밭뿐이다.

당 태종을 물리친 양만춘의 무용담이나 중원 벌을 향해 진격한 대조영의 말발굽소리는 수수밭에 묻혀 있다. 끝없이 펼쳐진 수수밭 때문인지 승객의 표정은 따분함으로 가득했다. 길림과 요령을 포함한 광활한 만주벌, 그 벌판은 50만 년 전 구석기시대부터 화북(華北)과 시베리아, 그리고 배달의 문화가 엇갈렸던 곳이다.

압록강 건너의 요령지방은 선사시대부터 역사시대에 이르기까지 한반도와 가장 근접한 문화교류의 길목이었다. 요령성 각지에 흩어져 있는 문화유적의 동식물상이나 석기를 보면, 여러 군데서 한반도 선사문화와 공통점을 발견하게 된다. 30만 년 전 인골이 출토된 요동반도의 금우산(金牛山)유적이나 본계(本溪) 묘후산(廟後山)의 짐승뼈, 소고산(小孤山)유적의 뼈바늘 등은 문화상에서 청원 두루봉 동굴 등과 근접해 있으며, 긁개와 밀개 등 잔석기

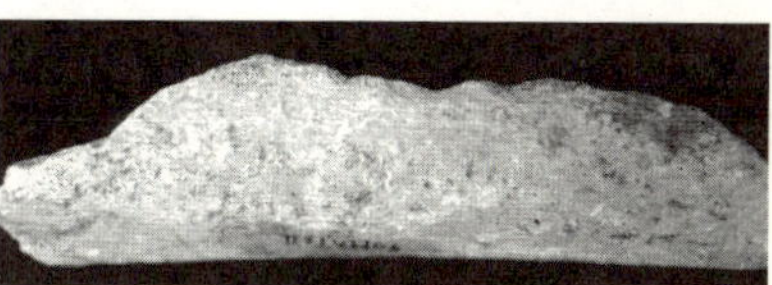

사슴뼈로 만든 긁개
후기구석기 유적인 소고산에서 출토된 짐승뼈로 오목날을 만들어 긁개로 사용했다.

문화도 우리네와 엇비슷한 양상을 띠고 있다.

화북의 산림형 주먹도끼 문화는 북진하고 내몽골의 초원형 잔석기 문화는 남진하여 요령지방에서 서로 만나 혼합이 되는데, 그 일단의 갈래는 대륙의 자루인 한반도로 흘러 숙성되었던 것이다.

신석기시대로 접어들면 대륙과 반도 사이에 문화의 교류는 더욱 잦아진다. 우리나라 신석기시대의 대표적 유물인 빗살무늬토기의 출현빈도가 요령성에 이를수록 많아지고 돌보습 등을 이용한 농경의 습성도 서로 닮아간다. 청동기에 이르면 비파형동검이나 고인돌[支石墓] 등에서 거의 같은 양상이 드러난다. 중국 악기인 비파 모양을 한 '비파형동검'은 요령지방과 한반도의 출토 양식이 서로 같다.

역사의 점이지대, 요령성의 수도 심양(瀋陽)에 도착한 것은 장춘을 떠난 지 4시간 만이었다. 누르하치의 고향 심양은 고대와 현대가 공존하는 관광 및 광공업도시이다. 학술조사단 일행은 역사의 점이지대를 확인하기 위해 심양시 외곽에 있는 신락

신락유적
심양시 외곽 구릉지대에 있는 신락유적은 7~8천 년 전 신석기 유적으로 집터와 빗살토기 등이 발굴된 곳이다.

(新樂)유적을 찾았다. 누르하치 궁전을 끼고 돌아 시(市) 외곽으로 빠지면 해발 20m쯤의 구릉지대에 7~8천 년 전의 신석기 유적인 신락유적이 개방화의 열병을 앓는 심양시를 내려다보고 있다.

지난 1973년 발굴된 이 유적지에 주구점, 금우산 등 중국의 주요 유적지와 마찬가지로 현장 박물관이 들어섰다. 역사와 전통을 중시하는 그들은 유적 현장에 박물관을 세움으로써 유물과 유적의 보존은 물론, 사회교육을 극대화하고 더 나아가 관광수입을 올리는 다목적 효과를 노리고 있다. 이곳은 신석기시대의 집터(반움집)를 비롯해 빗살토기, 갈돌, 갈판, 그물추, 청동검, 탄화된 곡식 등이 발굴된 곳이다.

집자리는 보호각을 지어 눈비를 가리게 했고, 내부는 전등을 달아 놓아 관람에 편의를 주었다. 집터 중앙엔 화덕자리가 있

신락박물관 전경
심양의 신락유적 현장에 박물관을 세웠다.

었고, 그 주변으로 빗살토기 등 생활용구가 검게 그을린 채 남아 있다. 1973년 발굴이 시작되었으나 아직도 발굴조사가 계속되고 있다. 발굴기간이 기껏해야 2~3년에 그치는 우리 실정과 큰 대조를 보인다. 집터 주변에도 사방으로 유구가 흩어져 있다. 바둑판처럼 파헤쳐진 유구엔 비닐이 덮여 있고, 그 위로는 곳곳에 빗물이 고여 있다.

원대(元代)에 조성한 벽돌무덤(전축분)도 여기저기서 드러났다. 벽돌무덤은 신석기유적을 침범하며 그 위에 조성된 것이다. 발굴 현장의 인부 서너 명이 신석기 집터 위에서 웃통을 벗은 채 장기를 두고 있었다. 장기알은 주먹만 했다.

신락박물관은 집터 건너쪽에 있다. 현대식 건물로 지어진 이곳엔 2개의 진열실을 꾸며 놓았다. 신락유적은 두 개의 문화층으로 나뉘는데, 제1진열실에는 시대가 다소 올라가는 하층문화를, 제2진열실에는 상층문화를 보도록 했다. 진열실 입구에는 벽전체가 벽화로 장식되었다. 도토리를 따고 불을 지피고 고기잡이를 나가는 당시의 생활상을 벽화로 재현했는데, 등장인물 모두가 여자였다. 모계사회를 복원해 본 벽화였다.

"궁금한 게 있으면 물어 보시라요."

전시유물을 설명하는 조선족 2세 안내원은 꽤나 친절하면서도 문제점이 제기되면 당돌하게 질문을 받아넘겼다.

빗살토기나 돌보습 등이 퍽이나 눈에 익었다. 한반도에서도 흔히 볼 수

요령의 빗살토기
신락유적에서 출토된 빗살무늬토기로 한반도의 빗살토기와 매우 비슷하다. 빗살토기 가운데 점선무늬에 속한다.

있는 청동검 등이 진열돼 있기 때문이다. 선사시대 문화의 상이성, 그것을 따지려 들 때 요령지역은 가장 중요한 연구대상 지역이고 따라서 우리 고고학계의 시선도 북방외교를 맞아 그리로 집중되고 있다.

신락박물관 앞뜰엔 큼지막한 조형물이 서 있다. 토기를 빚는 선사인의 모습을 그려냈는데, 그 옆으로는 엉뚱하게도 활시위를 당기는 헤라클레스상이 조각돼 있다. 고대사회 동서양의 만남을 의미한 것인지 그냥 구색을 맞추려고 만들어 놓은 것인지 알 수 없었다.

15. 집터와 빗살토기

심양의 신락(新樂)유적을 설명하자면 먼저 적봉(赤峰)의 홍산(紅山) 문화를 말해야 한다. 신락유적은 바로 홍산 문화의 한 유형이니까 말이다. 홍산 문화는 요령성 적봉산 홍산후(紅山後)유적이 발굴된 뒤에 이름이 붙은 신석기 문화의 큰 덩어리를 일컫는다. 이 유적은 1906년 일본인 도리이 류조오(鳥居龍藏)가 발견한 뒤 1935년 대규모 발굴을 거치며 '홍산 문화' 로 불렸고, 1954년에는 중국 당국이 발굴작업에 나섰다. 홍산 문화의 특징은 우선 경제적 기반을 농업에 두었다는 점이다. 돌보습과 돌괭이 등 농기구의 출토는 선사시대의 농경생활을 그대로 말해 준다. 구석기와 신석기의 갈림길은 뗀석기(타제석기), 간석기(마제석기) 사용에 있지만 수렵생활과 농경생활의 차이가 분기점이 된다.

구석기 수렵생활에서 신석기 농경생활로 이행되는 것을 고고학계에선 '신석기시대의 혁명'이라 부른다.

홍산 문화에는 한반도 신석기 문화의 대표적 유물인 빗살무늬토기가 출현한다. 가는 모래가 섞인 거친 표면의 회갈색토기 계열로 술병이 많다. 빗살토기와 더불어 고운 모래흙을 구워서 만든 니질 홍도(泥質 紅陶) 계열도 나오는데, 모양 무늬 제작수법에서 독자적인 모습을 띠고 있다. 형태에선 세 다리가 달린 삼족기(三足器), 화분 모양의 평저분(平底盆), 둥근 접시 모양의 권족반(圈足盤) 등이 있다.

무덤의 형태는 돌널무덤과 돌무지무덤 등이고, 석기는 타제석기와 마제석기가 뒤섞여 나온다. 돌삽, 돌호미, 돌보습, 돌칼 등은 평양 근처의 금탄(金灘)유적과 비슷하다. 동물장식으로는 용, 거북, 호랑이, 새, 고기 등이 출토되는데, 이는 북방의 초원 잔석기 문화 계통임을 말해 준다.

홍산 문화는 발해연안의 대능하(大陵河) 유역을 중심으로 요령지방에 매우 폭 넓게 퍼져 있다. 심양의 신락유적을 비롯해 건평현(建平縣) 우하량(牛河梁), 능원현(陵源縣) 삼관포자 성자산(城子山), 객좌현(喀左縣) 동산초유적 등이 홍산 문화의 범주에 속한다. 홍산 문화의 한 유형이 신락유적이고 신락유적이 한반도 신석기 문화와 근접해 있는 점을 감안하면 홍산 문화는 한반도 신석기 문화와도 접맥된다는 삼단논법이 성립된다.

홍산 문화가 한반도 신석기 문화에 영향을 준 것은 사실이지만, 그렇다고 해서 한반도 신석기 문화가 홍산 문화의 복사판은 절대 아니다. 이질적 문화는 어느 곳에서든 서로 만나 공통점을 찾아 숙성하고 그리하여 독자적 문화를 형성하고 있는 까닭에서 그렇다.

심양시 북쪽 외곽의 언덕에 자리한 신락유적에서는 한반도에서도 출현빈도가 높은 빗살토기, 집터, 그리고 탄화된 곡식 등을 눈여겨 볼 필요가 있다. 선사시대(신석기) 한반도의 농경사회와 생활상에서 많은 공통점이 보이기 때문이다. 하북성(河北省) 산동반도 발해연안 등 요동반도를 중심으로 출토되는 빗살토기는 중국의 전형적 채색(彩色)토기와 달리 한반도 선사문화와 관련이 깊다. 이 빗살토기들은 갈지(之)자 무늬, 사람인(人)자 무늬, 격자(格子)무늬 등으로 나뉜다. 토기를 빚을 때 머리빗 같은 새기개(施文具)를 이용해서 토기표면에 무늬를 새겨 넣었던 것이다.

신락유적에서 나온 빗살토기는 대부분 갈지(之)자 무늬였고, 더러 사람인(人)자 무늬와 평행선무늬 그리고 점선무늬도 나타났다. 갈지(之)자 무늬는 한반도에서도 여러 곳에서 출토된 바 있다. 평안북도 의주 미송리 동굴유적 아래층, 경남 통영 상노대도, 경남 김해 수가리 등에서 나왔었다. 사람인(人)자 무늬를 남한에서는 물고기뼈무늬[魚骨文], 북한에서는 전나무잎무늬로 부르고 있다.

같은 빗살무늬토기라 하더라도 남방과 북방은 약간의 차이가 있다. 남방계통은 굵은 모래흙을 태토로 하여 굵은빗살무늬[太線文]를 새긴 데 견주어, 북방계통은 그 반대로 가는 모래흙을 태토로 하여 가는빗살무늬[細線文]를 새겨 넣은 점이 다르다.

영동 금정리, 제천 황석리, 단양 상시바위

단동에서 출토된 갈지(之)자 빗살토기
한반도에서 출토되는 빗살토기와 매우 비슷한데, 특히 금정리 출토 빗살토기와 닮은 점이 많다.

신락유적의 신석기집터
장방형의 집터로 가운데 화덕이
있고 그 주변에 토기가 널려 있다.
기둥 위에 대들보를 얹은 것으로
추정되는 발단된 형태이다.

그늘유적에 이어 1991년도에 '93엑스포' 가 열린 대전둔산 신시가지에서 구석기 유적이 발굴되었는데, 그곳에서 남방과 북방 계통의 빗살토기가 모두 나오는 바람에 남한강과 금강을 중심으로 한 충청지방이 양쪽 토기문화의 접합점 구실을 하고 있음이 다시 입증되었다. 신락유적의 토기모양은 밑이 좁은 평저(平底) 또는 속이 깊은 심발형(화분형)토기가 주류를 이루었다.

신석기시대 대륙과 한반도의 집터는 어떤 점에서 다를까. 신락유적의 집터는 460×520cm 크기의 장방형으로 반지하식인데, 계단흔적이 있는 움의 깊이는 약 40cm쯤 되는 듯했다. 집터 가운데는 63×35×15cm 크기의 화덕자리가 있고 그 주변에 빗살무늬토기 따위가 널려 있었다. 기둥구멍이 비스듬하지 않고 똑바로 뚫린 점과, 출입구가 뚜렷하지 않은 점 등이 학술조사단의 주된 관심거리였다.

충북대 이융조 교수가 발굴해서 복원한, 전남 화순과 대전의 15만 년 전 막집터가 기둥구멍이 비스듬하여 참나무 휨 방식으로 A자형 텐트를 친 데 견주어, 이곳의 움집은 장방형의 기초에다 똑바로 기둥을 세웠던 것으로 풀이된다. 기둥을 바로 세우고 그 위에 들보를 얹는 등 발달된 형태로 보이는데, 출입문 흔적이 없어 사다리를 놓고 출입하지 않았을까 하고 이 교수는 추정했다. 우리나라에도 신석기·청동기 집터가 서울 암사동과 청주 향정동 등지에서 발견되었는데, 대부분이 원추형의 움집이었다.

암사동 움막집터
평면의 형태는 원형과 타원형, 그리고 네 모서리를 둥글게 죽인 네모평면을 이루며, 땅으로부터 40cm에서 1.5m 정도의 깊이로 파서 바닥을 만들었고 중앙에는 불을 지핀 화덕자리가 있었다.

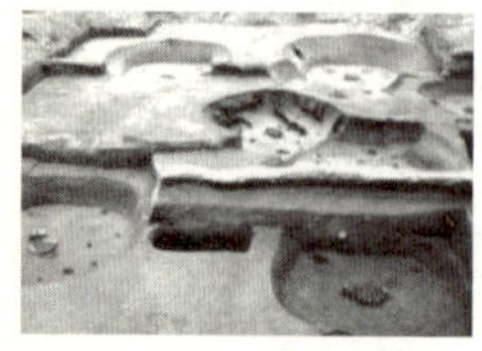

향정동의 집터는 화덕이 2개인 데 견주어 신락집터는 1개의 화덕만 있을 뿐이다. 신락집터에서는 기장, 수수, 피, 도토리 등 8천 년 전에 탄화된 곡식이 나왔으며, 곡식을 가공할 때 쓰던 갈판과 갈돌 등도 함께 출토되었다. 한반도에서는 이와 같은 곡식류가 황해도 봉산(鳳山) 지탑리에서 출토되어 대륙과 반도 사이의 농경문화 교류를 엿보게 한다.

이융조 교수가 경기도 고양시 일산유적에서 찾아낸 신석기 시대의 볍씨도 신락유적의 탄화된 곡식과 견주어서 연구할 만한 자료이다. 과학적 실험으로써 연대를 측정한 결과 일산 볍씨는 5천 년 전 황하(黃河) 유역의 자포니카(Japonica)종으로 밝혀져 우리나라 벼농사의 상한선을 크게 올려놓은 바 있는데, 그 전파가 산동반도에서 황해를 거쳤다는 중로설(中路說)을 강력히 뒷받침하고 있으나, 만주지역과 갖는 연관성에 대해선 관련 학계의 연구가 미흡한 실정이다.

16. 요령성박물관

중국의 주요 박물관을 둘러볼 때마다 반갑고 보람찬 일 가운데 하나는 교포학자나 조선족 안내원을 만날 수 있다는 기쁨이다. 길림성박물관에서는 교포학자 이운택 씨를 만나 선조들의 이야기를 나누었는데 요령성박물관에서는 고구려 역사를 전공하는 젊은 사학도 이용군 씨를 만났다. 북경민족대학을 졸업한 그는 경상남도가 선향으로 할아버지 대(代)에 만주로 이주해 왔다는 것이다. 조선족 3세의 눈빛에는 고국에 대한 그리움이 왈칵 밀려드는 듯했다. 한국과 중국이 수교도 되었으니 선향에 꼭 가보고 싶다고 했다.

중국의 박물관에는 대개 쇼핑센터가 마련되어 있었다. 옥으로 만든 공예품이나 그림 등 미술품을 팔고 있는데, 한국 관광객을 겨냥해서인지 매장에는 조선족 안내원을 두고 있다.

"저흰 조선족이야요. 반갑습네다. 싸게 해드릴 테니 골라보시라요."

숭늉 맛이 물씬 풍기는 평안도 사투리는 대륙여행길의 지친 이방인에게 한 민족의 *끈끈한* 정을 샘솟게 했다.

박물관마다 조선족 학자를 배치해 한국과 중국 사이의 고대사 관계를 연구케 한 것은 아마도 한·중 수교에 따른 문화교류를 대비하기 위해서인 듯하다. 이를테면 고대사 분야에서 한국통을 키우기 위한 정책적 배려인 것이다. 중국에 56개의 소수민족이 있지만 그가운데서 유독 조선족만이 이 같은 주요 부서에 발탁·배치된 것은 조선족의 우수성을 인정하는 한편, 한국과 문화교류 비중이 그만큼 막중해졌음을 보여주기도 한다.

한보동 영구시장이 일행과 담소하고 있다.

중국의 박물관 운영은 우리와 약간 다르다. 성(省)박물관에는 전시기능을 담당하는 박물관 전시실과 연구기관인 문물고고연구소가 반드시 나란히 설치돼 있다. 박물관이 사회교육기능을 지니고 있다면 문물고고연구소는 이를 뒷받침이라도 하듯 학술연구를 진행한다. 따라서 성(省)문물고고연구소는 그 지방 고고학의 핵심적 연구기관으로 자리 잡고 있으며, 이런 까닭에 그 지방의 고고학자와 역사학자의 집합체 구실을 한다. 병립한 두 기관이 상호 보완의 관계에서 공동보조를 맞추고 있는 것은 박물관 운영에서 사회주의 국가의 특성이기도 하다.

성(省) 안 유적에서 출토되는 유물은 성(省)박물관에 우선 보관하지만 그 지역 박물관에도 얼마쯤 남겨 둔다. 요령성 본계(本溪) 묘후산유적이나 영구(營口)의 금우산유적에서 출토된 유물들은 현지와 요령성박물관에 적절히 나누어 보관하고 있는데, 이는 지역적으로 안배하기 위해서이다. 출토유물을 국립박물관에 집중 보관하는 우리와는 약간 다른 방식이다.

중국의 공공건축물이 그러하듯 심양의 중심가에 자리 잡고 있는 요령성박물관도 웅장한 모습이다. 육중한 출입문을 들어

영구 서포대
영구시(營口市) 바닷가에 자리한 서포대 전경. 아편전쟁의 상흔을 간직한 곳이다.

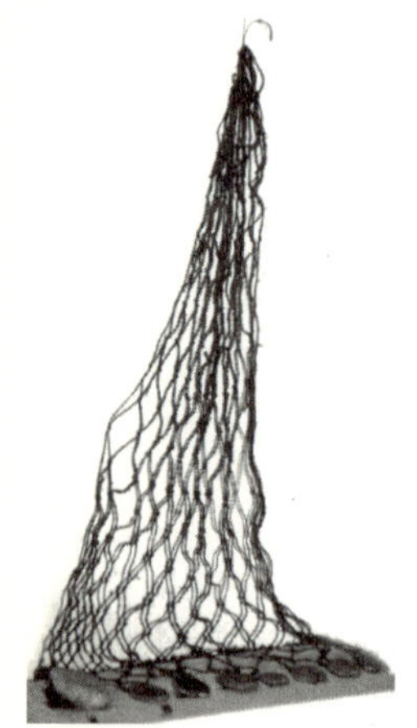

토기편으로 만든 그물추
신석기시대에는 자갈돌로 그물추를 만들었으나 토기편으로 만든 점이 이채롭다. 폐품재활용인 듯싶다.

빗살무늬 토기편
신락유적에서 나온 빗살무늬 토기편으로 한반도에서 나오는 빗살토기와 매우 비슷하다. 갈지(之)자문, 격자문 등을 새겨넣었다.

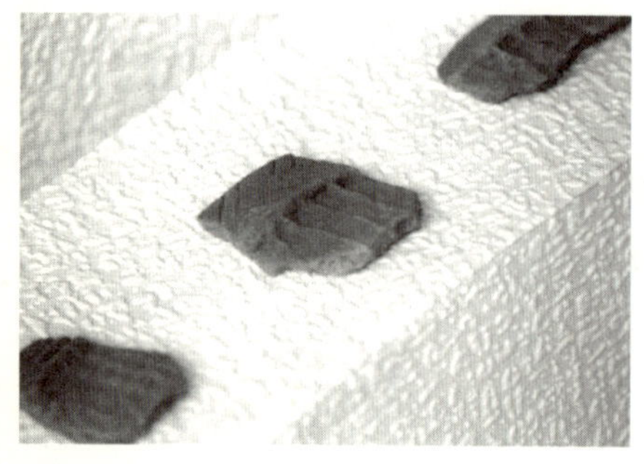

서면 2층 규모의 박물관이 거드름 피우듯이 서 있고, 정원 모퉁이는 아편전쟁의 상흔을 말해주듯 청말(淸末)의 대포가 관람객의 눈길을 붙잡는다. 전시실은 입체적으로 꾸며져 있다. 구석기유물을 전시하는 코너는 동굴의 모습을 재현한다든지, 사냥이나 불 피우는 모습 등을 그림 또는 밀랍 인형으로 구성하는 등 당시의 생활 속으로 빠져들게 했다.

20만 년 전 금우산유적에서 나온 금우산인 두개골 진품은 이를 수습한 북경대에서 보관하고 있고, 이곳엔 두개골 복제품과 사지뼈를 인체모형도 위에 부위별로 짜 맞추어 전시하고 있다. 금우산뿐만 아니라 묘후산, 소고산(小孤山), 합자동(鴿子洞), 안평(安平) 등 요령성 주요 선사유적에서 출토된 유물들이 이곳에서 요령의 역사를 말해주고 있다. 대륙 가운데서도 한반도와 문화교류가 가장 빈번했던 요령지방인 까닭에 요령성박물관은 신락(新樂)유적 박물관과 마찬가지로 대륙에 명멸했던 배달의 맥박이 곳곳에서 뛰고 있다.

구석기시대 모룻돌(받침돌) 위에 돌감(재료)을 놓고 내리쳐 석기를 만드는 방법(모루떼기)에서 요령성과 한반도 사이의 문화교류상은 시작되고 있으며, 신석기시대에서 청동기시대를 거쳐 역사시대로 올수록 공통점은 더 많아지게 된다.

신석기시대 신의주 건너편에 있는 단동(丹東)의 후와(后窪)유적에서 나온 갈지(之)자 무늬 빗살토기는 영동(永同) 금정리의 빗살토기와 너무 비슷했다. 이는 빗살토기를 만든 문화의 주체가 요령에서 한반도로 남하했음을 말해 준다.

그물추로 신석기시대에는 자갈돌을 이용했고 청동기시대에는 흙으로 만들었는데, 토기편을 가지고 만든 그물추가 전시돼 눈길을 끌었다. 그물추의 크기가 한반도보다 큰 점은 이미 길림성박물관과 신락박물관 등에서 나타났지만, 토기편 그물추는 처음 보는 양식이었다. 토기편 그물추의 제작에는 별다른 이유가 없는 듯했다. 어쩌면 폐품 재활용이 아니었나 하는 추정을 불러일으켰다.

1930년대 곽가둔(郭家屯) 등지에서 출토된 비파형동검은 충남 지역이나 여수 등 한반도 곳곳에서 출토된 동검과 똑같은 형식이었다.

건평현(建平縣) 우하량(牛河梁)유적에서 나온 여신상과 돌무

심양의 거리
박종규 (www.jjongpig.co.kr) 제공

지무덤 옥기(玉器)나, 객좌현 동산취에서 나온 흙으로 빚은 토우 등이 전시되고 있으나, 이들은 배달문화와 관계가 먼 화북(華北) 계열이다.

한·중 수교가 있은 뒤 두 지역 사이의 학술교류는 더욱 잦아지고 있다. 북경으로 향하던 고고학자의 발길이 심양으로 바뀌고 있으며, 심양에서도 충청지역을 심심찮게 찾아든다. 부인의(傅仁義) 요령성문물고고연구소 교수가 지난해 5월 충북대를 찾은 데 이어 곽대순(郭大順) 전 요령성문화청부청장 허옥림(許玉林) 교수 등도 1993년 11월에 충북대를 방문했다. 선사시대부터 있어 온 두 지역 사이의 문화적 공통분모를 찾으려고 들렀던 것이다. 그 확인작업은 날이 갈수록 늘어날 것이 분명하다.

심양거리엔 초가을의 어스름이 깔렸다. 열하일기를 쓴 연암(燕岩) 박지원(朴趾源)의 족적을 더듬어 볼 겸해서 뒷골목의 주점을 찾았다. 그의 대표작 한가운데로 《虎叱(호질)》은 심양의 한 주점에서 흘러나온 이야기였다. 뒷골목으로 들어서니 전봇대와 담벼락에는 성병치료에 관한 홍보스티커가 덕지덕지 붙어 있었다. 인간이 사는 곳이면 남녀의 육욕적 쾌락 가운데 반갑지 않은 손님이 찾아들게 마련이다. 더러는 에이즈를 조심하자는 경고문도 나붙어 있다. 부인의 교수와 함께 한 저녁상에 기름진 음식과 당나귀, 뱀 고기가 나오는 바람에 구토증을 느꼈다. 뒤를 돌아보는 순간 소름이 오싹하고 끼쳤다. 철망 안에는 약 오른 독사가 손님을 향해 혀를 날름거리고 있었다.

요하의 동쪽

1. 서 장

시집가는 날 등창 난다더니 출발 전부터 몸이 축 쳐졌다. 게다가 구멍 뚫린 하늘에선 장대비가 사정없이 퍼부었다. 2년 전 중국 요령성 일대의 선사유적을 답사하다가 큰비를 만나 곤혹을 치른 기억이 새삼스러웠다.

어쨌든 주사위는 던져진 것이고 일행은 예정대로 중국 동방항공에 몸을 실었다. 중국 항공기의 기내 서비스가 종전보다 꽤 향상된 듯했다. 승무원의 옷차림도 말쑥했고 기내식도 그런대로 괜찮았다.

기내에는 한국인과 중국인이 반반이었는데, 한국인들은 여전히 소리를 지르며 시끄러운 모습이었다. 국제화시대에 망신을 당하지 않으려면 최소한 국제매너쯤은 지켜야 하지 않을까.

상해(上海)의 하늘은 맑게 개어 있었다. 한여름의 상해는 글자 그대로 찜통인데, 섭씨 40도를 오르내리는 무더위가 기승을 부렸다. 상해 홍교(虹橋) 국제공항은 신 청사를 지어 말끔한 모습으로 손님을 맞고 있었다.

1991년만 해도 공항청사의 천장에서는 선풍기가 돌아갈 정도로 시설이 형편없었다. 구 청사는 국내선으로 이용하고, 국제선은 신 청사로 자리를 옮겼다. 신 청사는 비교적 깨끗했으며 냉방시설에 스낵바까지 갖추었다.

'文明在港'이라는 글귀가 눈에 들어왔다. 문명생활의 척도가 공항에 있다는 이야기이다. 국제화와 개방화가 그 빠르기를 더하면서 손님맞이 채비를 단단히 하는 듯했다. 우리나라에서 요즘 유행하고 있는 배꼽티 패션이 이곳에도 등장했다. 배꼽을 드러낸 티셔츠를 입고 선글라스를 쓴 중국 여인이 거리를 활보했다.

1980년대 말까지만 해도 칙칙한 인민복에 레닌모를 쓰던 그들이 겨우 오륙 년 사이에 이렇게 변했다니. 이제 중국 사회에서 인민복은 찾아보기가 무척 힘들어졌다. 거리의 노동자나 시골 촌로에게서나 간간이 찾아볼 수 있을 정도이다.

개방의 파고를 타고 서구의 패션과 컬러의 물결이 중국의 여름을 강타하고 있다. 패션 전문잡지도 많이 등장했다. 여타 월간지의 조잡한 인쇄와는 달리 패션잡지는 인쇄, 편집, 장정 모두가 화려하다. 스포츠 전문잡지도 가판대에 놓여 있고 복권판매소도 눈에 띈다. 복권판매소에서는 당첨번호를 스피커로 외쳤고 우리나라에서처럼 당첨번호도 게시했다.

마침 공항에서 박삼중(朴三中) 스님을 만났다. 재소자 교화사업을 벌여온 꽤 이름 있는 스님이다. 그는 백두산에서 통일법회를 열기 위해 불자들과 함께 연길(延吉)로 가는 길이었다. 백두산 천지에 올라 삼귀의례, 발원문 봉송 등 통일을 염원하는 법회를 갖는다고 했다. 돌아오는 길에 연변교도소에 들러 재소자를 만나 보고 연변태평소학교 등을 방문, 조선족 교육실태도 알아볼 참이라고 귀띔했다.

중국 땅에 과연 종교의 자유가 있을까. 1960년대 중국대륙을 휩쓴 문화혁명이 있은 뒤 종교는 금기시 되어 물밑으로 잠수하였지만, 신앙의 희구와 인간의 잠재적 욕구는 1990년대로 접어들면서 슬슬 되살아났다.

이제는 도심에 독경소리도 들리고, 성당과 예배당에서는 성가도 울려 퍼진다. 중국인들은 아직 절이나 교회를 찾는 데 익숙하지 않지만, 절대자에게로 회귀하려는 신도의 행렬이 날이 갈수록 늘고 있는 것만은 사실이다.

요동반도 해성(海城) 삼학사(三學寺)에서 들리는 비구니의 목탁소리, 북경 도심에서 창틈으로 새어 나오는 성가와 풍금소리는 개혁을 지향하면서 종교를 허용하는 중국사회의 변화된 한 단면이기도 하다.

상해에서는 한국인 관광객을 상대로 한 조선족 가이드들이 꽤 많다. 대부분은 상해 관광안내에 나서고 있지만 일부는 상해에서 북경 또는 심양으로 가는 한국인 관광객들의 편의를 돕고 있다. 주로 이들은 항공기의 예약, 안내 등을 맡고 있다.

상해거리
개방의 열풍이 세차게 불고 있는 상해에는 새 패션의 물결이 넘친다

중국 사정을 잘 아는 여행객들도 연착 연발을 밥 먹듯이 하는 중국 항공기 탓에 짜증을 내는 경우가 허다하다. 더구나 초행자들에게 이들의 도움 없이 중국 각지로 여행하려고 항공기를 갈아타는 것은 그리 쉬운 일이 아니다.

어떤 때는 좌석을 버젓이 남겨 두고도 '메이오' 라고 딴청을 부리는 통에 애를 먹기도 한다. 다름 아닌 웃돈을 요구하는 것이다. 그래도 요즘은 출발시간을 전보다 잘 지키는 편이다. 경북 안동이 선향이라는 조선족 가이드 권오봉(權五峰) 씨는 한국어를 거침없이 구사한다. 중국의 조선족들은 대개 북한 말투인데 그는 표준말을 썼다. 길림성(吉林省) 한국어 학교에서 표준말을 배웠다고 한다.

우리에게 상해는 잠시 들렀다 가는 곳이었다. 일행은 북방항공으로 비행기를 갈아타고 요동지방 역사의 고도 심양(瀋陽)으로 향했다. 심양은 동북아 역사의 십자로에서 부침하던 요령성 최대의 도시이다. 주변에 철(鐵) 광산이 많아 고대로부터 전쟁의 소용돌이에 휩싸이기 일쑤였다.

한대(漢代)에는 요동군(遼東郡)에 속했고 고구려의 영토가 됐다가 당(唐)의 영토로 바뀌었다. 그뒤 발해(渤海)가 차지했다가 요(遼), 금(金), 원(元), 명(明), 청(淸)의 순으로 땅주인이 바뀔 정도로 요동의 심장부이다. 고구려ㆍ발해의 옛 땅이기에 아직도 그곳엔 배달의 편린이 무수히 널려있고 그 역사의 조각들은 무심하게도 요령성박물관 등에서 잠들어 있다.

역사시대 이전인 선사시대에도 이곳은 적봉(赤峰) 문화의 한 갈래를 이루면서 이미 한반도와 밀접해 있었다. 곳곳에서 발굴되는 인골과 짐승뼈, 석기는 한반도 출토 유물과 매우 닮아 있

동북아 구석기 문화 연구 국제학
술회의(1994년 7월3일~13일)
강상준 충북대 교수가 주제를 발표
하고 있다.

다. 빗살무늬토기와 비파형동검을 만들던 문화집단이 수없이
한반도와 왕래를 시도했던 곳이다.

요하(遼河)를 경계로 한 요하의 동쪽, 즉 요동(遼東)지방은
아직도 배달의 체취가 물씬 풍겨나는 곳이다. 선사시대, 요동
지방에는 빗살무늬토기를 굽던, 우리와 유사한 문화집단이 거
주했고, 요하의 서쪽으로는 중국계열의 채색토기 문화권이 갈
라져 나갔다.

한반도에 무수히 흩어져 있는 고인돌 문화와 요동의 고인돌
문화는 거의 일치하고 있으며, 비파형동검, 세형동검(細形銅
劍)의 경우는 더욱 근접해 있다. 이상하게도 요하를 건너 서쪽
(遼西)으로 가면 우리와 유사한 고인돌 문화는 별로 발견되지
않는다.

고대로부터 배달의 땀 내음이 흠뻑 배어있는 이곳에서 충청
일보와 충북대선사문화연구소, 요령성문물고고연구소 북경대
고고학계가 '동북아 구석기 문화 연구' 라는 주제로 국제학술
회의(1994년 7월 3일~13일)를 공동으로 주최한 것은 매우 감회

깊고 뜻 있는 일이다.

　이번 학술회의와 현장답사를 가짐으로써 우리는 어디서 왔는가, 우리와 동북아의 문화교류는 언제부터 시작되고 또 어떻게 발전해 왔는가에 대해서 해답을 구해 보고자 했다.

2.　심양의 석학들

　한낮의 땡볕이 대륙을 삶아 댔다. 한반도가 냄비라면 대륙은 가마솥이다. 냄비처럼 부글부글 끓지는 않으나 일단 데워졌다 하면 좀처럼 식지 않는 게 가마솥 더위이다. 이들이 더위를 대하는 자세도 우리와 다르게 느껴진다. 몇 십 년 만의 더위라며 팔팔 뛰는 우리와는 달리 '할 수 없지 뭐' 하는 식으로 자연의 변화에 대해서 묵묵하다.

　경제 사정 때문에 바캉스라는 말이 그들에게 다소 사치스럽게 들리지만, 그렇다고 해서 앞다퉈 물에 뛰어들거나 선풍기 바람을 호들갑스럽게 찾지도 않는다. 더우면 웃통을 벗으면 그

학술회의가 열린 동북대

만이요, 값싼 맥주나 딱딱한 아이스케키로 뱃속의 열을 식히면 그만이었다.

학술회의가 열린 심양의 동북대(東北大)는 학기말 고사로 그 열기를 더했다. 국제화시대라서 그런지 특히 영어 공부에 열을 올렸다. 더위에 지친 학생들이 캠퍼스 한 구석을 지키고 있는 아이스크림 행상을 찾는다. 아이스크림 장수는 솜이불로 얼음 상자를 덮어 두었다.

학술회의 모습
심양 동북대 과학관에서 열린 동북아 구석기 국제학술회의에서 이융조 충북대 선사문화연구소장이 단양수양개 좀돌날 몸돌에 관해 발표하고 있다.

학술회의는 1994년 7월 4일 동북대 과학관에서 열렸다. 건물 꼭대기가 첨탑으로 장식된 러시아 풍의 여러 강의동과는 달리, 과학관은 최신 설비의 현대식 건물이었다. 2층 세미나 실은 냉방장치는 물론, 조명과 영사 등 학술회의에 필요한 시설을 비교적 잘 갖추고 있었다. 동시통역시설이 안 돼 약간의 불편은 있었지만 말이다.

로비 한 구석엔 요령성의 역사 현황을 알리는 책자가 선보였고, 금우산(金牛山) 발굴 등 요령성문물고고연구소의 연구업적을 소개하는 연구논문이 판매되고 있었다. 동북아 역사의 고도 심양, 그곳에서도 가장 역사가 깊고 권위 있는 대학인 동북대에서 선사문화의 변이를 견주고 가늠해 보는 「동북아 구석기 문화 국제학술회의」가 열린 것은 양국 학술문화 교류에 큰 획을 그은 것이라 볼 수 있다.

때마침 이날은 7·4남북공동성명이 발표된 지 20주년이 되는 날이라 더욱 감회가 새로웠다. 맨 처음에는 한국, 중국, 일본, 러시아 4개국 국제학술회의로 치러질 예정이었으나, 일본 동북복지대의 가지와라(梶原洋) 교수 일행이 유적 발굴 관계로

강붕(姜鵬) 교수

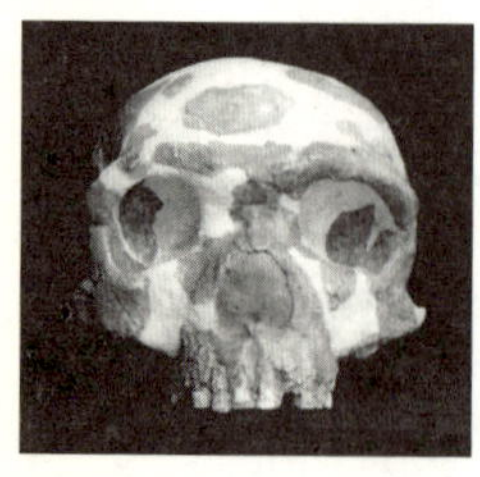

금우산의 슬기사람 두개골
금우산 제6문화층에서 북경대 쪽이
발견한 슬기사람의 두개골. 주구점
북경1호인과 현생인류의 중간 모습
을 취하고 있다.

불참하는 바람에 3개국 국제학술회의로 그 규모가 작아졌다.

그러나 이번 학술회의는 중국과 러시아에서 내로라는 학자가 다수 참석해 토론의 열기로 가득했다. 한국에서는 이융조(李隆助) 충북대선사문화연구소 소장을 비롯해 박선주(朴善周 ; 충북대 고고미술사학), 강상준(康祥俊 ; 충북대 과학교육), 홍미영(洪美英 ; 충북대선사문화연구소 연구원), 우종윤(충북대 박물관), 이기길(李起吉) 조선대 교수 등이 참석하였다.

중국에서는 금우산인 두개골(26만 년 전)을 찾아낸 주인공인 여준악 북경대 교수를 비롯하여 황온평, 왕유평(王幼平) 북경대 교수, 길림성에서 가장 영향력 있는 고고학자인 강붕(姜鵬) 교수, 사비(謝飛) 하북성문물고고연구소 소장, 구중랑(邱中郎) 중국과학원 고척추동물·고인류연구소 교수, 하현무(何賢武) 요령대 역사학과 교수, 손수도(孫守道) 요령성문물고고연구소 교수 등 중국 고고학계의 원로와 중진들이 대거 참여했다.

지역별로 보면 북경과 요령성은 물론, 길림성, 흑룡강성, 하북성, 호남성, 감숙성, 내몽고 등 중국 전역에서 참여했고, 나이로는 80대 원로에서 30대 소장학자에 이르기까지 여러 세대가 함께했다. 최고령자는 내몽고자치구 박물관의 왕우평(汪宇平) 연구원으로 82세의 노구인데도 현장답사까지 마다하지 않았다.

러시아에선 러시아 고고학의 대부 격인 아나톨리 데레비얀코(러시아과학원 노빌시빌스크 고고역사연구소 소장)와 쌍벽을 이루는 G.I. 메드베데프 교수(이르크츠크대)와 그의 제자인 니콜라이 드로즈도프 교수, 그리고 제네바로프 이르크츠크대 부총장이 참석하였다.

콧수염을 기른 메드베데프 교수는 부인과 딸 등 일가족이 함께 참석했다. 북경에서 유학하고 있던 그의 딸 타냐는 주로 통역을 맡았다. 학술회의에서 푸른 남방셔츠 차림의 아버지가 러시아어로 주제를 발표하면 티셔츠에 청바지 차림의 딸이 이를 중국어로 통역했다. 부녀가 함께하는 이채로운 학술회의 광경이다. 제네바로프는 이르크츠크대 부총장이라는 직함에도 아랑곳하지 않고 학술회의 및 현장답사에도 동참하는 등의 열의를 보였다.

신점산(辛占山) 요령성문물고고연구소 소장의 사회로 막이 오른 국제학술회의에서 신소장과 함께 이 대회에 공동의장을 맡은 이융조 소장은 대회사에서 "청원 두루봉 출토 쌍코뿔이 등을 보아 한반도와 대륙의 선사문화는 긴밀성을 갖고 있다"며, "이 분야는 동북아 각국의 지속적인 공동연구 작업이 필요하다"고 말했다.

장용명 요령성장은 축사에서 "동북아의 활발한 학술교류를 기대하며 그러한 노력을 기울일 때 동북아는 세계의 중심지로 발돋움할 것"이라고 말했다. 주위에선 장 성장을 '여걸'이라고도 불렀다. 여자로서 3천5백만 명이 살고 있는 요령성의 최고 책임자 자리에 있기 때문이다.

중국에는 지방행정부의 책임을 맡고 있는 여장부가 꽤 많다. 요령성만 해도 장 성장을 비롯한 한보동(韓寶桐) 영구(營口)시장, 호곤원(胡坤元) 해성(海城)시장 등이 여성이다. 전국적으로 여성시장이 50명쯤 된다고 하니 가히 여인국을 방불케 한다.

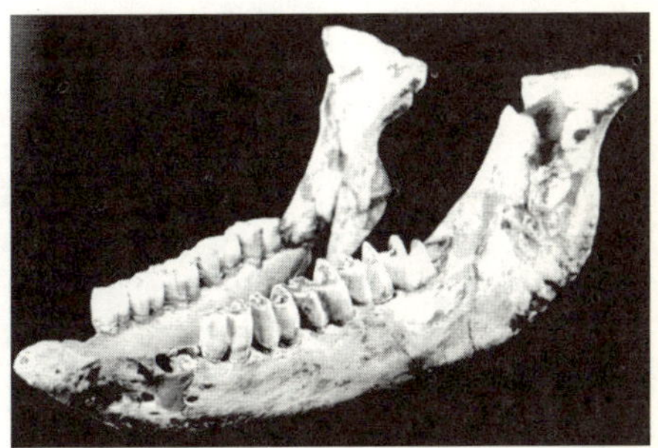

청원 두루봉 쌍코뿔소
묘후산 유적 뼈화석과 석기는 충북지방에서 출토된 짐승뼈·석기와 같은 종류임을 밝혀냈다. 사진은 두루봉동굴에서 출토된 쌍코뿔소 아래턱뼈이다

가장 흔한 규질암, 처트(chert)
한국브리태니커 제공

학술회의는 이융조 소장으로부터 포문을 열었다. '수양개 좀돌날 제작기법을 중심으로 살펴본 한국의 좀돌날 몸돌' 이라는 주제였다. 좀돌날이란 후기구석기(1만 5천 년~2만 년)시대에 길이 5㎝ 안팎의 작은 돌날을 떼내어 사용하던 석기를 말한다. 이 소장은 "한반도에서 좀돌날 몸돌이 출토된 유적은 모두 13개 유적으로 이 가운데 단양 수양개 유적에서는 무려 195점의 좀돌날 몸돌이 출토되었다" 며, "수양개는 절대연대(1만 6천 4백 년)를 갖고 있는 데다 석기제작의 세 가지 형식이 나타나 다른 유적과 비교연구의 잣대가 되고 있다" 고 주장했다.

수양개 좀돌날 몸돌의 평균 길이는 51.0㎜, 평균 무게는 32.5g으로 홍천 하화계리의 26.5㎜, 5.3g과 견주어지는데 예시에서처럼 한반도의 좀돌날 몸돌 문화는 후기구석기에서 중석기에 이르면서 점차 작아지는 경향을 보이고 있다.

또한 한반도의 좀돌날 몸돌 돌감(재료)은 후기구석기의 경우 규질세일, 흑요석 반암, 처트, 니암 등으로 중기구석기와 큰 차이를 보이고 있다는 점을 이 소장은 강조했으며, "앞으로 호두량(虎頭梁) 등 중국의 잔석기 문화와 수양개가 비교 검토돼야 한다" 고 제안했다. 한반도와 대륙의 석기 문화를 견줌으로써 선사인의 이동 경로를 추적할 수 있기 때문이다.

배모양 석기
후기구석기 유적인 호두량(虎頭梁) 유적에서 출토된 배모양 석기. 석기 제작수법이 단양 수양개 유적과 매우 비슷하며 잔손질이 많이 간 석기가 매우 아름답다.

3. 원인(原人)의 외출

중국의 아침은 춤과 체조로 열린다. 심양의 아침도 예외는
아니다. 국제선사학술회의가 열리고 있는 요령성 동북대 캠퍼
스는 이른 아침부터 춤과 체조와 태극권의 인파로 부산했다.

학교 강당 앞 광장에는 에어로빅이 한창이고 길 건너편 연못
가에선 태극권과 우슈가 원무를 그리며 심양의 아침을 걷어올
리고 있다. 캠퍼스는 시민들에게 개방되어 있다. 삼사십 대 부
녀자들은 그들 전통의 태극권보다 에어로빅을 선호했다. 춤동
작은 우리와 대동소이하나 어딘지 모르게 중국적 체취가 강렬
하게 풍겼다. 마치 우슈와 현대 춤을 섞어 놓은 듯했다. 학생들
은 웃통을 벗은 채 축구를 하였고, 아스팔트를 따라 조깅을 하

아침 식사 전, 공원에 모여 명상에
잠겨 있다.

는 사람들도 꼬리에 꼬리를 물었다.

이처럼 다채로운 중국의 아침문화는 획일주의에서 벗어나 다양성을 추구하려는 개혁의 몸짓이기도 하다. 겉으로는 사회주의를 고집하면서도 자본주의의 물결을 깊이 받아들이고 있는 그들은 이념논쟁보다 실리를 추구하며 역사의 깊은 잠에서 슬며시 깨어나 주변을 두리번거리고 있다. 정중동(靜中動)의 묵직한 노크로 새벽거리를 열고 있는 것이다.

학술회의는 이튿날에도 계속되었다. 신점산 소장, 이융조 소장, 박선주 충북대 교수, 여준악 북경대 교수가 차례로 바통을 이어받았고, 끝으로 이융조 소장이 종합하는 것으로 마무리되었다.

한국 쪽은 고인류, 동물, 석기, 꽃가루 등 4개 분야로 나누어 구석기의 생활상을 조명하였다. 유물과 자연환경을 연결함으로써 보다 구체적인 생활상의 검증이 가능했기 때문이다. 박선주 교수는 '한국 홍적세의 인류화석 연구' 라는 주제로 발표했는데 한반도 옛 인류의 모습을 견주어 분석하였다. 지금부터 수 만 년, 또는 수십 만 년 전 인류는 어떤 모습이었을까. 그리

선사인의 수렵생활 상상도
주구점 박물관에 전시된 선사인의 수렵 생활 상상도, 사냥돌이나 찌르개를 이용하여 짐승을 잡았다

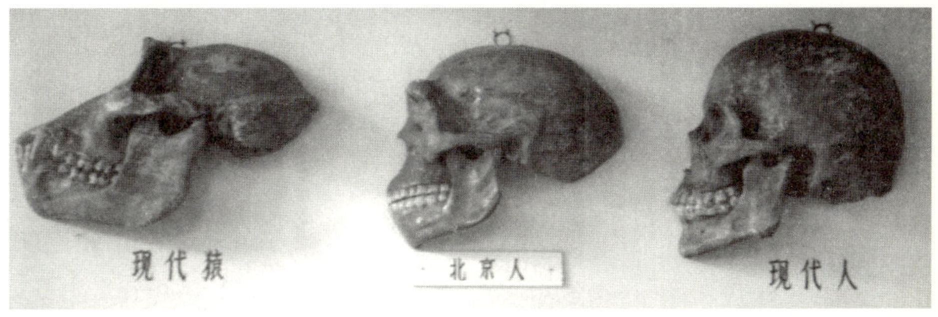

각 시기의 두개골 비교
영장류와 북경원인과 현대인의 두개골을 비교한 모습.

고 현대 인류와는 어떻게 달랐을까. 이러한 몇몇 의문들은 출토된 인류화석을 바탕으로 체질인류학적으로 접근함으로써 해답을 구할 수 있다. 인류 화석, 특히 두개골의 각 부위 실측치를 견주어 보면 시기적·지역적 차이를 알아낼 수 있고 여기에다 탄소 등을 이용한 여러 가지 연대측정법을 끌어오면 유적의 연대를 정확하게 밝혀낼 수 있다.

이번 주제발표에서 박 교수는 한반도에서 고(古)인류 화석이 출토된 7개 유적의 자료들을 서로 견주었다. 청원 두루봉, 홍수굴, 단양 상시바위그늘, 평양 근처의 용곡, 역포리, 승리산, 만달리, 금천 등지에서 출토된 머리뼈의 각 부위를 잰 값들을 견준 것이다.

그 결과 전기 또는 중기구석기에 해당하는 '곧선사람(직립원인)' 은 나타나지 않았고, 모두가 4~5만 년 안팎의 슬기사람(호모사피엔스)으로 밝혀졌다. 이들 인골은 고인류의 특징과 현대인류의 특징을 함께 지니고 있어 관련학계에서는 이를 '해부학상의 현대인(Antomic modern man)' 이라고 부른다.

이들 고인류의 두개골은 현대인에 견주어 이마가 좁고 앞뒤가 긴 이른바 '짱구형' 에 속한다. 용곡사람의 경우 턱 밑에서 머리 위까지 잰 값이 현대인보다 3~4㎜ 정도 낮으나 앞뒤 머리의 길이는 오히려 3cm 정도 더 길다. 뒷머리뼈는 새가슴처럼 봉긋이 솟아오른 불룩이가 발달해 있다. 앞머리뼈가 좁고 너비가 비교적 큰 계란형 윤곽에다 긴 머리는 구석기인의 특징이다.

그런데 이 두개골 화석들은 광대뼈가 현대인처럼 발달해 있고 얼굴 모양이 둥글넓적한 몽골리언의 모습을 취하고 있다. 고인류와 현생인류를 모자이크해 놓은 모습이다. 곧선사람의 단계를 훨씬 지난 슬기사람이다. '슬기사람' 이란 슬기(지혜)를 갖추었다는 뜻으로 현대인도 이 범주에 속한다. 박 교수의 주제발표에 따르면 한반도에는 곧선사람이 없다. 그럼에도 북한 학자들은 '용곡사람' 의 경우 70~80만 년 전으로 주장해 오다가 최근 자충수에 빠져 버렸다. 두개골의 형태가 곧선사람보다는 현생인류에 가까운 데다 우라늄을 이용해 자체적으로 연대를 측정한 바 4~5만 년에 머무르기 때문이다. 이른바 유적 유물의 상한선을 바짝 끌어올리는 '올려잡기식' 사관(史觀)이 빚어낸 해프닝이다. 용곡 동굴이 50만 년 전 유적인 중국 주구점보다 더 앞섰음을 억지춘향 식으로 내세우고 싶었던 것이다.

이 같은 올려잡기식 경쟁에 남한 고고학계도 전연 무관심했던 것은 아니다. 전기구석기까지 상한선을 올려놓은 몇몇 유적에 대해선 동물화석과 탄소연대측정을 바탕으로 한 연대의 재검증이 불가피한 시점에 이르렀다고 일부 학자들은 주장한다. 이선복 서울대 교수는 한반도에 전기구석기의 존재마저 부정하고 있다. 동물상, 출토석기, 연대측정 등을 살펴봄으로써 더욱 객관적인 자리 매김이 필요한 것이다.

서로 다른 지역에서 출토된 인류화석들을 견줌으로써 인류의 이동과 뿌리를 밝히는 중요한 단서를 얻게 된다. 아득한 옛날, 우리의 조상은 어디서 왔을까. 이러한 물음의 해답은 두개골의 각 부위 잰 값으로 우선 윤곽을 잡아 나갈 수 있다. 최근엔 인체 속의 미토콘드리아 등 유전자 구조를 갖고서 태고의 비밀을 밝혀내고 있다.

인체 속의 미토콘드리아 핵산은 오직 여성들만 전해 받을 수 있는 물질이다. 미국의 윌슨 교수는 세계 각 대륙 여성 1백50명으로부터 미토콘드리아 DNA를 조사한 결과, 아프리카 여성에게 다른 대륙보다 가장 오랜 인종적 뿌리가 있음을 밝혀냈다.

이 같은 근거를 대면서 일단의 버클리 학파에서는 인류의 기원이 아프리카에서 비롯되었다는 이른바 '단일지역 기원설'을 주장하고 있다. 이 학설대로라면 아득한 옛날, 우리의 조상들도 아프리카에서 왔다는 충격적인 사실을 접하게 된다. 우리가 약간은 황당하게 느껴지는 이러한 주장은 믿든 안 믿든 점차 설득력을 얻으며 관련학계에서 큰 공감대를 얻고 있다. '단일지역 기원설'과 상반되는 '다지역 기원설'은 인류의 기원이 아시아, 아프리카 등 여러 지역에 있다는 주장이다. 이 학설은 단일지역 기원설에 밀려 다소 쇠퇴하긴 했어도 아주 꼬리를 내린 것은 아니다.

중국 고고학계의 원로인 가란파(賈蘭坡) 교수는 북경원인의 한 갈래가 북쪽으로는 금우산이 있는 요령지방으로, 남쪽으로는 인도차이나로 옮아간 것으로 보고 있다. 물론 이 같은 주장의 밑바닥에 중화사상이 은근히 도사리고 있음을 눈치 챌 수 있다.

주구점 출토 두개골을 두고 인류의 진화에 관한 의견들이 분분하다. 주구점 1지점에서 출토된 50만 년 전의 북경원인 두개

슬기사람 山頂洞人
북경 주구점 '고인류진열관'에 전시된 산정동인(山頂洞人)의 생활 상상도. 수렵생활을 하는 모습이 사실적으로 묘사돼 있다.

골과, 그보다 위쪽에서 나온 2만 년 전의 산정동인(山頂洞人)은 시대에서 오는 차이겠지만 겉모습에서 엄청나게 다르다.

산정동인은 슬기사람으로 현대인과 비슷한 모습이다. 그렇다면 이 두 인류 집단 사이에 어떤 고리로 서로를 이을 수 있을까. 북경원인이 현지에서 진화하여 산정동인이 되었을까, 아니면 이들은 별개의 문화집단이었을까. 박 교수는 이들을 별개의 문화집단으로 보고 있다. 또 산정동사람과 용곡사람이 가까운 거리임에도 잰 값에서 큰 차이가 있는 점을 들어 서로 다른 갈래로 보고 있다.

박 교수는 이번 주제발표에서 한반도 출토 고인류 인골을 견준 결과 기존의 북방전래설을 뒤엎고 남방에서 옮아갔다는 이동설을 내놓고 있다. 남쪽에서 왔든지 북쪽에서 왔든지 배달겨레는 수십 만 년 전부터 대륙과 질긴 운명의 끈으로 이어졌던 것이다.

그리고 그 끈의 한 가닥은 다름 아닌 청원 두루봉의 '흥수아이’가 붙잡고 있다. 5세 정도의 홍수아이는 한반도에서 가장 완벽한 형태로 출토된 슬기사람이다. 이융조 교수가 발견한 홍수아이는 두개골은 물론, 사지 뼈까지 고스란히 출토되는 바람에 한반도 및 동북아 고인류 연구에 길잡이가 되고 있다.

홍수아이는 이미 국제학술회의에 여러 차례 소개되었다. 충북대선사문화연구소는 그 복제품을 고척추동물·고인류연구소와 요령성문물고고연구소에 전달한 바 있다. 앞으로 더욱 효율적인 연구를 위해선 용곡사람이나 만달 사람 등 북한에서 출토된 인류화석과도 복제품 교류가 있어야 할 것 같다.

4. 돌도끼의 비밀

돌이 생활용구의 주가 되던 석기시대는 크게 구석기와 신석기로 나뉜다. 더 자세히 분류하면 구석기의 경우 전기, 중기, 후기구석기로, 후기구석기와 신석기 사이에는 중석기가 다리 구실을 한다.

요령성 박물관에서
학술조사단 일행이 요령성 문물고고연구소에 4만 년 전 청원(淸原) 두루봉에서 출토된 홍수아이 두개골 복제품(캐스트)을 전달하고 있다. 홍수아이는 고인류의 한반도 이동과정을 풀어 줄 중요한 열쇠로 평가받고 있다

이 시기를 나눌 때 돌을 깨뜨려 쓰던 뗀석기(타제석기)는 구석기로, 돌을 갈아 쓰던 간석기(마제석기)는 신석기로 숫제 못을 박아 놓았다. 이 같은 이분법적 해석은 교과서적이며, 여전히 고고학계에서도 쓰이는 불변의 기준이다.

이러한 상황에서 신석기시대의 전유물처럼 여겨오던 간석기가 구석기 문화층에서 출토되었다면 이를 어떻게 해석해야 할지 실로 난감한 일이다. 유구가 교란된 것일까, 아니면 어쩌다 한두 점 섞여 들어간 것일까.

그러나 불행히도(?) 이 같은 가정은 들어맞지 않고 구석기 문화층에서 간석기가 뗀석기와 더불어 슬슬 기어 나오고 그 빈도도 더욱 잦아지고 있다. 한국, 중국, 일본에서 나타나는 이런 현상에 관련학자들은 더욱 궁금해 한다.

붉은 흙이 곱게 쌓인 홍적토(洪積土) 구석기 문화층에서 살포시 고개를 내민 '간 돌도끼'는 구석기와 신석기의 기준선을 갑자기 방황하게 만들었다. 시대의 미아, 후기구석기시대에 불쑥 나타난 간 돌도끼는 토론의 도마에 올랐고 사비 하북성문물고고연구소장은 논쟁의 도화선에 불을 질렀다.

사비 소장은 "하북성 맹가천(孟家泉) 호두량(虎頭梁)유적에서 손바닥만한 크기의 네모꼴 또는 세모꼴 모양의 간 돌도끼가 출토되었다"고 밝혔다. 그가 가리킨 간 돌도끼는 신석기시대의 전형적 돌도끼가 아니라 구석기 수법대로 떼임질을 하고 난 다음 연모의 일부분을 간 국부(局部)돌도끼이다.

이 유적은 1만 1천 년~2만 년 전의 후기구석기 유적으로 단양 수양개와 견주어지는 곳인데, 발굴과정에서 느닷없이 신석기시대를 연상케 하는 마제 돌도끼가 나온 것이다. 구석기시대

호두량(虎頭梁) 출토석기
2만 년 전 후기구석기시대의 석기로 잔손질이 많이 되어 있다. 충북 단양 수양개의 석기와 견주어진다.

에는 일반적으로 자르는 기능을 가진 연모를 일컬어 '돌도끼' 라 부르지 않고 단지 '자르개' 라 한다. 자르개는 신석기로 접어들면서 돌도끼로 발전하게 된다.

그렇다면 사비 소장이 밝힌 것은 자르개인가, 돌도끼인가. 그의 주장대로라면 구석기시대에도 일부나마 간석기가 존재했음을 알 수 있다. 한 차례 파란이 예고되는 이 논쟁은 최근 동북아 고고학계에 주요 관심사로 떠오르며 심심찮게 등장하고 있다. 이에 대해 이융조 교수는 "후기구석기의 작은 석기 문화와 신석기를 연결하는 교량 구실로 부상할 공산이 크다" 며, "작은 석기 문화층에서 간 돌도끼가 출토된 것은 매우 흥미 있는 사실" 이라고 말했다.

지난 1982년에서 1985년 사이 단양 수양개 유적을 발굴 조사할 때 2만 년 전 후기구석기 유적의 위층에서 잔석기와 함께 엉뚱하게도 몇 점의 간 돌도끼가 나온 바 있다. 이때 조사단은 지층이 잘못된 것인가, 아니면 문화의 발달과정에서 나타난 현상인가 하는 깊은 의구심을 가졌었다.

이제 그런 현상은 동북아 곳곳에서 나타나고 있고, 지난

중국 산서성 호두량 유적 출토 석기와 단양 수양개 유적 출토 석기에 대해 의견을 나누고 있다. 왼쪽부터 개배 교수, 이융조 교수, 임병무 과학교육부장.

1994년 3월 러시아 블라디보스토크에서 열렸던 '동북아 및 미주 선사학술회의' 에서도 극동대학팀이 이 문제를 제기한 바 있다.

석기시대라고 해서 꼭 돌만 사용한 것이 아니고, 철기시대라고 해서 생활도구에 오로지 쇠붙이만 사용한 게 아니다. 다만 주가 되는 용구 물질을 따져 그렇게 갈랐을 뿐이다. 철기시대이면서 정보화시대를 치닫고 있는 요즘에도 급하면 돌로 못을 박는 등 석기시대가 아직 끝나지 않았다고 볼 수 있다. 실제로 뗀석기는 구석기시대에만 존재한 것이 아니라, 청동기 유적들 가운데서도 간간이 발견되고 있다. 석기의 제작수법을 기준으로 시대를 나누는 고답적 이분법도 재고해야 할 시점에 와 있는 것이다. 신석기시대 빗살무늬토기를 예로 들면 가는무늬[細線文]는 '서울 암사동 식', 굵은무늬[太線文]는 '부산 동삼동 식' 으로 양분하고 있으나 금강 유역에서는 두 가지 양식이 뒤섞여 나오는 경우가 많다. 이분법에 식상한 어떤 학자는 이를 두고 '충청도 식' 으로 명명하자고 주장하기도 했다.

예나 지금이나 문화의 주체는 역시 '사람' 이다. 사람은 자연을 무대로 자연과 화합하고 때로는 투쟁하면서 여러 가지 생존방식을 연구했다. 우선 음식물을 익혀 먹어야 했고 추위를 막아내야 했다. 그러기 위해서 먼저 필요한 것이 불이었다. 그리스 신화에서는 프로메테우스가 천상의 불을 훔쳐 인간에게 건넸다고 하지만, 수십 만 년 전 구석기시대의 불은 프로메테우스보다도 훨씬 이전의 이야기다.

불을 찾아 나선 것은 인류 문화행위의 시발이다. 불이 있어야 모든 일이 가능했기 때문이다. 선사인들이 불을 피운 흔적

화덕자리 현지조사
학술답사반이 금우산 동굴을 조사하고 있다. 오른쪽 틈굴 옆 흙더미 위의 바위가 '금우산 사람 두개골'이 출토된 지점이고 그 아래 바닥은 화덕자리가 나온 곳이다.

이 바로 '화덕 자리'이다. 수십 만 년의 세월이 흘렀음에도 탄화된 숯덩이가 홍적토 속에 숨어 있다가 이따금 발견되곤 한다.

한반도와 대륙의 화덕자리 문화는 어떤 연결고리를 갖고 있는 것일까. 여준악 북경대 교수는 이 문제에 대해서도 두 지역 사이에 문화교류가 있었음을 시사했다. 여 교수는 "지난 1993년 금우산(金牛山)유적을 다시 발굴한 결과 화덕자리로 여겨지는 재층[灰層]이 나타난 바 있다"고 밝혔다.

지난 1976년 이융조 충북대 교수가 발굴한 청원 두루봉동굴에서는 불을 피운 흔적인 화덕자리가 조사된 바 있는데, 이번에 여 교수가 언급한 금우산 화덕자리는 시기적으로나 형태적으로나 두루봉과 매우 비슷했다. 이러한 여 교수의 주제발표를 따르다 보면, 북경 주구점에서 요령성 금우산, 그리고 청원 두

심양의 요령대학

루봉을 잇는 화덕자리 문화의 한 갈래를 설정할 수 있게 된다. 여 교수는 그 유명한 금우산 사람 두개골을 찾아낸 주인공으로서, 1984년 10월 북경대 고고학과 학생들을 이끌고 이곳에 현장 실습을 왔다가 제6문화층에서 우연히(?) 26만 년 전의 금우산 사람 두개골을 찾아냈다. 이 때문에 금우산 사람 두개골 진품은 북경대에서 보관하고 있다. 이로 말미암아 고고학 관련 국가기관과 관계가 편편치 못한 것으로 알려졌으나, 금우산 발굴에 관한 그의 영향력은 여전히 절대적이었다.

황온평(黃蘊平) 북경대 교수와 고옥재(顧玉才) 요령성문물고고연구소 연구원은 여 교수의 후학들로 금우산 발굴에 핵심적으로 참여해 온 학자들이다. 여(女) 교수인 황 교수는 짐승뼈를, 고 연구원은 화덕자리를 각각 조사했다. 중국의 학맥은 원로학자에서 30대 학자에 이르기까지 유적발굴에 함께 참여하면서 자연스럽게 이어지고 있었다.

세미나의 열기를 식힐 겸 틈을 내 요령대(遼寧大)를 찾았다. 요령대는 동북대와 더불어 요령의 양대 대학이다. 동북대는 이과이고 요령대는 문과 계통이다. 약 8천명의 학생이 다니고 있는 요령대는 동북대보다 그 규모는 다소 작으나 나름대로 깊은 학문적 뿌리를 갖고 있었다.

우리 일행을 맞이한 역사학 계열은 창립 40주년을 맞이할 정도로 긴 역사를 자랑했다. 이 대학 역사학 계열에서는 마침 한국에서 유학을 온 복기대 씨가 석사과정을 밟고 있었다. 지난 1986년 단국대 사학과를 졸업한 복 씨는 하현무(何賢武) 교수 아래서 '고조선사'를 전공하고 있었다. 하 교수는 이번 학술회의에서 주제발표에 나섰을 뿐만 아니라, '중국고고학사전' 까지 펴낸 바 있는 중진학자이다.

5. 선사인의 순정

중국의 대학들은 대개 계열별로 나뉜다. 문과대인 요령대엔 어학, 교육, 경제 등의 계열이 있는데, 이 가운데 역사계열은 요령대의 터줏대감 구실을 톡톡히 하고 있었다. 역사계열은 시대별, 분야별로 구분되어 35명의 전공학자를 두고 있다.

역사학계 주임교수인 왕아헌(王雅軒) 교수는 심양시 역사학 회장과 요령성 역사학 부회장 직을 맡을 정도로 영향력이 있었다. 하현무, 왕추화(王秋華) 교수는 고고학 계통이고 손문량(孫文良) 교수는 요령성 일대는 물론 중국 관련학계에서도 청조(清朝)분야의 권위자이다. 한국사를 전공하는 교수도 있다. 서덕원(徐德源) 교수가 그 장본인이다. 얼마 전만 해도 중국은 한국(남한)을 가리켜 '남조선'으로 부르는 경우가 많았으나, 요즘에는 대부분 '한국'으로 부른다. 국가기관에서 발행하는 아시아 지도에 남한은 韓國'으로 표기되어 있다.

따라서 중국의 역사학계에서는 한반도의 역사를 '조선사'

라 부르지 않고 '한국사'라 한다. 국력신장과 한·중 수교가 있은 뒤에 눈에 띄게 달라진 현상들이다. 35명의 교수와 2백여 명의 학생이 다니고 있는 역사학계에는 복기대 씨 등 한국 유학생이 여러 명 있다.

왕아헌 주임교수는 "한국 유학생은 머리가 좋고 예의가 밝다"고 칭찬한다. 동방예의지국 후예들이라 한국 유학생들은 어딜 가든지 호평을 받는다. 요령대 역사학계는 학생들만 가르치는 게 아니라 사회인의 재교육도 담당한다. 예를 들면 박물관의 큐레이터는 반드시 이곳에서 2년쯤 교육을 받고 현장으로 나간다.

이융조, 박선주, 강상준 교수 등 충북대 교수들을 맞이한 역사학계는 한국학계와 자주 교류하기를 희망했다. 방문 일행이 고고학 계통으로 분야가 약간 달라 선뜻 언약할 처지는 아니었으나 통사적(通史的)으로 볼 때 우리와 인접한 요령지방과 학술적으로 교류하는 일은 어떤 형태로든 추진돼야 할 과제이다.

여기서 한 걸음 더 나아가 언젠가는 북한 학자와도 만남이 이루어져야 할 것이다. 문화의 동질성 회복을 위해서라도 쟁점에 대한 공개토론의 장이 마련돼야 하기 때문이다. 일례를 들면 북한 학자들은 상원 검은모루유적에 대해 자체 연대측정으로 60만에서 70만 년 전을 주장하고 있다.

이에 대한 객관적 검증작업도 남북한 학자의 만남과 국제학술회의를 거쳐야 비로소 가능하다. 이융조 교수는 여담으로 "역사시대는 남북한 학자의 의견이 많이 다르나 선사시대는 공통점이 많으므로 논쟁보다는 웃음이 많을 것"이라고 말했다.

때마침 학기말 시험이라 강의실마다 면학열기가 삼복더위

만큼이나 달아올랐다. 육중한 건물인 까닭에 강의실은 침침한 편이었으나 절전을 의식해선지 전등을 켜지 않았다. 복도에는 교수들의 연구업적을 전시해 놓았다. 저서, 논문 등 실적을 교직원 학생들에게 공개함으로써 선의의 경쟁을 유도해 보자는 의도도 있었다.

이와는 대조적으로 교수 휴게실 한쪽에 놓인 낡은 당구대에선 강의가 없는 몇몇 교수가 망중한을 즐기고 있었다. 요령대 역사학계는 별도로 자료실을 갖추고 있다. 각종 도서에다 50석 가량의 열람석도 마련해 놓았다.

한국학 코너가 눈에 띄어 서가에서 책을 꺼내 보았더니 이게 웬일인가. 책도 몇 권 안 되었지만 그나마 있는 게 거의가 김일성과 관련된 책들이어서 일행을 어리둥절케 했다. 역사학계 교수들은 이에 멋쩍어 하면서 한국에서도 도서를 기증해 주기를 희망했다. 알려진 바에 따르면 앞으로 국제교류문화재단에서 요령대의 한국학 연구를 지원할 계획이라고 한다.

요령대에는 조선족들만이 다니는 '발해대학'이 설립돼 있다. 정확히 말해서 발해대학은 요령대에 소속된 대학이 아니라 형편이 어려워 요령대의 교실 몇 칸을 빌려 쓰고 있다. 지난 1992년 요령에서 한인(韓人) 사립대학으로는 처음으로 중국 정부로부터 인가를 얻어 1993년에 개교했다.

함경도가 고향이라는 천문갑(千文甲) 교장은 "한민족의 얼을 지키고 국제화시대에 뒤지지 않는 엘리트를 양성하고자 발해대학을 설립하게 됐다"고 동기를 밝혔다. 교과과정은 정보, 전자, 컴퓨터, 경제, 경영, 영어, 한국학 등이다. 강의실에서는 영어교육이 한창이었다. 미국인 선교사 샐리 로빈손 부부가 자

요령대 한국학 자료
요령대 역사학계 자료실에 한국어
로 된 자료라고는 고작 김일성 관
련 서적 몇 권뿐이어서 방문객을
어리둥절케 했다.

원봉사에 나섰다. 한국학 등 전 교과과정이 자원봉사 형태로 진행되었다. 교육 기자재는 물론 각종 도서가 턱없이 부족하다고 관계자들이 고충을 털어놓으며 한국 쪽의 도서기증을 희망했다.

일행은 이름하여 '손님맞이 소나무'를 배경으로 해서 기념사진을 찍었다. 그들은 귀한 손님이 올 경우 이곳으로 안내하여 기념사진을 찍는데, 바로 그 소나무를 일컬어 '손님맞이 소나무'라 불렀다.

동북대로 돌아왔을 때 학술회의는 막바지를 향해 줄달음치고 있었다. "나 보기가 역겨워 가실 때에는……" 김소월의 시에 나오는 '진달래꽃'이 50만 년 전 구석기시대부터 등장하여 사람들의 사랑을 받았다고 말하면 요즘 사람들은 의아해 할 것이다.

그러나 이 같은 사실은 충북대 이융조, 강상준 교수팀이 밝힌 바 있고, 그러한 주장은 이번 학술회의에서도 강 교수가 제기해 설득력을 얻었다. 강 교수는 '한반도 구석기 유적의 화분(花粉)연구 현황과 과제'라는 주제에서 진달래꽃을 사랑한 선사인의 순정을 피력했다.

청원 두루봉동굴 제2굴에서 확인된 꽃가루는 13과 12속으로 총 4백35개의 개체가 관찰되었다. 이를 다시 분류하면 목본 76.3%, 초본 13.6%, 포자 3.7%. 기타 6.4%였다. 굴 입구에서는 진달래 꽃가루가 1백57개나 검출되었다.

그렇다면 산성 토양에서 잘 자라는 진달래가 왜 알칼리성 토양인 굴 입구에 널려있는 것일까. 두 교수는 이를 선사인의 미(美)의식으로 해석했다. 즉, 굴 입구를 아름답게 장식하기 위한

발해대학
요령대 안에 입주해 있는 조선족
발해대학의 수업광경.

선사인의 의도적인 행위였다는 얘기이다.

4만 년 전 인류의 뼈 화석인 흥수아이 둘레에서도 국화 꽃가루가 많이 검출되었다. 죽음을 애도했다는 뜻이다. 6만 년 전 이라크 샤니다르 동굴에서도 이 같은 현상이 조사된 바 있어 청원 두루봉과 공통점이 드러난다. 이 교수는 이를 두고 '첫 번째 꽃을 사랑한 사람들' (The first flower people)이라 표현했다.

이제 고고학은 단순한 유물 중심에서 벗어나고 있다. 유물을 포함한 유적 일대의 옛 환경, 즉 문화층의 꽃가루 숯 등을 전자현미경(SEM)과 같은 과학 장비로써 분석하고 또 복원해나가고 있다. 이른바 고고학과 자연과학의 만남인데 이를 체계화시킨 학문이 바로 '환경 고고학'인 것이다.

그리하여 당시의 기후가 추웠는지 따뜻했는지 밝혀내고 어떤 나무와 풀이 자랐는지를 알아냄으로써, 그 환경 속에서 문화주체인 인류가 어떤 문화 행위를 하였는지를 더욱 자세하게

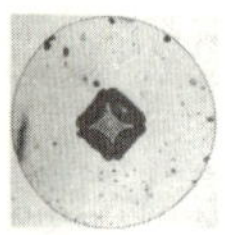

청원 두루봉에서 나온 진달래 꽃가루

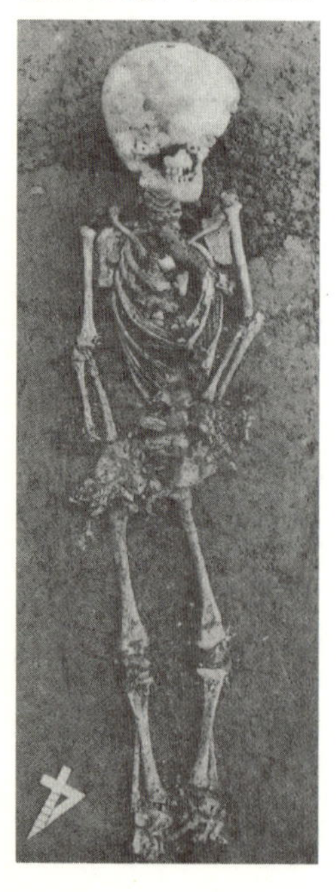

청원두루봉 흥수아이 출토모습

규명할 수 있게 된다.

강 교수의 이번 발표는 고 환경을 중요시해야 한다는 점을 들면서 선사유적 연구에 일침을 가하는 비판적 발언이었다. 아울러 강 교수는 꽃가루 분석에서 시료당 최소한 2백 개 이상의 개체가 있어야 신빙성이 있다고 말했다.

이융조, 우종윤(禹鍾允), 하문식(河文植) 연구팀(이상 충북대)은 '청원 두루봉 흥수굴의 구석기 문화' 라는 주제를 다루면서 "흥수굴에서 찾아진 전체 유물 가운데 석기가 95퍼센트 이상을 차지하고 있다" 며, "석회암 지대에서 발달한 동굴유적에서 이처럼 많은 석기가 나온 것은 다른 유적에서 찾아볼 수 없는 특이한 현상" 이라고 주장했다.

이곳에서는 망치, 몸돌, 격지, 모룻돌(석기 제작 때 쓰이는 받침돌) 등 모두 5천4백66점의 석기가 수습돼 석기 부재(不在)라는 동굴유적의 핸디캡을 극복하게 되었다. 손수도(孫守道) 요령성문물고고연구소 연구원은 "두루봉동굴에서 나온 원추형 주먹도끼가 요령성에서도 출토된 바 있다"고 맞장구를 쳤다. 조선대 이기길 교수는 '전남 광주 산월동에서 출토된 구석기' 라는 주제에서 "언 땅 트기가 아닌 모래층에서 가장자리 날이나 능선이 날카로운 석기가 나왔다"고 밝히며, "이는 물에 휩쓸려간 석기가 다시 퇴적된 곳에서 묻혀 있다 발견된 것" 이라고 풀이했다.

아직 학계에 공식적으로 보고되지는 않았지만 서해안 고속도로 문화유적 구간인 경기도 시곡리에서도 같은 현상이 발견된 것으로 알려져 연구과제로 남아 있다.

6. 금우산(金牛山) 뼈화석

　심양의 거리는 도심 재개발로 북새통을 이루고 있다. 조개딱지 같은 낡은 건물을 헐고 그 자리에 컬러풀한 현대식 아파트와 상가를 경쟁적으로 지어댔다. 중국의 기존건물은 대개 단순하고 육중하여 칙칙하고도 어두운 그림자를 드리우고 있는데 견주어 새로 짓는 건물은 개발의 열풍 탓인지 색상이 다양하고 종전보다 훨씬 밝은 일면을 보여주고 있다.

　아파트 건축 붐이 한창 일고 있는 가운데 공사현장에는 분양을 알리는 플래카드가 곳곳에 나부꼈다. 도심의 어느 아파트 신축현장에서는 평방미터 당 2천4백 위엔이라는 분양 안내 현수막이 행인의 눈길을 끌었다.

　13억 인구가 들끓다 보니 아무리 지어도 모자라는 게 중국의 주택사정이다. 그나마 가난한 소시민에겐 그림의 떡이다. 인구 5백만 명이 거주하는 심양시에는 약 10만 명의 조선족이 살고 있다. 그런 까닭에 연길과 장춘처럼 한국적 정취가 도시 곳곳에서 스멀스멀 피어오른다.

　한국식당, 조선냉면집이 여기저기서 고개를 내밀고, 개장국집 유리창에는 '땡칠이'를 그려놓기도 했다. 한·중 수교가 있은 뒤로는 남한의 생활문화가 많이 스며들어 이른바 '한국식 가라오케'가 앞다퉈 생겨나고 있다. '눈물 젖은 두만강'은 물론 조용필, 최진희의 히트곡도 준비해 놓고 있다.

　일행은 실내의 공식적인 학술회의를 마치고 현장답사에 나섰다. 현장을 직접 돌아보며 한반도 유적과 갖는 공통점 및 다른 점을 견주어서 확인해 보자는 필드 워크가 시작된 것이다.
답사 코스는 요령성의 대표적 선사유적지인 금우산(金牛山),
묘후산(廟後山), 전양(前陽)동굴, 선인동(仙人洞), 소고산(小孤
山) 등으로 잡았다.

첫 답사 코스로 요동반도 영구현(營口縣)에 있는 금우산으로
향했다. 이 유적은 요령성 선사유적 가운데서 으뜸을 차지한다.
며칠 뜸하던 장맛비가 다시 질척질척 내렸다. 비옷을 뒤집어
쓴 자전거 행렬이 꼬리를 물었다. 장대비가 내려도 별로 서두
르지 않는 중국인들이다.

영구로 향하는 고속도로는 잘 포장되어 있었다. 차량통행이
많지 않아 교통소통이 원활하다 못해 쓸쓸할 정도였다. 승용차
한 대가 일행을 추월하는데 가만히 보니 한국산 '소나타' 였다.
중국대륙에는 한국산 승용차가 꽤 많이 운행된다. 정상 경로보
다는 비공식 루트로 들어오는 경우가 더 많다고 현지인은 설명
했다.

옥수수 밭과 콩 밭이 끊임없이 이어졌다. 고속도로변에는 키

심양의 꼬치장수

심양의 뒷골목
음식점과 과일가게가 즐비하다.
연암 박지원의 《호질》은 심양의
주점에서 흘러나온 이야기이다

작은 족제비 싸리나무가 장맛비를 뒤집어썼다. 심양에서 요동 반도로 한나절 동안 3백여 킬로미터를 달려 동북아 인류의 고향, 금우산에 도착하였다.

벽촌 산골마을은 금우산 유적 발굴로 말미암아 점차 관광지로 변하고 있다. 이곳을 찾은 사람이 1990년도부터 늘기 시작해서 요즘에는 연 2만여 명의 관광객이 찾아오고 있다. 관광객 덕분에 '금우산 반점', '금우산 주유소' 등 접객업소가 잇따라 생겨났다. 일행이 도착하자 1백여 명의 주민이 몰려들었다. 모양새가 다른 러시아 학자들을 구경하는 듯했다. 해발 69m, 둘레 1,240m의 금우산은 백마고지처럼 평지에 바가지 모양으로 엎어져 있다. 석회석으로 뒤덮인 이 산은 2차 대전 무렵부터 채석, 채광이 행해졌던 곳이다. 전쟁물자 찾기에 혈안이 돼 있던 일제가 파놓았다는 수직갱이 을씨년스럽다.

광석을 찾다가 지난 1945년 일본의 지질학자가 동물화석

10여 점을 발견한 것이 단서가 되어 유적의 징후를 보였다. 1974년부터 본격적인 발굴에 착수하였고 1993년까지 20년 동안 아홉 차례의 발굴조사를 실시하였다.

그동안 이곳에서 쌍코뿔소의 위·아래턱뼈, 불곰, 하이에나, 사슴, 땅쥐 등 홍적세에 서식했던 동물화석과 화덕자리, 석기 등이 다수 발굴되었다. 뭐니 뭐니 해도 이곳 발굴의 하이라이트는 지난 1984년에 발굴된 26만 년 전의 인류의 두개골이다.

금우산 발굴에는 여러 기관이 참여했다. 중국과학원산하 고척추동물·고인류연구소 계열에 있는 요령성박물관 및 요령성문물고고연구소와 영구시 박물관이 관여해 왔는데, 그때까지만 해도 발굴에 직접 참여하지 않았던 북경대 고고학계 팀이 문제의 두개골을 수습한 것이다.

이때 북경대 여준악 교수는 고고학계 구석기 전공 대학원생을 이끌고 발굴조사가 한창인 이곳에 현장실습을 왔다가 제7층에서 그 유명한 '금우산 사람' 두개골을 찾아내는 개가를 올린 것이다. 실로 26만 년 만의 외출이었다.

화석으로 변한 조각난 두개골을 다시 짜 맞추어 보니 50만 년 전 북경원인에서 다소 발전된 모습이었으나, 그렇다고 해서 현생인류와 같은 모습은 아니었다. 눈두덩이 툭 불거지고 앞 얼굴이 튀어나온 금우산 사람은 곧선사람(직립원인 ; 호모에렉투스)과 후기구석기인(호모사피엔스)을 연결하는 길목에 있다.

가히 동북아 인류의 원조 격이라고 말할 수 있다. 중국 고고학계의 대부 격인 가란파(賈蘭

금우산 유적답사
학술답사팀이 요령성 금우산유적을 답사하고 있다.

坡) 교수는 이를 북경원인의 한 갈래로 본다. 그해 이 사건은 중국 유적발굴의 첫 자리에 올랐으며 세계적으로도 관심을 모아 그해 과학기술 10대 뉴스의 하나로 기록될 정도였다.

여준악 교수는 이 일로 말미암아 금우산 발굴을 주도해 나가는 핵심인물이 되었다. 따라서 이번 학술회의 현장답사는 여 교수의 설명아래 진행되었다.

금우산 유적답사
학술답사팀이 요령성 금우산유적을 답사하고 있다.

동굴의 높이는 135㎝, 너비는 7m가량인데, 3~4m 아래로는 지하수가 흐른다. 거의 바닥 층까지 내려간 것이다. 아직 동굴 안쪽으로 4m쯤 남아 있어 발굴이 더 진행돼야 할 것으로 보이나 여기서 발굴을 완료한다고 여 교수는 밝혔다.

미진한 감이 없지 않았으나 나머지는 후대를 위해 남겨 둔다는 것이다. 일상생활뿐만 아니라 학문을 하는 데도 급할 것 없다는 만만디[慢慢的] 철학이 몸에 배어 있다.

현장엔 1층부터 8층까지 문화층을 표시하는 팻말이 붙어 있고 꼭대기 지붕에는 토사가 흘러내리지 않도록 슬래브 구조물을 단단히 만들어 놓았다. 이 슬래브지붕을 설치하는 데도 1백만 위엔의 예산이 들었다고 한다.

금우산 사람 두개골이 나온 지점에는 빨간색으로 표시를 해 놓아 관람객의 이해를 도왔다. 벽면의 화덕자리에는 아직도 검게 그을린 자국이 남아있고 동굴 곳곳에는 짐승뼈 조각이 널려 있어 원인이 출몰할 듯한 착각에 빠져든다.

인류조상, 금우산 사람
26만 년 전 동북아 인류의 조상인 금우산사람의 흉상을 청동으로 복원해 놓았다. 직립원인과 현생인류의 중간고리 구실을 한다.

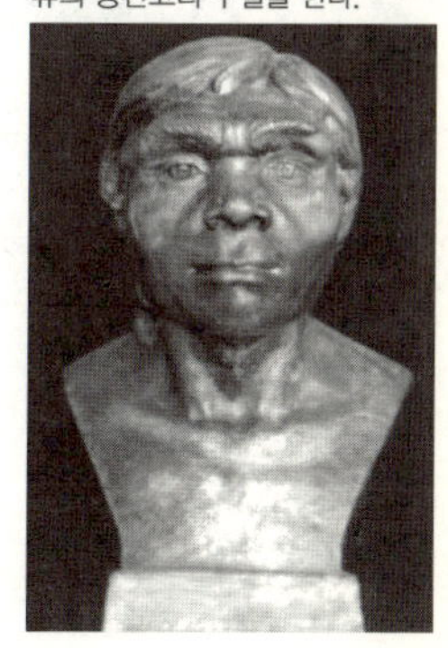

20년을 발굴하고도 끝나지 않은 연구와 못 다한 일을 후학에게 물려주는 중국인의 여유는 우리와 여러모로 견주어진다는 생각이 불현듯 들었다. 기껏해야 수년 발굴하고 종치는 우리의 조급성과는 구조적으로 다르다(토목공사로 말미암은 구제발굴의 경우 이보다 더 빠르다).

그러나 중국인들이 매사에 다 느린 것은 아니다. 유적지를 그대로 보존하며 국민교육도장과 관광지로 개발하는 발 빠른 모습도 일면 보여주고 있다. 현장은 국가단위 문화재(우리나라 국보 또는 사적지에 해당)로 지정할 뿐만 아니라 박물관을 지어 출토유물을 전시한다. 금우산 산마루에는 출토화석의 상징인 '물소 상' 상징물을 세워 놓았다.

금우산 모형도
부인의 교수가 금우산의 모형도를 제작, 일행에게 설명해주고 있다

7. 불을 찾아서

인류의 역사는 불을 찾는 것에서 시작되었다. 인류가 불을 사용하기 이전에도 인류의 발자취는 있었지만 문명의 서막은 불을 사용하면서부터 오르기 시작하였다. 사람이 영장류(靈長類)와 다른 점 가운데 하나는 바로 불을 사용하는 슬기를 지녔다는 점이다. 지구상에 인류가 출현하면서 곧바로 불을 만들어 사용한 것은 아니다. 처음에는 동물과 마찬가지로 화산폭발이나 자연 발화된 불을 두려워하였지만 이를 응용하여 일생생활에 도입하는 지혜가 생겨난 것이다.

불은 여러모로 생활에 편리함을 주었다. 첫 번째로는 어둠을 밝힐 수 있고 맹수로부터 자신을 보호할 수 있었다. 두 번째로는 체온을 유지할 수 있게 되었고 음식물을 익혀 먹게 되었다. 신석기에 이르면 불을 이용해 토기까지 구워 낸다.

인류가 언제부터 불을 이용했는지 정확하게는 알 수 없다. 불에 대한 신화를 들먹이자면 우선 프로메테우스를 떠올리게 된다. 프로메테우스는 제우스신 몰래 천상의 불을 훔쳐냈다. 그는 회향나무 줄기를 들고 천상으로 올라가서 불을 붙여 인간에게 전해 주었다. 그 일로 제우스신의 노여움을 사 코카서스 산록에 쇠밧줄로 묶여 독수리에게 간(肝)을 쪼이는 형벌에 놓였다.

그러나 이 같은 이야기는 신화에 그치는 것이고 불을 사용한 첫 흔적은 북경원인이 50만 년 전에

요령성박물관의 금우산 사람
20만 년 전 슬기사람인 금우산인의 두개골을 바탕으로 당시 원인(原人)의 모습을 재현했다.

거주했던 주구점(周口店)에서 찾아졌고, 그 다음은 만주의 금우산과 한반도의 청원 두루봉 등지에서 나타난 것이다.

불을 피웠던 자리를 화덕자리[爐址]라고 부른다. 현대적으로 해석하자면 부엌 또는 주방에 해당하는 것이나 구석기에는 거실과 굳이 구별되는 것도 아니었다. 진흙 위에다 막돌을 쌓아 놓고 불을 피운 정도였다.

여준악 북경대 교수는 "지난 1993년 금우산 발굴 때 화덕자리로 여겨지는 재층이 나왔다"고 밝혔다. 화덕자리의 형태나 시기에서 주구점, 금우산, 청원 두루봉이 공통점을 갖고 있는 것도 흥미로운 사실 가운데 하나이다.

이는 같은 화덕문화를 가진 집단의 한 갈래가 한반도에 유입됐다는 사실을 뒷받침해 주는 증거가 된다. 금우산 발굴의 가장 큰 수확은 1984년에 찾아진 금우산 사람 두개골이고 그 다음은 짐승뼈와 석기, 그리고 사람의 거주 흔적인 화덕자리를 꼽게 된다.

금우산의 화덕자리는 첫 발굴 당시인 1974년부터 아홉 차례에 걸쳐 나타났다. 이때 사람뼈, 석기, 손질된 뼈연모와 함께 불 피운 흔적이 드러났다. 1975년에는 4~6층 얕은 구릉의 서쪽에서 불탄 흙, 불탄 뼈와 재가 나왔다.

이러한 자료를 화학적으로 분석(정성분석, 정량분석)해보니 탄소의 함량이 3.1로 나타나 금우산 사람이 불을 사용했다는 사실을 과학적으로 입증했다. 그렇다면 그 당시 사람들은 불을 동굴 안에서 피웠을까, 동굴 밖에서 피웠을까.

1978년 발굴을 보면 6층에서 한 개의 화덕자리가 나왔고, 4층에서는 두 개의 화덕자리가 발굴되었다. 화덕자리가 모두

화덕자리
50만 년 전에 북경원인이 살았던
주구점의 화덕자리.

동굴 안에 있는 것으로 보아 금우산 사람들이 동굴 안에서 불
을 피웠다는 사실을 쉽게 알 수 있다.

이 점은 주구점이나 청원 두루봉동굴도 마찬가지다. 불은 동
굴입구에서도 피웠고 동굴 안에서도 피웠다. 동굴 깊숙한 지점
에서 불을 피웠을 경우 연기는 어떻게 빠져나갔을까. 그것은
아무래도 굴 입구가 가장 큰 굴뚝이 되었고 그 다음으로는 석
회암 동굴 곳곳의 틈새가 작은 굴뚝 구실을 한 것으로 추정된
다. 이 때문에 요즘 같은 연기, 가스 질식사는 없었던 것이다.

화덕자리와 연관된 또 하나의 의문점은 당시 사람들이 자연
발화된 불을 단순히 옮겨 붙여 사용했을까 아니면 동굴 안에서
불을 만들어 사용했을까 하는 점이다. 불의 채화와 발화는 문
명의 발달 정도에 따라 현격한 차이가 있기 때문이다.

고고학계의 일반적인 견해는 발화를 시킨 시기를 신석기로
보고 있다. 돌과 돌을 마찰시킨다든지 부싯돌과 쇠붙이를 비비
는 방법 등이 신석기부터 행해졌으며 그 유습은 오늘날 아프리
카 등지의 부싯막대 등에서 찾아볼 수 있다.

그런데 전형적인 구석기 유적인 금우산에서 거주하던 사람들이 이미 불을 발화시켰다는 견해가 강력하게 대두되고 있다. 화덕자리를 집중 연구한 고옥재(요령성문물고고연구소 연구원)는 "당시 사람들이 돌구멍을 갈아서 불을 만들었을 것"으로 보고 있다. 이에 따르면 일상생활에 필요한 불을 찾아 나선 것이 아니라 가만히 앉아서 불을 발화시켰다는 얘기가 된다.

1984년에는 6층을 대대적으로 발굴하였다. 여기서는 3개의 화덕자리를 비롯해 많은 재와 함께 불탄 흙과 뼈 조각이 나왔다. 1993년에는 발굴 이래 가장 전형적인 화덕이 나타났다. 1984년 3개가 찾아진 이래 또 6개의 화덕이 8문화층에서 출현한 것이다.

금우산 사람 두개골이 나온 바로 아래층에서였다. 이 화덕들을 관찰하면 밑바닥은 재, 가운데와 위쪽은 불탄 돌, 불탄 흙으로 쌓여 있었다. 수십 만 년 전 불을 사용했던 흔적이 땅 속에 묻혀 있다가 햇빛을 보게 되었으니 인류의 역사란 참으로 유장한 것이다.

1974년부터 발굴된 화덕자리는 모두 9개 처에 이른다. 발굴팀은 이에 대해 1호에서 9호로 일련번호를 매겼다. 그가운데 5호 화덕자리는 타원형으로 가로 59cm, 세로 59cm 규모인데 동쪽과 북쪽에 각기 부속 유구가 있다.

9호 화덕자리엔 아주 작은 뼈 조각이 널려 있고 사슴뼈 등이 불에 그슬려 검은색을 띠었다. 뼈 조각은 인공적으로 깨어진 상태였다. 화덕자리의 분포는 약 17~18m 범위에 걸쳐 있는데 1호에서 5호는 동굴 서쪽에, 6호에서 9호는 동굴 동쪽에 자리해 있다. 서쪽의 화덕자리는 대체로 동쪽 것보다 늦은 시기다.

문화층의 구별

바닥 층이 안 나왔을 경우 위쪽에서 아래쪽으로 퇴적층에 따라 일련번호가 매겨지며, 바닥 층이 나왔을 경우는 그 반대 순서다. 금우산 발굴은 바닥 층을 3~4m 남기고 있으므로 문화층 순서를 위쪽에서부터 매기고 있다. 맨 꼭대기에서 아래층으로 내려갈수록 청동기 신석기 구석기 순으로 시대가 올라가며 이런 형태의 유적을 일컬어 표준유적(Standard site)이라 부른다.

시기로 보아 화덕자리는 전기, 중기, 후기구석기로 구분되었다. 금우산 구석기인들은 구멍을 갈아서 불을 얻어냈고 또한 불씨를 간직할 줄 아는 지혜가 있었다. 화덕자리는 출토된 그대로 진열관에 옮겨졌다. 1993년 현장에는 620평방미터 크기의 '금우산 고인류 유적지 진열관' 이 개관되었다.

이 전시관은 중앙 홀과 두 개의 측면 진열실로 구분돼 있는데 화덕자리는 중앙 홀 한 가운데에 배치하였다. 9개의 화덕자리 가운데 1993년에 발굴된 대표적인 화덕자리가 태고의 부엌문화를 오늘에 전해주고 있는 것이다.

30평방미터가량의 화덕자리엔 아직도 불탄 흙이 선명하며 그때의 수렵행위를 말해주듯 사슴뼈 조각이 여기저기 널려있다. 진열관에는 금우산 출토 유물과 더불어 선인동(仙人洞) 전양(前陽)동굴 등 요령성 인근 유적지의 주요 출토품도 전시해 놓고 있다.

금우산은 인골 및 짐승뼈의 출토 등에서 청원 두루봉과 매우 비슷하다. 특히 동굴곰(또는 불곰)과 쌍코뿔소 턱뼈 등은 두 지역이 근접해 있다. 두 지역 사이에 다른 점이 있다면, 중국은 유적을 잘 보존하여 관광명소로 가꾸고 있는 데 견주어, 청원 두루봉동굴은 석회석 채취로 흔적도 없이 사라졌다는 것이다. 문화의식의 차이를 여기서 발견하게 된다.

"짐승뼈의 출토 상으로 보아 청원 두루봉동굴이 결코 금우산에 뒤지지 않습니다. 지금이라도 현장에 박물관을 세워야 합니다."

청원 두루봉동굴 유적을 발굴했던 이융조 충북대 교수의 뼈 있는 지적이다.

동굴유적의 취약점은 대개 석기의 부족에 있다. 금우산도 예외는 아니어서 현지답사 당시 한동안 석기논쟁이 벌어졌다. 러시아 학자는 사제(師弟) 사이에도 의견을 달리했다. 스승인 G.I. 메드베데프 교수(이르크츠크大)는 일부 개체에 대해 석기로 볼 수 없다는 견해를 밝힌 반면, 제자인 니콜라이 드로즈도프 교수는 석기로 봐야 한다고 반론을 폈다.

금우산 유적에서는 175점의 석기가 출토되었는데, 그가운데 상당수는 석기로 보기에 불확실한 상태다. 그럼에도 금우산은 동북아 선사유적에서 핵심적인 자리를 차지하고 있다. 해발 69m 정상에서 포효하는 거대한 물소 상(像)은 그러한 사실을

금우산 유물
금우산에서 출토된 땅쥐 이빨 화석. 단양(丹陽) 구낭굴에서도 같은 종류의 화석이 발견된 바 있다.

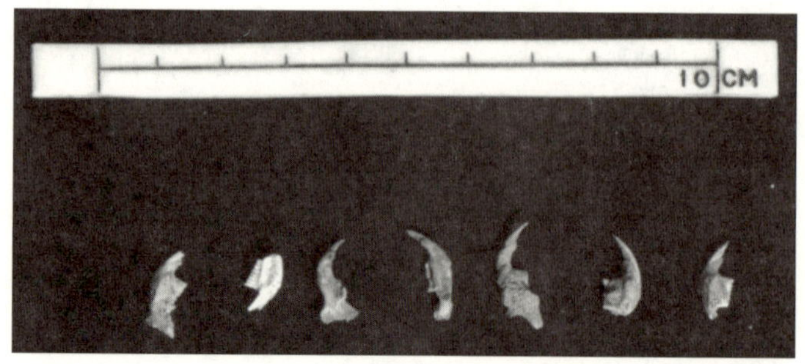

금우산의 박물관과 물소 像
현지에 박물관을 세웠으며, 산 정상에는 '천하제일물소' 라고 이름이 붙은 물소상이 세워졌다.

증명이라도 하듯 거드름을 피운다.

8. 소고산(小孤山) 고인돌

고인돌[支石墓]이란 청동기시대(2천5백~3천 년)의 대표적 무덤 형태이다. 무덤말고도 제단의 성격, 종교, 제사, 기념물, 씨족 공공활동 장소 등의 기능으로 해석된다는 학설이 제기되고 있으나 1차적 기능은 역시 무덤이다.

고인돌의 형태를 분류할 때 종래에는 '북방식', '남방식' 으로 분류했으나, 요즘에는 '탁자식', '바둑판식' 으로 바꿔 부르고 있다. 탁자식이란 탁자를 연상하듯 대형 판석이 덮개돌[蓋石]을 고이고 있는 형태이며 바둑판식(기반식)이란 어린아이 머리통만한 굄돌이 덮개돌 네 귀퉁이를 괴어 마치 바둑판을 연상케 한다.

탁자식은 요령성 및 한반도 북쪽에 많이 나타나고, 바둑판식은 한반도 남쪽에서 많이 발견되어 종래에 북방식, 남방식으로 분류되었던 것이다. 그러나 한반도, 특히 충남북에서는 북방식도, 남방식도 아닌 고인돌이 다수 흩어져 있어 고인돌 형식의

탁자식 고인돌
전북 고창군 아산면 상갑리
(한국브리태니커제공)

바둑판식 고인돌
경남 창녕군 영산면
(한국브리태니커제공)

이분법도 수정해야 할 과제이다.

고인돌의 축조연대와 전파설에도 의견이 분분하다. 이융조 충북대 교수는 고인돌의 축조 연대 상한선을 청동기에서 신석기로 올려 잡고 있다. 이 교수는 "경기도 양평 앙덕리 고인돌의 경우 무덤방에서 8점의 타제 돌도끼가 나왔고, 양수리 유적에서 나온 숯은 방사성탄소연대 측정결과 3천9백 년 전으로 밝혀져 고인돌 축조 상한선을 기존보다 1천5백 년쯤 소급하여 신석기시대로 봐야한다"는 견해를 내놓았다.

고인돌의 축조와 전파에 관해 임병태 교수는 "숯은 주변에서 유입될 수도 있는 것이어서 신석기까지 소급하는 것은 성급한 판단이고, 요하의 서쪽에는 고인돌이 없고 난생(卵生)설화와 연관된 요하 동쪽에서 고인돌 군락이 많이 발견되는 점으로 보아 청동기에 조성된 것으로 보며 북방전파설이 유력하다"고 주장했다.

논란은 여기서 그치지 않는다. 이융조 교수는 "영호남 등 한반도 남쪽에서 발견되는 구덩식(개석식) 고인돌이나 바둑판식 고인돌은 유물 등으로 보아 북방의 탁자식보다 오히려 앞선다"며 고인돌 문화의 한반도 자생설을 내놓고 있다.

김병모 한양대 교수는 난생설화와 연관지어 한반도 기원설을 주장하고 있다. 이처럼 고인돌 축조에 관해 학자의 견해가 뒤엉켜 있는 상황이나, 공통된 분명한 사실은 고대로부터 요령지방과 한반도는 고인돌 문화의 맥을 잇고 있다는 점이다.

답사팀은 요령지방 고인돌 문화의 원조 격인 해성(海城)의 소고산(小孤山) 고인돌을 찾아 나섰다. 동이 트기가 무섭게 행장을 꾸리자 해성의 여(女) 시장인 호곤원 시장이 일행을 배웅

하였다.

인구 1백만 명이 거주하는 해성은 요동반도 중간부분에 자리한 바닷가 도시이다. 짠 내음이 코끝을 스치는 파시(波市)의 아침 거리엔 자전거와 인력거가 북새통을 이뤘다. 모터사이클을 개조해 만든 인력거도 많았다. 개방의 물결 속에서 역사의 시계바늘이 멎은 듯하지만, 언젠가는 무서운 속도로 개혁의 아침을 질주할 태세다.

일행은 해성시 복판에 있는 관우(關羽) 장군을 모신 관제묘(關帝廟)를 둘러본 다음 소고산으로 향했다. 산 정상에 있는 소고산 고인돌이 시야에 들어왔다. 고인돌은 소고산의 수문장인 양 산마루에 버티고 서 있다.

고인돌은 사방이 훤히 내려다보이는 전망 좋은 곳에 자리 잡고 있다. 당시에 풍수설은 없었으나 경치 좋은 곳을 고르는 안목은 청동기 사람들도 지녔던 것 같다. 남동쪽으로 방향을 잡은 고인돌은 거대하고 정교한 청동기 사람들의 거석(巨石)문화를 몸으로 말해 준다.

요령에서 두 번째로 큰 이 고인돌은 전형적인 탁자식 고인돌이다. 덮개돌의 크기만 해도 길이가 5.8m, 폭이 5.2m, 두께가 0.2~0.5m나 됐고, 높이 2m가 넘는 굄돌은 네 귀퉁이를 막아 놓았다. 북쪽의 굄돌은 높이-길이가 2.71m, 높이가 2.24m, 두께가 30~40cm에 달한다.

그러니까 고인돌의 높이만 해도 어른 키보다 훨씬 크며 덮개돌은 작은 슬래브지붕만 하다. 고인돌의 무덤방은 지하에 있는 것과 지상에 있는 것으로 구분되는데, 이 고인돌의 무덤방은 지상으로 올라와 있다.

석목성 고인돌
요령성 해성시에 있는 석목성 고인돌은 전형적인 탁자식 고인돌로서 높이만 해도 어른키보다 높다.

이는 묻힌 자의 시신이 지상에 놓였다는 얘기다. 무덤방의 삼면은 완전히 막혀 있고 서쪽 면만 반쯤 열려 있는데, 이는 매장자가 시신을 묻고 밖으로 나오기 위한 일종의 출입문으로 풀이된다.

고인돌 앞 표석에는 요령성인민위원회에서 '성급문물보호단위'라고 표기해 놓았는데, 이는 우리나라의 도 지정 문화재에 해당한다. 석목성석붕(析木城石棚)이라고도 부르는 이 고인돌은 집채만 한 화강암을 인위적으로 잘 다듬었다는 점이 돋보인다.

수십 톤이나 되는 돌을 그냥 옮기기도 힘든 판에 가공까지 하는 정성을 보였던 것이다. 자연석의 거친 면을 부드럽게 다듬은 것은 물론 단단하게 축조하기 위해 덮개돌에 홈을 파서 고정시켰다.

덮개돌은 약 3도쯤 기울어 있는데 3천 년을 내려오는 동안 이 정도의 기울기라면 매우 양호한 편이다. 하문식 세종대 교수의 연구에 따르면 "덮개돌에 홈 줄이 있다는 것은 금속연모를 사용했다는 증거이며, 고인돌의 기울기가 오늘날까지 완만하게 보존된 것은 당시에도 건축 역학적인 측면에서 '수평'의 개념이 도입된 것으로 봐야 한다"고 해석했다.

건축학 또는 기하학이 발달하기 이전인 청동기시대에 이같이 완벽한 축조술은 도대체 어떻게 생겨난 것일까. 크레인이 없던 시절에 엄청난 무게의 돌을 어떻게 옮기고 쌓았을까. 하문식 교수에 따르면 이와 같은 의문은 대체로 다음과 같이 풀이된다. 주변에서 떼낸 큰 돌을 지렛대와 썰매를 이용하여 강물이 얼어붙은 겨울에 옮겼다는 얘기이다. 땅 위에 바닥 돌을 깐 다음 그 주위에 1.5m쯤 되는 구덩이를 파고 남·북·동쪽의 3벽을 세웠다. 그 다음 굄돌과 바닥 돌을 짜 맞추고 흙을 쌓아 밖에는 언덕모양으로 덮었다. 그러고 나서 덮개돌을 굄 돌 위의 언덕으로 끌어올려 얹고 흙을 치우는 방식이다.

마치 당 태종이 고구려 안시성을 공격할 때 쓰던 토성 축조 방식을 떠올리게 한다. 고인돌은 홀로 존재하는 예가 매우 드물다. 한 쌍으로 배치하든지, 또는 수십 수백의 떼를 이루고 있다. 어떤 혈연 집단의 공동묘지나 공동생활체의 마당으로 이해되고 있는 것이다.

소고산 고인돌도 예외는 아니다. 산 밑에 작은 고인돌과 한 쌍을 이루고 있는데, 여기에는 시누이와 올케에 관한 전설이 내려온다. 일명 고수석(姑嫂石)이라고 부르는 이 고인돌에는 여인들 사이의 애증이 얽혀 있다. 산 위의 고인돌은 올케이고 산 아래 고인돌은 시누이라는 이야기이다. 시누이가 올케를 떠받치고 있다 하니 청동기시대의 시집살이는 오늘날보다 나았던 듯싶다. 한 곳에 2기의 고인돌이 있을 때 큰 것은 하늘이나 해, 작은 것은 땅이나 달로 여겼다. 영석(靈石) 숭배사상에서 비롯된 설화이다.

고인돌을 요하의 동쪽에서만 볼 수 있다는 점은 매우 특이한 양상이다. 절강성에서 고인돌을 찾아냈다는 보고가 있긴 했어도, 요하를 건너 서쪽에서는 거의 고인돌을 구경할 수 없다. 아마도 고인돌은 요하를 경계로 한 요하 동쪽의 특이한 청동기 문화이자, 배달의 빗살토기와 화북(華北)의 채색토기 문화의 갈림길과 그 궤를 함께 한 것 같다.

요하 동쪽에 고인돌이 군락을 이루는 것과 한반도 서해안 일대에 고인돌이 떼를 이루는 것은 결코 무관한 현상이 아니다. 서해를 사이에 둔 두 지역 사이에 어떤 교류를 추정해 볼 수 있는 것이다.

먹구름이 몰려오며 번개가 치기 시작하더니 이내 빗발이 굵어졌다. 상수리나무가 몸을 흔들었고 도깨비불이 눈앞을 스쳤다. 강상준 충북대 교수는 "고인돌 부근에서 인(燐) 함량을 조

소고산 고인돌
전형적인 탁자식 고인돌로 중국에서 가장 큰데, 높이가 사람보다 크고 무게가 자그마치 35톤이나 된다. 해성에서 있은 사진촬영대회 때 이 고인돌을 찍은 한국인이 1등을 했다고 한다.

사하면, 고인돌이 무덤인지 제단인지 그 성격을 밝히는 데 큰
도움을 줄 것 같다"는 의견을 제시했다. 소고산(小孤山)의 의
미를 알려주기라도 하듯 고인돌은 비바람 속에서 외로이 야산
을 지키고 있다.

9. 선인동(仙人洞) 뼈바늘

　바닷가 근처의 야산들은 거의가 민둥산이다. 수종(樹種)을
바꾸려는 것인지, 기후 때문에 큰 나무가 잘 자라지 않는 것인
지는 알 수 없다. 대부분의 야산에는 상수리나무나 신갈나무
등 관목 일색이다.

　산이 깊어지며 활석공장이 머리를 잇대었는데 산골마을에
'가무청(歌舞廳)' 이 있는 것으로 보아 광산촌 경기가 괜찮은
듯싶다. 철로 변에는 빨강, 파랑, 흰색의 활석가루가 빗물에 녹
아 내리며 무지개를 그렸다.

　농촌 주택은 사열을 하듯 같은 모습으로 도로를 향해 고개를
내밀었다. 중국풍의 농촌주택은 한옥(韓屋)과 달리 직선적이었
고 용마루 끝은 하늘을 향해 눈을 약간 치켜떴다.

　산세(山勢)와 풍정은 한반도와 다르되 홍적세에 살았던 선인
의 자취는 요동반도로 내려갈수록 한반도와 더욱 근접한 체취
를 풍긴다. 답사 팀이 소고산 고인돌에 이어 찾아간 선인동(仙
人洞)유적도 그러한 유형이다.

　하북(河北)과 한반도의 체취를 함께 지닌 이 유적은 어쩌면
아득한 옛날 대륙과 한반도를 잇는 문화의 연결고리가 되었으
리라…….

해성현(海城縣)에서 30km, 심양에서 120km 떨어진 선인동 유적은 작은 내[川]가 흐르는 해성하(海城河) 건너편 기찻길 옆 산기슭에 자리 잡고 있는 동굴 유적이다. 일행은 유적 근처 초등학교 운동장에 차를 세워 두고 선인동을 찾아 나섰다.

개울가에는 미루나무가 **빽빽**이 들어서 마을 초입을 비질하였다. 개울에는 징검다리가 놓여 있다. 연이어 내린 장맛비로 냇물을 건너다 번번이 곤두박질쳤다. 심양에서 대련으로 가는 완행열차의 기적이 가랑비 속으로 잦아들었다.

디젤 기관차가 아니라 석탄을 때는 열차다. 철로 바닥의 침목은 나무가 아니라 콘크리트로 돼 있다. 그 철로를 따라 1km 쯤 걸어가니 철길 아래로 선인동 유적이 수줍은 듯 산 아랫도리에서 얼굴을 내밀었다.

현장에는 유적 관리인이 고정 배치되어 있고 태고의 비밀을 간직한 동굴의 문은 철문으로 굳게 잠겨 있었다. 마치 판도라의 상자처럼 비밀스런 곳을 동굴 안쪽에 묻어둔 채 말이다. 관리인은 억겁의 문을 조심스레 열었다.

동굴 저편에서 선사인의 말소리가 새어나오는 듯했다. 선사인의 눈물도 동굴 천장에서 뚝뚝 떨어지고 있다. 일행은 흙 계단을 따라 동굴 안쪽으로 기어 들어갔다. 음산한 바람이 동굴 안쪽에서 불어 왔다.

선사인이 방금 외출한 듯 현장에는 석기 부스러기와 짐승뼈 조각이 널려 있다. 동굴 곳곳은 발굴작업으로 함몰돼 있고 일부는 미답지로 남겨 놓았다. 지난 1981년 이 유적의 발굴단장을 맡았던 부인의(傅仁義 ; 요령성문물고고연구소) 교수는 "중국 안의 구석기 유적 가운데 보존이 가장 잘 된 동굴"이라고 설명했다.

높이 3m 50cm, 너비 4m 50cm 규모의 이 동굴은 지난 1981년 요령성문물고고연구소에서 조사한 뒤 그해 10월부터 1983년까지 발굴작업을 벌였다. 동굴 안쪽으로 22m까지 발굴하였으며, 지하 5.5m까지 파고 내려가자 바닥 층이 나왔다. 이곳은 모두 5개의 문화층으로 이루어져 있다. 제1층에서 제4층까지는 구석기 문화층이고 제5층은 신석기 문화층이다. 흑갈색 점토질의 모래층인 신석기 문화층에서는 빗살무늬토기와 간 돌도끼 등이 출토되었는데 그가운데 빗살무늬토기에 유의할 필요가 있다. 이 토기는 한반도와 만주 홍산 문화권에서 신석기시대에 만들어진 대표적 토기로 손꼽히기 때문이다. 선인동 출토 토기는 신락(新樂)유적과 마찬가지로 갈지(之)자 빗살토기가 주류를 이룬다. 한반도 남해안인 경남 통영 상노대도, 김해 수가리 등에서 나온 갈지(之)자 토기와 같은 모습이다. 신석기시대에는 토기를 굽고 토기 표면에 머리빗 같은 새기개[施文具]로 빗살무늬, 사람인(人)자 무늬, 격(格)자 무늬 등을 새겼는데, 후기로 가면서 무늬가 퇴화하는 경향을 보이고 있다. 요동반도와 남해안은 해상으로 연결되기 때문에 신석기시대의 해상교역을 가늠해 볼 수 있는 것이다.

구석기 문화층은 열 형광분석법으로 연대를 측정한 결과 3만 5천에서 4만 년으로 나왔다. 중국의 선사유적들 가운데 비교적 과학적인 접근방법으로써 절대연대를 밝혀낸 곳이다. 이 시기는 청원 두루봉 홍수아이와 비슷한 시기이고, 단양 수양개(2만 년)보다는 이른 시기이다. 선인동 유적 구석기 문화층에서는 짐승뼈, 석기, 뼈연모, 화덕자리 등이 발굴되었다. 출토 동물상은 큰 수염박쥐, 비단 털 쥐, 곰 쥐, 큰 갈밭 쥐 등 설치류가 주종을 이루며 그 밖에도 불곰, 삼문말, 쌍코뿔소, 물소 등 38종에 이른다.

그 가운데 비단 털 쥐는 청원 두루봉에서도 나온 바 있어 대륙과 한반도가 뭍으로 이어졌던 당시, 동물 이동관계를 유추해 볼 수 있다. 포유동물 가운데서 인간의 행동반경 속에 가장 가까이 있는 동물은 다름 아닌 '쥐'이다. 사람이 사는 곳이면 예나 지금이나 다름없이 쥐가 있다. 금우산 유적에서는 쥐 이빨 화석이 몇 바가지나 된다. 페스트 등 질병을 옮기는 반갑지 않은 동물이긴 하나 《콩쥐팥쥐전》에 은혜를 갚는 쥐가 등장할 정도로 쥐는 인류의 발자취나 의식 속에 늘 따라 다닌다.

서양이라고 해서 예외는 아니다. 지니아 피그는 실험용으로 사육되고 있으며 쥐가 주인공인 '미키 마우스'는 확실한 만화 캐릭터로 상품화되어 엄청난 돈을 벌었다.

석기는 약 1만여 점이 출토되었다. 돌감(재료)은 석영, 옥석, 성장암 등으로 '해성하' 냇가에서 주은 자갈돌이 대부분이다. 사냥 돌, 주먹도끼도 나왔으나 쓰임새로 볼 때 긁개가 가장 많았다.

석기는 하북(河北) 구석기 문화의 맥을 이은 잔석기[細石器] 문화이다. 석기는 전기구석기에서 후기로 넘어올수록 크기가 작아지고 정교해지는데, 이는 한반도나 대륙이나 마찬가지 현상으로 나타난다.

선인동 유적에서 가장 괄목할 만한 사실은 뼈연모, 그 가운데서도 뼈바늘에 있다. 이곳의 뼈바늘은 주구점 산정동에서 출토된 휘임 형식의 뼈바늘과 달리 직선 형태이다. 평양 궁산, 통영 상노대도, 웅기 서포항 등 우리나라 신석기시대 뼈바늘도 거의 일직선 형태인데 선인동 출토품이 하북보다는 이처럼 한반도와 유사한 모습을 보이고 있다.

국경의 개념이 없던 시대이니까 문화상의 변이는 자연 지역성에 근거를 두기 마련이었다. 선사인이라고 짐승 가죽을 적당히 둘렀을 것이라는 생각하면 잘못된 추측이다. 알프스 산맥에서 발견된 신석기인의 차림새를 보더라도 옷을 꿰매 입었고 주머니 속에는 항생제가 들어 있다는 학계의 보고가 있다.

뼈바늘로 옷을 재단하였고 나름대로 멋을 내는 슬기가 있었던 것이다. 선인동 뼈바늘은 제작수법도 정교하다. 짐승뼈의 단단한 부분이나 상아를 갈아 바늘을 만들었다. 바늘귀는 한쪽에서 뚫은 게 아니라 귀 부분을 얇게 간 다음 양쪽에서 뚫어맞게끔 했다.

한쪽에서 뚫던 기존 방식에 견주면 엄청난 기술의 발전이다. 오늘날 터널 공사 때 양쪽에서 뚫는 것 같은 공법을 일찌감치 터득한 것이다. 산정동의 뼈바늘은 2만 년 전으로 이보다 훨씬 뒤에 속한다. 선인동에서는 뼈바늘과 더불어 뼈 작살 등이 나왔는데, 이로 보아 유적 앞 냇물인 해성하에서 고기잡이를 짐작해 볼 수 있다. 구멍 뚫린 조가비는 그 쓰임새를 정확히 알 수 없으나 조가비 안쪽에 붉은 색칠을 한 것으로 보아 예술품, 또는 장식품으로 여겨진다.

요령지역 곳곳에서 출토되는 구멍 뚫린 조가비는 구석기 문화에서 요령지역의 어떤 특징을 보여주고 있다. 선인동 출토품의 일부는 금우산 진열관 등에 전시되고 있다.

선인동 유적 앞에는 '요령성 문물보호단위' 임을 동굴 앞에

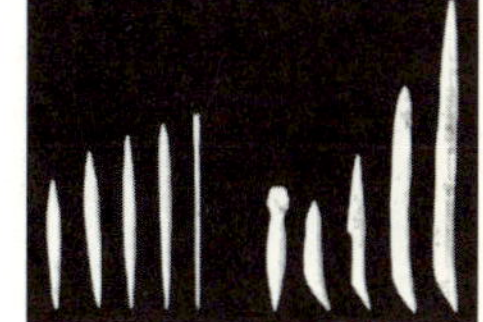

뼈바늘과 찌르개

선인동의 유물들
선인동 유적에서 나온 석기와 뼈
바늘

명시하고 있다. 동굴 입구의 위쪽으로는 '玉洞'이라는 붉은 글
씨가 새겨져 있는데 이는 선인동의 별칭인 듯하다. '선인동'이
라는 동굴이름은 동굴 앞 냇가와 어떤 연관성이 있는 것 같다.
혹시 선인이 목욕을 하고 낚시질을 하던 곳이 아닐까 상상해
보는 것이다.

동굴을 나서는데 시골마을의 복숭아 장수가 이곳까지 찾아
와 과일을 사라고 치근댔다.

10. 전양(前陽)동굴을 찾아서

만주에서 10여 일을 머무르다 보니 몸에서 중국 냄새가 배어 나왔다. '상차이' 라는 중국 향료가 땀에 섞여 끈적거렸다. 단동(丹東)의 전양(前陽)동굴을 찾아 나선 답사반 일행은 만주족 자치현인 봉성현(鳳城縣) 수암(岫岩)에서 한숨을 돌렸다.

수암 석붕산(石棚山)에는 중국에서 가장 큰 고인돌이 있다. 덮개돌의 길이가 810cm, 너비 560cm, 두께 45cm나 된다. 일정에 쫓겨 이를 보지 못함이 유감이었다. 옥(玉)의 특산지라서 그런지 목걸이, 반지 등 옥 제품을 취급하는 특산물 가게가 즐비하게 늘어서 있다.

점심으로 옥수수 국수가 나왔다. 이 역시 중국 음식이지만 만주족 음식은 어딘지 모르게 한국적 입맛과 가까운 풍미를 느끼게 한다. 도리뱅뱅 같은 튀김이라든지, 통마늘 등 양념류 에서도 비슷한 점이 많다.

그들은 손님이 올 경우 열두 가지 음식을 내놓아야 한다는 음식 접대문화를 갖고 있다. 화북(華北)의 음식에 견주어 칼칼한 맛이 있어 느글거리는 속을 다소나마 달랠 수 있었다. 빼꼼하던 하늘이 변덕을 부리자 다시 장대비가 퍼부었다. 길가엔 사고차량이 곳곳에서 만세를 불렀다.

흰말 한 쌍이 빗속을 헤집고 논둑길에서 발걸음을 맞추었다. 시골마을에 혼사가 있는 모양이다. 흰말을 타고 가는 신랑 신부는 비를 흠뻑 맞고서도 연실 싱글벙글했다. 전양은 단동에서 40km쯤 떨어진 외곽지역이다.

압록강 하류와 바다가 만나는 곳이다. 바다를 막은 갑문이 보였고 짠 내음이 코끝을 자극했다. 전복, 소라, 갈치 등 수산물이 시장바닥을 메웠다. '조선 개장', '조선 냉면' 등 배달의 체취가 간판에 매달려 입맛을 부채질했다.

영화관에서는 인도의 애정영화가 상영되고 있었다. 입장료는 4원 89전. 일행은 영화를 보기 위해서가 아니라 화장실이 급해 양해를 구하고 단체 입장을 했다. 칠흑같이 캄캄한 곳인데도 전등을 켜놓지 않아 곤혹스러웠지만 일면 일을 보는 데는 편리한 점(?)도 있었다. 화장실은 옆 칸막이만 있고 앞문이 없기 때문에 불을 밝혀 놓았다면 서로의 입장이 매우 거북하게 된다.

단동시 동구현(東溝縣) 전양동굴 초입에는 유적 안내판이 비를 맞고 서 있다. 장맛비에다 토석 채취로 산허리는 붉은 속살을 드러냈다. 마을 앞 저수지에 이르러서는 진흙 범벅이 길을 가로막아 걸을 수밖에 없었다. 저수지 주변의 작은 마을은 근대와 현대가 모자이크되어 공존했다. 산골 마을 초가에서는 저녁 연기가 모락모락 피어올랐고 저수지 가까이에는 빌라가 떼지어 호수를 내려다보고 있었다. 상당수를 이곳에 진출한 한국 기업인들이 사들였다는 소문도 얼핏 들린다. 동굴이 있는 전양산에는 저녁 안개가 산허리를 붙잡고 있다. 안개비가 굴참나무 숲을 쓸고 가는 산길을 따라 1km쯤 걸으니 전양동굴은 화강암으로 병풍을 두른 산중턱 벼랑에 뚫려 있다. 높이 1m, 폭 2m, 길이 30m가량의 동굴은 동북아 인류의 숨구멍인 양 태고의 신비와 전설을 호흡하고 있다.

동굴은 터널처럼 좁고 어두웠다. 일행은 가재걸음으로 동굴

만주지역
당나귀 달구지는 만주지역에서 흔
히 볼 수 있는 풍경이다.

을 기어들어 갔다. 암벽에서는 이슬이 뚝뚝 떨어졌고 흘러내린 이슬은 작은 도랑이 되어 바닥을 흥건히 적셨다. 작고 캄캄한 동굴에서 문명의 횃불을 밝힌 사람은 누구인가. 채석장으로 사용하다가 찾아져 지난 1982년 요령성문물고고연구소에서 본격적으로 발굴한 이 동굴은 1만 8천60년이라는 절대연대와 출토 유물이 말해주듯 한반도, 그가운데서도 단양 수양개와 매우 근접한 석기 문화의 양상을 보여주고 있다. 수양개의 절대연대 1만 7천 년과 견주어 보면 약간 앞선 시기이나 1백만 년이라는 장구한 인류 역사의 초침 앞에서 1천 년 정도는 거의 같은 시기나 다름없다. 이곳에서는 슬기슬기사람(호모 사피엔스 사피엔스)의 두개골을 비롯해 작은 석기가 출토되었다. 두개골은 현생인류와 거의 같은 발달된 지인(智人)이며 잔석기 문화는 평양 만달리에서 단양 수양개로 이어지는 맥을 이루고 있다. 즉 전양동굴은 요령지역에서 한반도와 가장 가까운 선사 문화상을 보여주고 있는 후기구석기 유적으로서 선사인의 남진루트와 수양개로 문화가 전파되는 과정을 푸는 데 어떤 열쇠를 간

흑요석기
흑요석은 점성질 용암이 급속히 냉각되어 형성되며 유리광택이 있고, 창유리보다 다소 덜 단단하다. 대부분의 흑요석은 화산암이며 유문암질 용암류의 분출로 말미암아 생성된다.

전양사람 두개골
전양동굴에서 출토된 1만8천 년 전 인류의 두개골(미성년여자)로 슬기슬기사람에 해당된다.

직한 곳이다.

수양개에서는 원산지가 서로 다른 흑요석이 출토된 바 있는데 그가운데 한 계열은 백두산 계열이다. 흑요석은 화산이 폭발할 때 형성되는 새까만 색의 단단한 돌로 화살촉 등 날카로운 연모를 만드는데 사용되었다. 흑요석의 원산지를 밝히는 것은 선사인의 이동경로를 파악하는데 매우 중요한 단서가 된다. 화산 폭발이 없던 충북지역에 갑자기 흑요석이 나타난 것은 무슨 이유일까. 바로 선사인이 이를 지니고 충북으로 이동해 온 것이다.

전양동굴은 북경 주구점 산정동 및 단양 수양개와 비슷한 유적이나, 화북보다 한반도 선사문화에 더욱 친밀도가 높다. 전양동굴은 모두 4문화층으로 구성돼 있다. 2층 아랫부분에서 잔손질된 석기(긁개, 밀개)가, 3층에선 사람뼈(두개골, 종아리뼈, 이빨 2점)와 16종의 짐승뼈가 출토되었다.

금우산 진열관으로 옮겨 전시하고 있는 두개골은 보존상태가 매우 양호하다. 미성년 여자의 머리뼈로 황색인종의 특징을 지녔다. 박선주 충북대 교수는 "이 지역이 안개가 많이 끼는 곳이므로 두개골의 주인공이 류머티즘을 앓았을 가능성이 있다"고 추정했다.

전양사람과 평양 만달사람, 청원 두루봉 흥수아이의 두개골 잰 값을 견주어 보는 체질인류학적 접근도 문화의 동질성과 상이성을 가늠해 보는 여러 방법론 가운데 하나이다. 석기는 많지 않으나 석회석, 차돌 등을 돌감으로 한 떼기수법은 수양개와 크게 다를 바 없다.

조선족 인터뷰
단동에 사는 조선족 오성배 씨. 실향민이기도 한 그는 통일에 대한 염원이 누구보다도 강하다. 뒤로 끊어진 압록강단교가 보인다.

　위치상으로 보아도 전양 동굴은 한반도의 이웃이다. 이곳에서 압록강만 건너면 곧바로 한반도다. 날이 좋으면 한반도와 서해가 보인다. 서해와 직선거리는 15㎞에 지나지 않는다. 지금은 마음대로 오가지 못하나 국경 또는 이념의 장벽이 없던 선사인들은 자유롭게 압록강을 건넜던 것이다.

　단동은 한때 안동(安東)으로도 불렸다. 중국대륙에서 배달의 애환이 가장 많이 서린 곳이다. 고구려와 발해의 옛 땅이기에 더욱 정겹고 압록강으로 막혀 있기에 더욱 서러운 곳이다.

　중국으로 가던 조선은 사신이 강 건너 처음 밟은 대륙의 첫 동네이고 이성계가 회군을 하던 통한의 땅이었다. 그런 사연을 아는지 모르는지 '조선 냉면' 간판이 강바람에 뎅그렁거린다.

　날이 밝기가 무섭게 일행은 압록강으로 향하였다. 압록강

단동의 압록강단교

7백 리에 뗏목은 오간데 없고 놀잇배가 그 자리에서 한가롭게 떠돈다. 황톳물에 자맥질하는 갈매기 떼의 해조곡과 뱃고동이 뒤섞여 강변으로 메아리친다.

한국전쟁 때 끊긴 압록강 다리는 반세기가 넘도록 방치돼 있다. 그 옆으로는 단동과 신의주를 잇는 철교가 생겨났으나 북녘으로 가는 길은 여전히 막혀 있다. 강변에 자리한 '압록강 공원'에는 아침부터 관광객의 발길로 가득하다. 지난 1941년, 강제 징용을 갔다가 2차대전이 끝난 뒤 이곳에 눌러 앉았다는 오성배 씨는 "하루빨리 남북통일이 되어야 친척과 친구들을 마음 놓고 만날 것"이라며 눈시울을 붉혔다. 대구가 고향이라는 오씨는 "장삿길에 나서 고생은 면하였으나 고향 땅에 되돌아가는 것이 소원"이라고 얘기했다.

단동의 강변에 있는 조선족 초등학교 운동장에서는 아이들이 축구경기를 벌였고 조깅족의 모습도 간간이 눈에 띄었다. 국경의 아침 길을 가랑비가 적셨다. 그 빗발은 분단의 눈물처럼 강변 이쪽저쪽을 쓸어 내린다. 주현미의 '신사동 그 사람'이 강변으로 울려 퍼진다.

11. 본계(本溪) 묘후산(廟後山)

한국 농촌 총각과 중국 조선족 처녀의 혼사(婚事)는 이제 낯선 이야기가 아니다. 국경을 초월한 남녀의 결합 또한 세계화 범주에 속한다. 중국 어디를 가나 이 이야기는 단골 메뉴이다. 이른바 '코리안 드림'인 것이다.

한국으로 시집가길 바라는 조선족 처녀들이 상당수에 이르고 이를 부채질하는 무허가 결혼상담소도 난립해 있다. 더러는 짝을 구하러 오는 한국 총각을 마주치게 된다. 단동의 길거리에서 만난 한 중매쟁이는 "서로 이해가 부족해 혼사가 깨지는 예가 더러 있다"고 수다를 떨었다.

한번은 한국의 농촌 총각이 목장을 경영한다고 했는데, 조선족 처녀가 목장이 무엇을 하는 곳인 줄 몰라 거절했다는 우스갯소리도 들린다.

길거리 곳곳에는 "하나만 나아 잘 기르자"라는 표어가 눈에 띈다. 인구 포화로 고민하는 대륙의 사정을 읽을 수 있는 대목이다. 그러나 조선족 등 소수민족에게는 둘까지 허용하는 여유를 보여주고 있다. 따돌림이 아닌 포용이 소수민족에 대한 그들의 정책이다.

단동에서 심양까지는 2백73km에 이른다. 일행은 돌아오는 길에 인골과 짐승뼈, 석기가 출토된 본계(本溪) 묘후산(廟後山) 구석기 유적을 둘러보기로 했다. 단동에서 이곳을 돌아 심양으

묘후산 유적 보호팻말
묘후산 기슭에 대리석으로 설치돼 있는 팻말은 지난 1988년 요령성 정부의 성급(省級) 문물보호단위 임을 밝히고 있다.

로 가자면 4백 킬로미터가 넘는 먼 길이다. 시 외곽으로 빠지면서 아카시아 가로수가 도열했다. 가로수 밑둥치에는 흰 페인트가 칠해져 있다. 야간에 차량을 운행할 때 야광 구실을 하기 위함이다. 야산에서는 잣나무, 전나무, 가문비나무 등 침엽수가 키 재기를 했고 더러는 백송이 고고한 자태를 뽐내기도 했다. 산중턱을 휘감고 있던 허리 안개가 걷히면서 봉성시가 시야에 들어왔다. 야산 속에 자리 잡은 작은 광산촌이다. 더위와 피로에 지친 일행은 모감주나무 가로수 아래에서 전을 편 노점상을 찾았다.

'심양맥주' 가 한 병에 2원50전인데 '장백산광천수' 도 같은 값이다. 술값이나 물값이나 그게 그거다. 개천에서는 철부지 하동(河童)들이 족대로 물고기를 잡았고 그 옆으로는 골재채취 차량이 꼬리를 물었다.

빗발이 굵어지며 또 심술을 부렸다. 이번엔 숫제 양동이로 들이붓는 듯했다. 와이퍼가 열심히 차창을 쓸어 내렸지만 운행이 어려웠다. 계곡을 막은 저수지는 토사가 밀려들어 늪으로 변해 있다.

워낙 많은 토사가 한꺼번에 밀려드니 속수무책이다. 준설작업이 필요하나 엄두도 못 냈다. 개발을 앞세우다보니 그런 재해가 생긴 것이다. 중국도 보존과 개발 사이에서 몸살을 앓고 있다. 그 속앓이가 점점 더해지면서 뜻 있는 사람들은 미구에 닥칠 개발의 상처를 은근히 걱정했다.

본계시는 전형적인 광산촌이다. 희뿌연 석회석 가루를 도시 전체가 뒤집어쓰고 있다.

묘후산 유물
묘후산유적에서 수습된 몸돌 및 사슴뼈로 만든 뼈연모. 석기는 청원 두루봉과 견주어지며 경기도 전곡리 유적을 떠올리게 한다.

인구는 1백54만 명으로 그가운데 10만 명가량이 조선족이다. 조선족이 사는 곳이면 으레 '개장', '냉면' 등이 따라 다닌다. 이곳도 예외는 아니다.

본계시 조선족 자치 현에 살고 있는 조선족들은 매달 모임을 갖고 민족의 동질성을 확인한다. 춤과 노래에 뛰어난 솜씨를 가지고 있는 이곳의 조선족들은 매년 북경 천안문 광장에서 열리는 소수민족 축제에 참가하고 있다.

일행은 본계시 문화국의 안내로 '계광(溪光)주점'에서 점심을 먹었다. 주점, 찬청, 소걸부 등은 식사를 하는 곳이다. 일부 주점은 낮에는 식당, 밤에는 카바레(가무청)를 겸하고 있다.

일행이 식사를 하는 동안 본계시 문화국은 묘후산유적의 발굴과정을 기록한 VTR을 상영해 주었다. 이는 문화재에 대한 애착과 더불어 관광을 겨냥한 발 빠른 포석이다. 자기 고장의 문화를 상영해 주는 식당이 우리나라엔 과연 몇이나 될까. 우리가 한 수 배워야 할 점이다.

묘후산은 본계시로부터 35㎞쯤 떨어진 본계현(本溪縣)에 자리해 있다. 본계현은 만주족 자치구이다. 한때 중국대륙을 호

본계 시멘트공장
인구 1백 만의 광산도시로 단양 매포읍처럼 시멘트의 분진으로 도시 전체가 잿빛이다. 석회석 덕분으로 수십 만 년 전 인골과 짐승 뼈가 남아있게 됐다.

령하던 만주족이었지만, 지금은 소수민족으로 전락했고 언어조차 한족(漢族)에 동화되었다.

이에 견주어 조선족은 이국땅에서도 배달의 문화와 언어를 고스란히 지키고 있으니 혈맥에 지닌 은근과 끈기를 높이 살만하다. 묘후산 아래 쪼그려 앉은 농가의 돌담에서는 해바라기가 고개를 내밀었다. 집집마다 창고에 옥수수를 쟁여 놓고 벌써 겨우살이를 준비했다. 감자 밭, 옥수수 밭을 돌아드니 삿갓모양의 묘후산이 고준한 모습을 드러냈다. 절 뒤에 있는 산이라 하여 묘후산(廟後山)이라는 이름이 붙었다.

'탕하'를 굽어보고 있는 이 산은 영구(營口)의 금우산과 함께 요동의 전기구석기를 대표하는 선사유적의 보고(寶庫)이다. 지난 1978년, 석회석을 채취하다 찾아진 이 유적에서는 사람뼈와 엄청난 규모의 짐승뼈 및 석기가 출토되어 세계 고고학계를 놀라게 했다.

중국 고고학계의 원로인 가란파(賈蘭坡) 교수가 주축이 되어 지난 1981년까지 계속된 발굴작업에서 어른의 이빨 2점과 어린아이의 머리뼈, 앞 팔뼈가 나왔다. 이곳에서 괄목할 만한 사실은 다양한 동물상의 출토에 있다. 모두 8층으로 구성된 퇴적층 가운데 4~6층(33만~14만 년)에서는 큰뿔사슴, 큰원숭이, 칼리 호랑이, 해리(海狸) 등 중기홍적세에 서식했던 76종의 동물군 화석이 집중적으로 출토되었다. 이를 가리켜 고고학계에서는 '묘후산 동물군'으로 분류해 놓고 있다.

본계현 문화국
만주족 자치주인 까닭에 한문 간판 옆으로 만주어를 표기해 놓았다. 그러나 주민 거의가 만주어 및 고유 풍습을 잃고 한족(漢族)에 동화되었다.

상원 검은모루나 청원 두루봉에서 살았던 동굴곰, 쌍코뿔이 등의 동물화석도 이곳에서 출토되었다. 인류와 함께 대륙과 한반도를 오간 동물의 흔적들이다. 신강성 건조한 지대에서 서식하던 땅쥐는 2만 년 전쯤 요령성으로, 한반도로 먼 여행을 떠났으니, 비록 작은 동물이지만 행보만큼은 큰 동물에 뒤지지 않았던 것이다.

묘후산유적 6층에서 출토된 67점의 석기는 직접떼기수법으로 화북 정촌(丁村)계열의 주먹도끼 문화권이다. 요령성박물관과 본계시박물관에서 보관하고 있는 이 석기는 잔손질이 별로

동북아 인류의 고향 묘후산 전경
요동의 전기 구석기를 대표하는 유적으로서 석회석을 캐다 지난 1978년에 발견. 동굴의 보호를 위해 슬라브지붕을 설치해 놓았으며, 보호각이 설치되어 있다.

동북아 구석기 문화의 보고 (寶庫), 묘후산

20~30만 년 전의 유적인 묘후산 유적을 학술조사단이 답사하고 있다. 슬라브지붕을 설치, 유적을 보호하고 있다.

없다. 몇 번 돌려떼기를 한 전기구석기의 전형적인 수법으로 경기도 전곡리의 석기를 연상케 한다.

산 중턱의 유지(遺址)는 슬래브지붕으로 덮여 있다. 유적의 훼손을 막고자 함이다. 물론 유적 앞에도 '성급(省級)문물보호단위'임을 밝히고 있다. 과거 문화혁명 때 문화재를 마구 부수던 악몽에서 깨어나 이제는 앞다퉈 문화재를 알뜰히 보존하려고 한다.

석회암 발파음이 요란하던 광산촌엔 다시 고요가 맴돌고 있다. 묘후산 광산에서 구석기 유적이 발견된 뒤로 이 일대에 대한 석회석 채취는 전면 금지되었다. 석회석 생산보다 유적의 보호가 더 중요하다고 판단했기 때문이다.

그런 덕분에 묘후산은 태고의 정적을 다시 찾을 수 있었고 발파음에 멍든 문명의 상처를 가까스로 치유하였다. 만주벌을 무대로 한 선사인의 발자취를 말해주듯 현장에는 아직도 사슴 뼈의 화석이 무수히 널려 있다.

12. 대륙의 자궁 주구점(周口店)

북경의 거리가 꿈틀거리고 있다. 천년의 깊은 잠에서 깨어나 들풀처럼 일어나는 대륙이다. 개방의 바람은 잿빛도시의 때 묻은 커튼을 걷어 올렸다. 지난 1988년 문을 연 성(聖)크리스천 교회에서 종소리가 북경 도심으로 울려 퍼진다.

복권 판매의 확성기 소리와 교회의 종소리가 엇갈리는 도심으로 한국산 승용차가 중국산, 러시아산 승용차 사이로 질주한다. 한·중 수교가 있은 뒤 이웃집으로 다가온 북경이다. "하나에 십원, 싸다 싸" 자금성이나 만리장성 주변의 잡상인들은 간단한 한국어를 제법 구사한다.

'장성 코리아' 상점에는 한국어로 된 '어서 오세요' 간판이 선명하다. 벽 곳곳에 '소매치기 조심' 이라는 한국어로 된 경고문이 나붙어 있다. 북경거리엔 이른바 '한국식 가라오케' 술집이 늘어나고 있다. 한국의 단란주점과 비슷하게 꾸며 놓았다. 이곳에 잘못 발을 들여 놓았다간 바가지를 쓰기 십상이다. 여흥을 즐기다 보면 1인당 50~100달러쯤 나오는 건 보통이다.

별거 아니라고 생각하는 사람도 있을지 모르지만 이 정도면 그곳 사람들의 한 달 치 월급이다. 막판에 '블루스' 를 추는 것은 가급적 사양하는 것이 좋다. 이 춤을 추었다간 아가씨의 채근(?)에 볶이게 된다. 블루스는 이튿날 또 오겠다는 무언의 약속이다.

'부부 쾌락기 판매' 라는 간판에 호기심이 발동하여 상점 안으로 들어갔다가 괜스레 얼굴만 벌게졌다. 그곳엔 피임기구,

정력 증강기, 그리고 열거하기조차 민망한 이상야릇한 약품과 기구들이 진열돼 있다. 우리의 성인용품점 같은 곳이다.

이를 부끄러워하자 흰 가운 차림의 여자판매원이 오히려 이상하다는 듯이 자세히 상품의 성능(?)에 관해 설명해 주었다. 성(性)문화는 오늘날 갑자기 생겨난 것이 아니라 인류의 생성·발달과 궤를 같이한다.

동북아 인류문명의 발상지인 주구점(周口店)은 어떤 면에서 생식 본능과 성문화의 원조 격이 된다. 북경 서쪽 외곽 55km 지점에 자리한 주구점 입구의 방산(房山)은 광산 덕택에다 주구점유적의 후광을 톡톡히 입고 있는 도시다.

시장에는 우리나라에서 자취를 감춘 '개구리 참외'가 선을 보였고, 담 벽에는 '음주운전을 하지 말자'는 교통법규 준수 구호가 나붙어 있다. 그러나 실제로는 교통법규가 있는지 없는

북경백화점 앞 거리 풍경

지 아리송하다. 아무데서나 유턴을 하거나 끼어드는 등, 한마
디로 교통질서가 엉망이었다.

주구점 유적 입구에는 기찻길이 있다. 기찻길은 태고와 현대
를 가르는 문명의 경계선이다. 건널목 앞쪽으로는 시멘트 공장
의 분진과 발파음이 요란스럽다. 그러나 일단 건널목을 건너기
만 하면 억겁의 신비가 그대로 보존돼 있어 '백 투더 퓨처'를
실감케 된다.

'周口店猿人遺址'라는 팻말이 일행을 반겼다. 그들은 '원
인'의 표기를 우리의 '原人'과 달리 '猿人'으로 표기한다. 서
흠기(徐欽琦) 교수(주구점고인류연구소 주임)의 안내로 우선
접견실을 찾았다. 접견실에는 50만 년 전 이곳에서 살았던 '북
경원인'과 2만 년 전 '산정동인'의 흉상이 배치되어 있고 유네
스코의 유적 인정서가 걸려 있다. VTR이 설치되어 발굴 전모
를 볼 수 있었다. 관리소 쪽은 특별히 일행에게 주구점 유적의
배치도를 보여 주었다. 일행을 위한 특별한 배려라고 생색을
냈다.

지난 1921년에 발견되어 지금까지도 발굴작업이
계속되고 있는 주구점은 2만 평방킬로미터에 달하
는 거대한 유적이다. 제1지점에서 50만 년 전 북경
원인의 두개골이 나온 것을 비롯해 22지점까지 70년
이상 발굴작업을 벌인 결과 45인 분의 인골과 수십
만 점의 짐승뼈 화석 및 석기가 출토되었다. 그가운
데 그 유명한 산정동인의 머리뼈도 포함돼 있음은
물론이다.

산정동인은 주구점 유적과 별개의 지점에서 발견

북경1호인이 나온 주구점 유적

된 것이 아니라 북경원인(1호인)이 발견된 퇴적층에서 한참 위인 산 정수리에 있는 동굴에서 출토된 두개골로 약 2만 년 전의 슬기슬기사람(호모사피엔스 사피엔스)이다.

눈두덩이 툭 불거지고 이마의 경사가 심한 50만 년 전의 북경 직립원인(호모에렉투스)에 견주어 산정동인은 거의 현대인류와 같은 진화된 고인류이다. 시기적으로는 단양 수양개와 같은 시기이다.

그렇다면 산정동인은 북경원인이 곧바로 진화된 형태일까. 이에 대해 박선주 충북대 교수는 부정적인 의견을 갖고 있다. 즉, 그는 북경원인과 산정동인을 서로 다른 갈래의 인류 집단으로 본다. 시대의 폭이 큰 데다가 체질인류학적으로 접근할 경우, 북경원인이 산정동인의 뿌리가 될 수 없다는 것이다.

한반도와 견주어 볼 때 북경원인의 한 계열이 만주 금우산을

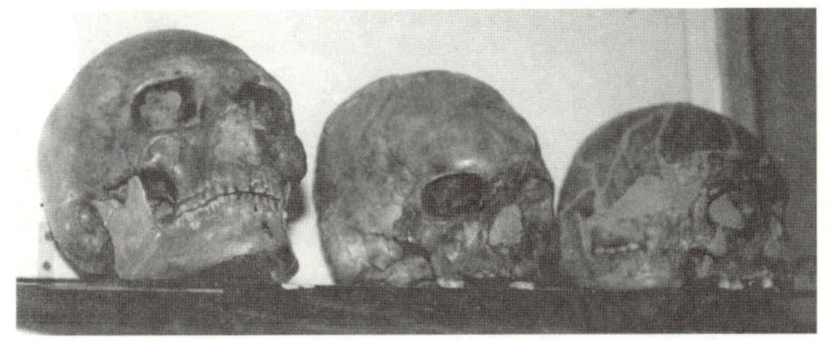

선사인류의 두개골
주구점 동굴서 발견된 선사인류의
두개골. 인류의 발달과정을 알 수
있다.

지나 시베리아 계열과 유전자 교환을 거친 뒤 그 한 갈래가 한
반도로 유입되지 않았나 하고 박 교수는 보고 있다. 머리뼈의
잰 값 등을 견주어 볼 때 배달겨레는 화북보다 만주에 더 가깝
고 그가운데서도 요령성보다 길림성 쪽에 근접되었음이 최근
연구에서 밝혀져 흥미를 끈다.

대륙에는 수많은 선사유적이 흩어져 있지만 역시 대표적인
유적은 주구점이다. 충북대와 공동발굴이 논의되었던 주구점
제26지점인 석가무(石家霧)유적 등은 아직 손도 못 대고 있다.

이러한 가운데 미국, 프랑스 등 선진국에서는 이곳의 공동발
굴을 추진하고 있다. 미국은 짐승뼈 화석과 석기가
가장 많이 나온 제15지점을 중국과 공동 발굴할 계
획이며, 프랑스는 3만 달러를 지원해 지층을 관찰
하는 등 탐색작업에 나서고 있다.

대륙의 자궁(子宮) 주구점. 이에 대한 탐색작업
은 계속 이어지고 있으며 동북아 인류의 고향을 찾
는 관광인파도 계속 늘어나고 있다.

이곳에서 매우 드문 현상이었지만 한국인 시찰
단과 마주치게 되었다. 중국 땅, 그것도 한국 관광
객이 좀처럼 찾지 않는 주구점에서 한국인을 만나

주구점의 원인동(猿人洞)
50만 년 전 북경원인이 발견된 주
구점유적의 원인동(猿人洞). 지표
30m지점에서 북경1호인 두개골
이 발견되었는데, 가운데 표지판
을 중심으로 왼쪽이 두개골 출토
지점이고 오른쪽에서는 불 땐 자
리가 발견되었다.

게 되니 여간 반가운 일이 아니었다. 그들은 모 국회의원 사무실에 근무하는 사람들이었다.

중국에 가거든 꼭 주구점에 가보라는 국회의원의 당부가 있어 이곳에 들렀다고 한다. 이로 보아 우리나라의 정치문화도 상당히 성숙해지고 있음을 느낄 수 있었다. 주구점 시찰이 정치와 직접적으로 관련이 없다고 해도 이를 봄으로써 문화 이해의 폭과 자질 향상을 꾀할 수 있지 않은가.

그 일행을 이끌고 온 조선족 가이드는 "한국 관광객을 수도 없이 안내했어도 주구점 관람은 처음" 이라고 말했다. 중국을 찾는 한국 관광객들은 대개 자금성, 만리장성, 명 13능 등 이름난 명소를 찾는 선에서 중국 관광을 마치는 게 예사이다.

그런데 곧이어 일본인 관광객을 만났다. 그들은 어른이 아니라 초·중·고등학생들이었다. 간편한 차림에다 배낭을 맨 것으로 보아 거창한 시찰이라기보다 가벼운 여행인 듯했다. 그들에게 말을 건네니 '방학숙제를 하기 위해 왔다' 고 대답했다. 입시에 찌들어 방학조차도 거의 없다시피 한 우리나라 청소년들

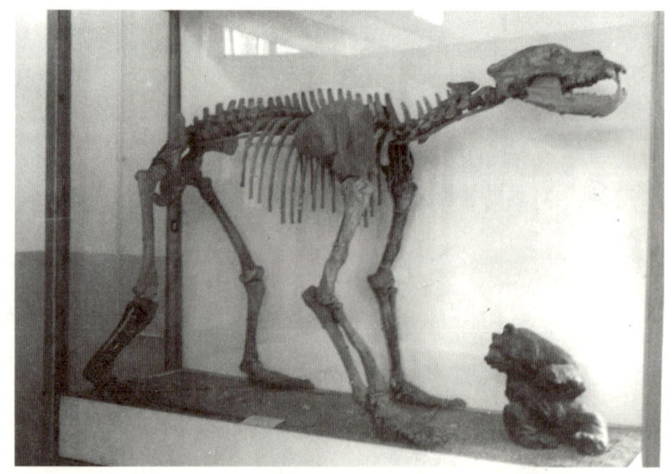

주구점 산정동의 동굴곰
2만 년 전의 동굴곰 화석. 청원 두루봉동굴에서 출토된 동굴곰과 매우 비슷하다.

과 대조적이다. 그들의 경제력과 여유 있는 여행에 일면 심사가 뒤틀렸지만, 방학을 이용해 문화유적을 답사하는 그들의 태도는 분명히 배울 점이라고 생각한다.

용골산(龍骨山)이라 불리던 주구점유적은 석회석 채취에다 그동안의 발굴작업으로 표교가 약간 잦아졌다. 그러나 북경1호인이 나온 원인동(猿人洞) 등은 철저히 보호되고 있다. 동굴의 입구마다 철문을 해 달았고 유적의 안내판은 고급 활석으로 제작해 놓았다.

그랜드캐니언을 연상케 하는 원인동은 동굴입구에서부터 돌계단을 조성해 놓아 관람객의 편의를 도왔다. 1층에서 13층 꼭대기까지 퇴적층마다 이를 알리는 푯말이 붙어 있다. 바닥층 한 구석에는 불 피운 흔적인 화덕자리가 그대로 보존돼 있다. 동굴 저편에서 금세라도 주먹도끼를 든 원인이 튀어나올 것만 같다. 유적보호를 평면이 아닌 입체적으로 추진하기 때문에 생동감을 더해 준다. 유적 뒤쪽으로 사람의 발길이 잘 닿지 않는 곳에는 중국 고고학의 대부 배문중(裵文中), 양종건(楊鍾健)의 묘소가 있다. 주구점을 발굴하다 또다시 이곳에 묻히어 화석이 된 것이다. 유장한 인류역사의 반복이다. 묘비에는 이들의 학문적 업적을 추모하는 글이 새겨져 있다. 묘소를 참배한 누군가의 장미꽃이 뙤약볕에 시들어 있다.

3부 중국 동북지역의 선사문화

1. 머리말

충북대학교 선사문화연구소(소장:이융조)에서는 1992년 7월 28일부터 8월 11일까지 15일 동안 중국 동북지역의 선사유적에 대한 현장조사를 실시하였다.

이 조사는 중원문화권에서 독특하면서 고도로 발달한 구석기 유적과 신석기 유적 그리고 청동기 유적의 문화상(文化相)과 중국 동북지역의 선사 유적에서 밝혀진 여러 특징들을 견주어 보고, 한반도 선사문화의 기원, 특히 충북지역 선사문화의 성격을 밝히는 데 그 목적이 있었다.

조사단은 북경의 주구점유적을 비롯해 길림성과 연변박물관, 요령지역의 여러 구석기 유적과 고인돌 유적을 답사했다.

이 글에서는 답사가 이루어진 유적을 중심으로 여러 가지를 소개하고, 그 문화의 성격을 살펴보면서 한반도의 선사문화와 깊은 관계가 있는 답사 주변지역의 여러 유적들도 함께 설명하고자 한다.

2. 북경지역

북경지역에서는 주구점유적을 답사하고 중국과학원 고척추동물·고인류연구소(IVPP)와 중국 역사박물관을 방문하였는데, 여기서는 주구점유적의 주요 지점에 대해 설명하도록 하겠다.

1) 주구점유적

주구점유적은 북경에서 남서쪽으로 48㎞ 떨어진 곳에 자리하며, 북경 곧선사람이 찾아진 제1지점 등 지금까지 모두 22곳에서 유물이 나오는 바람에 중국에서는 물론 세계 구석기 문화 연구에서 하나의 기준이 되고 있다.

이곳은 오르도비스기의 석회암이 형성된 낮은 산악지역이며, 석회암동굴은 대부분 동서 방향으로 발달하였다. 1918년 석회암 광산을 개발하던 가운데 발견된 이 유적은 1921년 J.G. Anderson과 Otto Zdansky가 첫 발굴에 들어갔고, 그 다음으로 중국지질조사소(中國地質調査所)와 북경협화의과대학(北京協和醫科大學), 그리고 미국 록펠러재단이 공동으로 1927년부터 1937년까지 10년 동안 발굴조사를 실시하였다. 그리고 1949년부터 중국과학원에서 이 지역을 관리하면서 조사를 진행해 오고 있다(賈蘭坡·黃慰文, 1984).

가. 제1지점

제1지점은 주구점의 여러 지점 가운데 가장 중심이 되는 발굴지역으로서 1921년부터 발굴조사가 실시되었으며, 합자동동굴에서 두 점의 사람 이빨과 짐승화석이 발견되었다.

한편 1927년에는 찾아낸 짐승화석을 분류하는 가운데 사람의 세 번째 어금니를 찾게 되었고, **Davison Black**이 이 어금니를 중국원인(*Sinanthropus*) 또는 북경원인(北京猿人; *Homo erectus pekinensis*)이라 이름 붙였다. 아울러 같은 해 배문중(裵文中)을 중심으로 본격적인 발굴조사가 실시되었다.

1928년 여러 점의 사람 머리뼈 조각을 비롯해서 턱뼈와 이빨 등이 나왔고, 다음 해에는 완전한 사람의 머리뼈가 발굴되기도 했다. 또한 1930년에는 어린 아이의 아래턱뼈가, 1931년에는 아래턱과 많은 양의 석기 그리고 화덕자리와 숯이 나온 것으로 봐서 북경원인들이 불을 사용했음을 알게 되었다.

이렇게 1927년에서 1937년까지 10년 동안에 걸친 발굴조사에서는 147점의 사람뼈와 10만여 점에 이르는 석기, 80여 종의 짐승화석 등이 찾아져 체계적인 연구를 할 수 있는 계기가 되기도 했다.

이어 1949년에서 1951년 사이에 있었던 2차 발굴조사에서는 정강이뼈, 넓적다리뼈, 목뼈를 찾아냈고, 1958년에는 많은 석기가 발굴되었으며, 그뒤로도 계속해서 조사가 이뤄지고 있다(Jia, 1980).

제1지점의 층위는 13개의 자연퇴적층으로 크게 구분되며 문화층은 3개 층으로 나뉘는데, 발굴조사가 채 완료되지 않아 암반에는 이르지 못하였다. 이러한 층위의 자연퇴적 관계와 연대 측정 관계를 살펴보면 〈표1〉과 같다.

이곳에서 발굴된 짐승화석은 모두 98종인데 상당히 다양한 모습을 보여주며, 특히 1층부터 13층까지 모두 짐승화석이 발

순서	층 이름	두께(cm)	특징	연대 측정값	연대 측정법
1~2	붉은 색 모래자갈층	400	석기, 사람뼈, 짐승화석 출토	230,000±30,000 20,000	우라늄 측정법
3	큰 모난돌층	300~600	낙반석이 많음 석기, 재, 사람화석 출토	256,000±60,000 40,000	
4	흙과 재가 섞인 층	600 ~1,000	불탄뼈, 석기출토, 위 문화층	290,000	가열발광법
5	흑색 재층	50~100			
6	모난돌층	500	큰 낙반석 적은 양의 석기와 화석 출토		
7	회색 가는 모래층	100~200	해리, 물소 등 물을 좋아하는 짐승 화석 출토	370,000 ~400,000	고지자기법
8~9	모난돌층	600	모난돌이 많이 닳았으며 재가 층을 이룸. 많은 석기와 화석 출토 아래 문화층		
10	붉은 흙층	200	재가 깔려 있음 사람화석 출토	462,000±45,000 520,000~620,000	핵분열법 가열발광법
11	모난 돌층	100~200			
12	붉은 모래층	100~200	화석이 적고 거의가 조각		
13	붉은 찰흙층	200	큰 석회석이 많음 화석이 적음	2,700,000	고지자기법

〈표1〉

굴되는 바람에 중국은 물론 아시아 지역 제4기 연구에 중요한 구실을 하고 있다.

짐승화석을 지층별로 모아 분류하였는데 대표적인 종은 큰 원숭이(*Macaca robustus* Y.), 대륙밭쥐(*Clethnonomys rofu*), 브란티갈밭쥐(*M.brandtiodes* Y.), 쌍코뿔이(*Rhinocerous choukoutiensis*), 털코뿔이(*Coelodonta antiquitatis*), 물소(*Bubalus teihardi*), 들소(*Bison* sp.) 등이 있다.

이러한 짐승화석을 가지고 주구점 제1지점의 연대를 해석한 연구결과는 Mindel 말이나 Holstenian 초, 홍적세 중기 등 여러 견해들이 나왔다(최무장, 1984).

그리고 발굴된 많은 짐승화석들의 출토 층위를 뚜렷하게 알 수 없어 층위별 퇴적시기를 해석하는 데도 어려움이 많다.

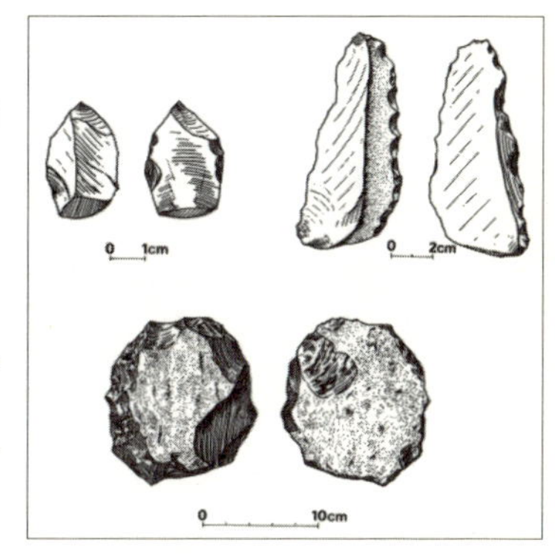

주구점 제1지점 출토 뗀석기 (1)

석기는 1920년대 초의 발굴조사 때 찾은 석영조각을 가지고 논의해 왔지만 부정적인 시각이 많았다. 그러다가 1931년 배문중이 석영층을 찾게 되면서 다시 관심을 가지게 되었다. 석기를 만든 감은 석영, 규질암, 사암, 석회암 등이며 많은 양이 발굴되었다. 중국 학자들이 분석한 연구결과, 석기 제작방법은 크게 세 가지로 나뉜다(裵文中 · 張森水, 1985).

첫째는 돌망치로 강자갈돌을 떼내는 직접떼기이며, 둘째는 모루 위에 돌을 올려놓고 망치로 떼내는 모루망치떼기이고, 세째는 모루에 직접떼기를 하는 모루떼기이다.

주구점 제1지점의 석기에는 떼임질할 때 나타나는 혹이 거의 없으며 잔손질은 대부분 하지 않았거나, 하더라도 거칠게 한 것이 특징이다. 그리고 쓰임새에 따른 석기의 종류로는 외날찍개, 안팎날찍개, 긁개, 찌르개 등이 있다.

한편 북경원인이 출토된 것을 비롯하여 많은 사람뼈가 발굴 조사되었다. 지금까지 발굴된 사람뼈 자료로는 6점의

주구점 제1지점 출토 뗀석기 (2)

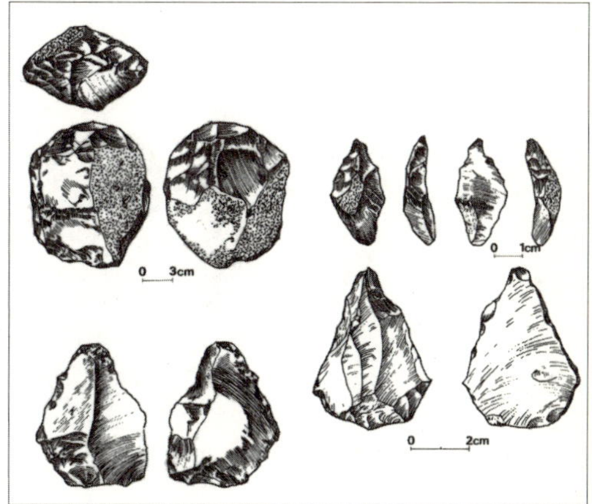

완전한 머리뼈, 12점의 머리뼈 조각, 15점의 아래턱, 157점의 이빨, 7점의 허벅지뼈 조각, 1점의 정강뼈 조각, 3점의 위팔뼈, 1점의 빗장뼈와 1점의 팔뼈로 분석되었는데, 이것을 분류한 결과 40여 명의 남녀노소로 밝혀졌다. 또한 출토된 층위를 보면 모두 11층 위쪽이며, 북경사람을 해부학적으로 분류하자면 북경 곧선사람에 속한다(吳汝康과, 1989).

이러한 주구점유적의 연대는 절대연대를 측정한 결과, 1~3층이 23만 년 또는 25만 년으로 밝혀졌고, 10층이 46만 년과 52~62만 년으로 추정되었다.

나. 제13지점

이곳은 제1지점에서 남쪽으로 1㎞쯤 떨어진 석회암 언덕의 경사진 곳으로 해발 150m이다.

Davison Black과 배문중이 1933년과 1934년 400㎡ 범위를 발굴 조사하여 많은 짐승화석과 석기, 그리고 불 땐 흔적을 찾아냈다.

제13지점은 2개의 퇴적층으로 이루어져 있는데, 위층은 모래와 종유석, 석회암 조각이 섞인 붉은 찰흙층으로서 두께가 4m이며, 위쪽은 검은 색을 띠고 있다. 아래층은 위층보다 석회

주구점 제13지점 출토 뗀석기

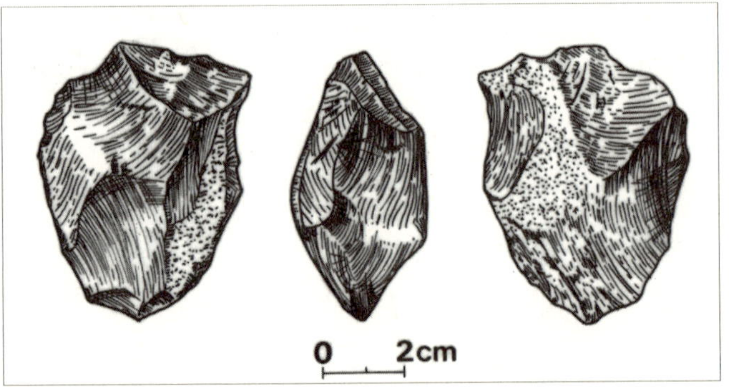

암 조각이 더 많이 섞여 있으며 가끔 종유석도 있다.

위층에서는 제13지점에서 출토된 대부분의 짐승화석과 수석으로 만든 석기 그리고 사람들이 불을 쓴 사실을 알려주는 숯 등이 조사되었다.

석기는 수석의 몸돌과 석영 격지, 규질암을 재질로 하였으며, 안팎날찍개가 위층의 맨밑에서 발굴되기도 했다. 또한 석기가 발견된 주위에는 불에 탄 뼈조각들이 곳곳에 흩어져 있었다. 짐승화석은 곰(*Vulpes cf.corsac* L.), 중국 하이에나(*Hyaena sinensis Zd.*), 정씨 두더지(*Siphneus tingi* Young), 삼문말(*Equus cf. Sanmeniensis*), 꽃사슴(*Pseudaxis* sp.) 등 37종이 발굴되었다(高耀亭과, 1987).

짐승화석으로 보아 이곳은 제1지점보다 조금 이른 암하(匼河)와 비슷한 전기구석기에 해당되는 것으로 보고 있다.

다. 제15지점

1934년에 처음 발굴되어 1935년부터 1937년까지 발굴조사가 실시된 제15지점은 제1지점에서 동남쪽으로 70m쯤 떨어진 얕은 언덕 위에 자리한다.

거기서 많은 양의 석기와 불 사용 흔적 그리고 78종의 짐승화석을 찾게 되었다.

석기를 만든 재질은 석영, 사암, 수석 등이며, 직접떼기를 베풀어서 만든 긁개와 찌르개 등이 발굴되었다. 석기 제작 수법은 주구점 제1지점과 매우 비슷하나 잔손질을 더 많이 하였던 것 같다.

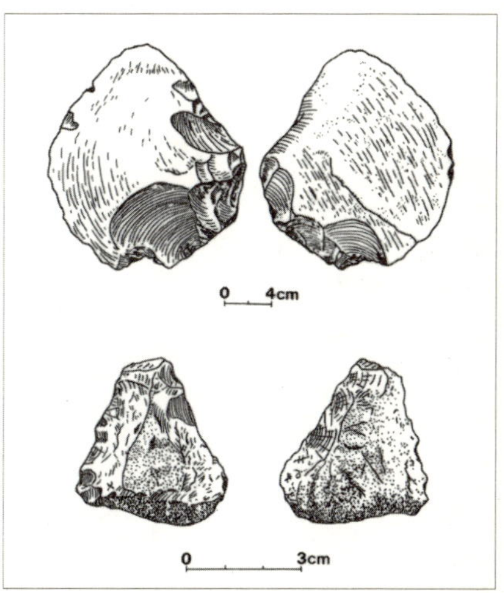

주구점 제15지점 출토 뗀석기

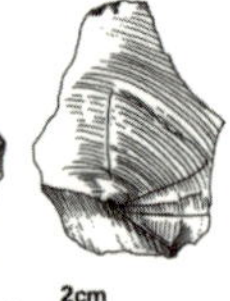

주구점 제15지점 출토 뗀석기

발굴된 33종의 짐승화석은 포유 짐승의 것으로서, 여기에는 털코뿔이(*Coelodonta* sp.), 말사슴(*Cervus elaphus*), 고라니(*Hydropotes* sp.), 영양(*G. przewalskyi*), 검치코끼리(*Palaeoloxodon sp.*) 등이 있다.

제15지점의 연대는 석기 제작수법과 짐승화석으로 보아 정촌(丁村)유적과 비슷한 중기구석기시대로 해석된다.

라. 제22지점

제22지점은 제1지점에서 동북쪽으로 약 2㎞ 떨어져 있으며, 1953년에 발견되어 발굴조사가 이루어졌다. 붉은색 찰흙 퇴적층에서 몇 점의 석기와 포유 짐승화석이 발굴되었다.

석기의 재질은 맥석영이며, 몸돌과 격지 그리고 직접떼기로 잔손질을 한 긁개가 나왔고, 이 석기의 제작수법은 제1지점과 거의 비슷하다.

짐승화석으로는 큰사슴(*Megaloceros pachyostevs* Young), 큰곰(*Ursus arctos* L.), 크로쿠타 울티마(*Crotuta ultima* Matsumoto) 등이 출토되었다. 이곳의 연대는 제15지점과 같은 중기구석기시대로 보인다.

〈표2〉

층 위	두 께 (cm)	출 토 유 물	비 고
1	30	사람뼈, 구멍뚫린 짐승이빨	굴 입구
2	100	사람뼈, 석기, 뼈바늘, 구멍뚫린 짐승이빨	
3	60	석기, 불에 탄 석회석	
4	300	사람 머리뼈, 구멍뚫린 조개껍질	
5	390	사람이빨, 구멍뚫린 돌, 완전한 사람 머리뼈	
6		사슴, 곰뼈	황토층

마. 산정동유적

이곳은 1930년 처음 발견되어 배문중이 1933년과 1934년에 발굴조사를 실시하였다.

주구점 제1지점 서쪽의 위쪽에 자리하고 있기에 산정동(山頂洞) 또는 산동(山洞)이라 부른다(謝燕萍과, 1984).

두께가 8m쯤 되는 산정동유적의 층위는 크게 6개 층으로 나뉘며, 찰흙과 석회석 조각 그리고 석순이 퇴적되어 이루어졌다. 맨위층인 1층부터 6층까지의 특징은 〈표2〉와 같다.

발굴조사 결과 3점의 완전한 사람 머리뼈를 비롯한 팔뼈·이빨 등의 사람뼈와 석기, 뼈연모, 그리고 돌·뼈·조가비로 만든 꾸미개가 나왔다.

사람뼈화석으로 완전한 머리뼈를 비롯하여 머리뼈 조각, 아래턱 조각, 팔뼈, 10여 점의 이빨이 발굴되는데, 2차대전 가운데 모두 잃어버렸다. 바이덴라이히가 연구한 사람뼈는 어른 네 명, 소년 한 명, 어린이 한 명, 갓난아이 한 명 등 모두 일곱 명인 것으로 알려졌으며, 나이로 보아 이 가운데서 다섯 사람은 한 가족을 이루었던 것으로 보고 있다.

그뒤로 산정동유적에서 나온 사람뼈를 다시 연구한 결과, 남자 노인 한 명, 어른 한 명, 중년 여자 두 명, 젊은 여자 한 명, 소년 한 명, 5살된 아이 한 명, 갓난아이 한 명 등 모두 여덟 명으로 밝혀졌다.

이런 사람뼈들 가운데 비교적 완전한 3점의 머리뼈를 연구 분석한 결과 머리

산정동유적 출토 뗀석기

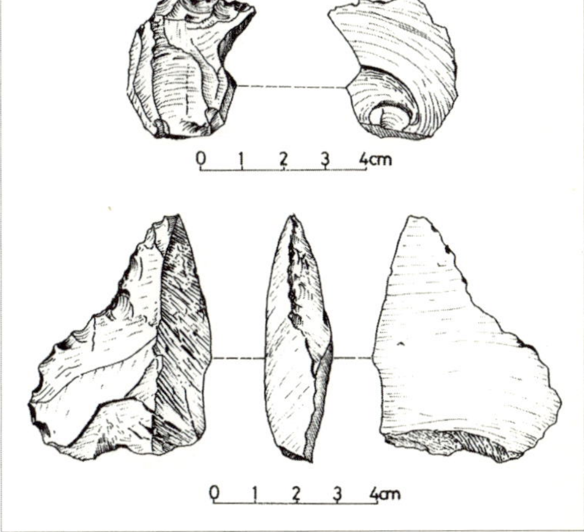

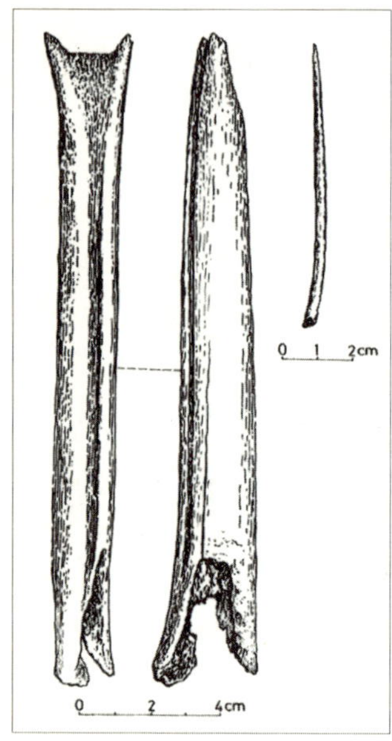

산정동유적 출토 뼈연모

크기를 알 수 있었는데 101호는 1,500cc, 102호는 1,380cc, 103호는 1,300cc로 나타났다. 해부학적인 특징으로 윗얼굴이 낮고 눈굼이 모두 직사각형이며, 두 눈굼 사이가 넓으면서 아래턱의 바깥 끝이 돌기되었는데, 이것들은 몽고인종의 형성기에 나타나는 여러 특징들을 지닌 것으로 알려졌다.

산정동유적에서 출토된 석기의 재질은 대부분 석영으로서 가끔 사암과 수석도 있는데, 모두 25점이 조사되었으며 쓰임새는 긁개, 밀개, 새기개 등이다. 이러한 돌연모는 2층에서 출토되었고 3층에서는 몇 점의 몸돌이 발굴되었는데 만든 수법은 일정한 꼴을 이루지 못하였다.

뼈연모는 아주 정교하게 만든 점이 특징이며, 이 가운데 뼈바늘이 한 점 있다. 이 뼈바늘은 길이가 8.2cm이며 조금 휜 상태이고 바늘구멍의 한 쪽은 깨졌다. 이 유적에서 이러한 바늘이 출토된 것으로 보아 이 시기에 이미 옷을 만들어 입었던 것으로 해석할 수 있다.

꾸미개는 구멍 뚫린 사슴이빨과 여우·오소리 이빨 등 60여 점이 나왔는데, 구멍을 뚫은 방법은 모두 일정하지 않았다. 그리고 중간에 홈이 파인 뼈로 된 목걸이(?)와 구멍 뚫린 바다 조가비도 있었다. 이밖에 구멍 뚫린 조약돌이 출토되었고 사슴뿔을 갈아 만든 지휘봉도 발굴되었다.

들말(*Equus hemionus* P.), 코뿔이(*Rhinoceros* sp.), 오소리(*Meles cf. leucurus* sp.), 수달(*Puguma larvata* S.) 등 모두 54종의 짐승화석이 대부분의 층위에서 출토되었다.

산정동유적의 연대는 사람뼈와 짐승화석으로 볼 때 후기구

석기 후기로 해석되며, 얼룩사슴뼈에 대한 방사성탄소연대측
정 결과 18,340±410 B.P.와 10,470±360 B.P.가 나왔다.

3. 연변지역

연변지역에서 이뤄진 조사활동은 크게 백두산의 흑요석 조
사와, 연변박물관을 중심으로 한 유물과 유적의 답사로 나뉜다.
백두산은 압록강과 송화강 그리고 도문강의 발원지이며, 많
은 하천부지가 있고 그 사이에는 구릉지대가 이뤄져 있다.
백두산지역은 천지를 이루고 있는 계곡 곳곳에 많은 흑요석
이 흩어져 있으며, 특히 천문봉(해발 2,670m) 일대에는 상당히
큰 흑요석 덩어리도 있어 이 일대가 흑요석 분포의 중심지역으
로 여겨진다. 그리고 지표에서 찾아지고 있는 흑요석의 결정으
로 보아 화산 분출 뒤 성인환경의 차이가 많았던 것 같다. 또한
천문봉과 중국의 백두산 기상관측소 사이에는 화산 분출의 마
지막 단계에 나타나는 화산재들이 뭉쳐서 이뤄진 부석들이 많
이 있었다. 백색 및 회백색의 이러한 부석들은 화산 분출 때 가
스가 많고 폭발력이 큰 화산에서 쉽게 볼 수 있는 것들이다.
연변지역의 고고학적 조사로 말미암아 1930년대 연길 소영
자 돌널무덤이 발굴된 뒤로 최근까지 구석기, 신석기, 청동기
까지의 많은 선사유적이 찾아졌다(孫進己 · 馮永謙 엮음, 1988).
여기서는 연변지역의 중요한 선사유적을 간단히 소개하고
그 문화적 성격을 살펴보고자 한다.

1) 구석기시대

연변지역의 구석기 유적은 사람이빨이 출토된 안도현의 동굴유적과, 털코뿔이와 털코끼리, 들소, 그리고 들말이 나온 왕청현의 신흥촌과 하마탕촌, 왕청진 남산, 용정의 광신향, 연길시 신농지역, 용정 연동촌, 도문시 마패촌 등이 있다(吉林省地方志編纂委員會 엮음, 1991).

가. 안도(安圖) 동굴유적

이 유적은 안도현 명월진에서 남쪽으로 2.5㎞쯤 떨어진 석문산 남쪽 기슭에 자리한다. 이 지역의 지질은 하디아스통 석회암지대이며, 주변에는 복흥하와 장홍구 등의 물줄기가 있다.

안도유적은 1963년 석회석 광산에서 돌을 채취하는 가운데 발견된 것으로 그해 길림성박물관과 지질국, 지구탐측대, 동북지리연구소 등이 연합해서 발굴조사에 참가하였으며, 1973년과 1981년에는 그 바로 옆에서 작은 동굴을 찾아 발굴조사를 실시하였다(姜鵬, 1982).

1973년의 발굴조사에서 나타난 이곳의 지층은 크게 4개 층으

〈표3〉

층 위	층 이 름	두께(cm)	특　　　　징
4	회색 자갈 모래층	11	안산암과 석회석이 있음 말사슴, 들말의 화석 출토
3	노란 찰흙층	61	화강암, 석회석, 석영이 찰흙과 섞여 있음. 털코뿔이, 동북들소, 말사슴, 들말 등 비교적 많은 짐승화석 출토
2	갈회색 찰흙층	52	자갈과 화강암이 많음 노루, 들말, 동북들소의 화석 출토
1	갈회색 자갈모래층	9	들말의 화석 출토

로 나뉘며, 위층에서 아래층까지 그 대강은 〈표3〉과 같다.

한편 이 유적의 당시 자연환경을 밝히기 위해 꽃가루를 분석했다. 꽃가루분석은 위층과 아래층으로 나눈 2개의 층위에서 이루어졌는데 위층에서 더 많은 꽃가루가 나왔다.

분석결과를 보면 풀꽃가루가 가장 많고 그 다음이 나무꽃가루, 고사리류 꽃가루 순이다. 나무꽃가루에는 소나무속, 전나무속, 가문비나무속이 많고 느릅나무속과 붓나무속도 찾아졌으며 풀꽃가루는 국화과와 쑥속이 대부분이었다. 이러한 꽃가루들을 볼 때 유수 주가유방이나 흑룡강성 황산 구석기 유적과 비슷한 점이 많으며, 당시의 식생은 삼림초원으로 복원할 수 있고 기후는 매우 추웠던 것으로 보인다.

발굴 조사된 짐승화석은 털코끼리를 비롯하여 털코뿔이, 말사슴, 동북들소 등 10과 16속 19종이며, 그가운데 들소, 털코끼리, 하이에나, 털코뿔이는 사멸종이다. 이러한 짐승은 대부분 빙하 주변의 추운 기후에 사는 것으로 털코끼리-털코뿔이 동물군에 속한다.

한편 이 유적의 2층과 3층 사이에서 사람의 오른쪽 아래 첫번째 어금니가 출토되었다. 보고자는 이것을 안도사람으로 이름 붙였으며, 비교적 화석화 정도가 좋은 편이었다. 슬기사람의 어른 이빨 같으며, 이러한 옛인류의 화석이 처음으로 연변지역에서 나왔다는 점에서 주목된다.

안도유적의 연대는 방사성탄소연대측정 결과 28,700±750 b.p., 35,400±1,800 b.p.로 밝혀졌다.

2) 신석기시대

연변지역에서 발굴 조사된 신석기 유적은 용정 금곡유적을 비롯해 화룡 흥성, 훈춘 단산자(남단산)유적, 비암산유적, 대망대유적 등 10여 곳에 이른다.

여기에서는 대표적인 금곡, 흥성, 단산자유적의 대강을 소개하고자 한다.

가. 용정(龍井) 금곡(金谷)유적

이 유적은 용정시 덕신향의 금곡 저수지 옆에 자리하며, 연변박물관 쪽이 1979년과 1980년에 발굴 조사하였다(연변박물관 등, 1989).

금곡유적 주변으로 해발 400~500m 되는 산들이 에워싸고 있으며, 유적은 산기슭에 자리하고 해란강의 샛강인 팔도하자천이 가까이에 있다. 이곳은 300㎡쯤 발굴조사가 실시되었는데, 산기슭의 동쪽과 서쪽에서 6기의 집터가 나왔다. 이들 집터를 보면 서로의 거리가 2~5m밖에 떨어져 있지 않아 아주 가깝다. 모두 반움집인 집터 가운데 5기는 긴 방향이 남북쪽이며, 크기는 24~36㎡이다.

이들 집터 가운데 북쪽 산기슭의 서쪽에 있는 3호를 살펴보면 다음과 같다.

집터의 평면 생김새는 모가 없는 긴 네모꼴이며 크기는 남북 6.1m×동서 4.1m이고 움 깊이는 70cm인데 경사가 졌기 때문에 서쪽에 벽이 없다. 집터 바닥에서는 불규칙적으로 9개의 기둥구멍이 있었고, 북벽 동쪽에 30~40cm되는 구멍이 2개 있었는데, 이 속에는 많은 숯과 불탄 흙, 토기조각이 있어 불씨를 담

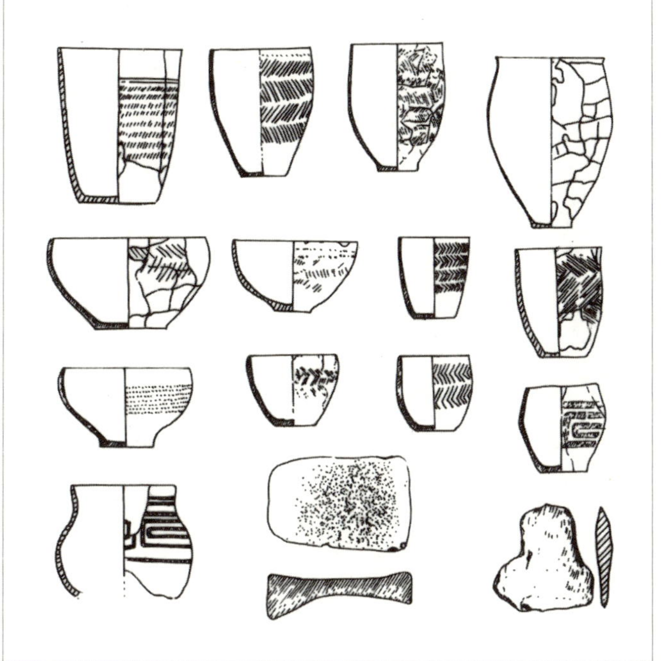

용정 금곡 신석기시대 집터에서
출토된 유물

아 둔 곳으로 여겨진다. 화덕은 동벽 쪽에서 나왔으며, 3호 집
터에서는 간석기와 많은 토기조각, 뼈연모, 조가비가 출토되었
고 숯이 많아 불탄 집으로 보인다(延邊博物館, 1986).

금곡유적에서 출토된 유물로는 석기와 뼈연모, 토기 그리고
치레걸이가 있다.

석기에는 돌도끼, 돌끌, 돌자귀, 갈돌, 돌화살촉 등이 있다.
이 가운데 돌화살촉은 흑요석을 감으로 하여 눌러떼기수법으
로 만들었으며, 슴베는 없고 밑이 움푹하게 들어간 전형적인
신석기시대의 화살촉이다. 뼈연모로서 바늘과 송곳이 나왔으
며, 이밖에도 흙으로 만든 가락바퀴와 뚜지개로 쓰인 갈퀴 모
양의 사슴뿔 등이 있다. 토기는 모두 밑이 납작하고 모래가 많
이 섞인 갈색이 대부분이며 테쌓기수법으로 만들었다. 무늬로

는 빗금무늬, 번개무늬, 점선무늬, ㅅ자무늬가 있으며, 몸통 아래에는 무늬가 없는 점이 돋보이고, 새길 때 무늬돋치개로 눌러 새겼다. 토기의 생김새는 단지, 독, 사발 등이 있으며, 높이가 70cm나 되는 독은 당시 사람들이 가지고 있던 높은 수준의 토기제작술을 보여주고 있다.

치레걸이는 비교적 간단하게 만들었는데, 조개로 만든 구슬, 옥석으로 만든 것 등이 있다.

한편 1호 집터에서 90cm쯤 떨어진 곳에서 90×60cm 되는 움이 조사되었는데, 여기에서 두 사람의 뼈가 출토된 것으로 봐서 집터와 관련된 당시의 무덤으로 여겨지며, 옥가락지, 무늬돋치개 등이 출토되었다.

금곡유적의 연대는 방사성탄소연대측정 결과 4,410±140b.p., 4,540±140b.p.로 밝혀졌으며, 웅기 서포항유적 제4기와 5기, 무산 호곡동 제1기 문화층과 견주어진다.

나. 화룡(和龍) 흥성(興城)유적

흥성유적은 화룡현 동성향 흥성촌 동쪽의 얕은 구릉지대에 있으며 비암산유적과는 5km 떨어져 있다.

이 유적은 도로 개설을 위한 공사 때문에 많이 파괴되었지만, 남북 100m × 동서 20m 범위에서 10여 기의 움집터가 발굴되는 바람에 해란강 유역의 신석기 문화를 이해하는 데 많은 도움을 주고 있다.

유적의 지층은 크게 경작토층(20~30cm), 문화층(90~120cm), 생토층(찰흙과 모래가 섞인 층)으로 나뉜다.

집터에서 출토된 유물은 간 돌도끼, 돌창, 갈돌 그리고 흑요석의 화살촉과 토기 등이다.

토기는 크게 바탕흙에 모래가 섞인 갈색토기와, 찰흙이 많은 잿빛 갈색토기로 나뉜다. 갈색토기는 평행 빗금무늬, ㅅ자형무늬, 번개무늬 등 무늬가 많은 편이고, 금곡유적의 토기무늬와 견주어지며 이들 무늬를 찍어 새겼다. 잿빛 갈색토기는 대부분 입술 쪽에 톱날무늬가 새겨져 있으며, 몸통에는 무늬가 거의 없다.

방사성탄소연대측정 결과 홍성유적의 연대는 4,800±100 b.p., 4,615±145 b.p.로 밝혀졌다(정영진, 1994).

다. 훈춘(琿春) 단산자(團山子)유적

이 유적은 훈춘시의 훈춘강과 대륙도구하가 만나는 지점에 자리하며, 남단산유적 또는 대륙도구유적이라고도 한다.

단산자유적이 자리한 남단산은 평지에 솟은 얕은 야산으로 동·서·남쪽은 강물로 둘러싸여 있으며 비교적 가파르다. 1972년 길림성박물관에서 이 유적을 시굴하여 유적의 성격을 파악한 다음, 1973년 7월 남단산의 서북쪽 기슭에서 여섯 기의 집터를, 동남쪽에서는 이미 파괴된 집터를 발굴하였다(연변박물관, 1989).

층위는 크게 표토(재색 부식토, 15cm), 모래가 섞인 황회색층 (10cm), 모래흙층(문화층 20~50cm), 부식 암반층으로 나뉜다.

얕은 움(20~50cm)을 가진 집터의 평면 생김새는 네모꼴, 긴 네모꼴, 둥근꼴로 나누어 볼 수 있으며, 크기를 보면 네모꼴은 한 벽이 4m, 긴 네모꼴은 7m×5m, 둥근꼴은 네모꼴보다 더 작다. 기둥구멍은 벽쪽과 집안에서 불규칙하게 나왔으며, 돌로 만든 화덕자리가 발굴되었다.

이밖에 토기를 구웠던 가마터가 1기 조사되었는데, 구덩이에서는 많은 숯과 재, 토기조각이 출토되었다.

단산자유적에서 발굴된 유물은 석기와 뼈연모 그리고 토기이다.

대부분 응회암을 감으로 하여 만든 뗀석기로서 화살촉, 도끼, 창 등이며, 가끔 강돌로 만든 찍개와 그물추, 그리고 돌망치도 있었다. 이밖에도 흑요석을 눌러떼기한 돌화살촉이 발굴되어 금곡유적의 화살촉과 견주어진다. 뼈연모로는 집터에서 뼈송곳 1점이 나왔다.

모래가 섞인 갈색토기와 찰흙으로 만든 갈색토기로 크게 나뉘는데 대부분 간 흔적이 보인다. 생김새는 입술 쪽이 넓고 밑은 납작한 독, 단지, 잔, 사발, 대접 등이며 가끔 손잡이가 있는 것도 있다. 무늬를 보면 모래가 섞인 갈색토기에는 비교적 적은 편이며, 종류로는 빗금무늬, 줄무늬, ㅅ자형무늬 등이다.

이 유적의 연대는 방사성탄소 연대측정 결과 2,200년으로 밝혀졌지만, 출토유물로 보아 금곡이나 흥성유적과 비슷한 시기로 해석된다.

3) 청동기시대

연변지역의 청동기시대 유적은 대부분 강가의 평지나 얕은 구릉지대에 있으며 그 범위가 매우 넓다.

이 지역의 청동기시대 문화를 간단히 살펴보면, 집터는 대부분 반움집이고 기둥구멍은 규칙적으로 발굴되었으며, 무덤은 돌널과 움무덤이 섞여 있었다. 또 유물은 간석기가 보편화되면서 종류도 다양한 양상을 보여 주며, 토기는 대부분 무늬가 없고 겉면을 간 것이 많았다.

한편 이 지역의 연구자들은 청동기시대와 그 문화를 3천 년 전을 기준으로 전기[早期]와 후기로 나누고 있다.

전기의 대표적인 유적으로는 흥성유적이 있고, 후기 유적으로는 금곡유적, 연길 소영자유적, 훈춘 신흥유적 등 20여 곳에 달한다.

가. 화룡 흥성유적

흥성유적은 신석기문화와 청동기문화가 층위를 이루고 있는 유적으로 1979년 처음 발견되어 연변박물관에서 1986년에 발굴을 시작하여 대체적인 유적의 성격을 알아낼 수 있었다. 그 다음 1987년에는 길림성문물고고연구소와 연변박물관이 공동으로 유적의 전면적인 발굴조사를 실시하여 청동기시대 집터 19기를 찾아냈다(정영진, 1994).

발굴 조사된 집터는 비교적 가까운 거리에 자리하고 있었으며 서로 겹친 것도 있었다. 집터의 생김새는 대부분 모가 없는 긴 네모꼴 움집으로 크기는 30~50㎡로 크며, 움 깊이도 70~220㎝로 깊은 편에 속한다.

집의 바닥은 50㎝ 안팎의 찰흙을 다져 깔았으며, 화덕자리는 돌을 둘러 가운데에 만들어 놓았다. 벽은 나무를 촘촘히 세워 놓았고 불에 타다 남은 것도 찾았으며, 생토를 그대로 하고 흙을 이겨 발랐던 흔적도 조사되었다. 기둥 구멍은 벽 쪽과 집 가운데서 조사되었는데 비교적 규칙적인 모습을 보여주고 있다.

여러 집터 가운데 잘 남아 있던 15호 집터를 살펴보면 평면 생김새는 모가 없는 네모꼴이고 크기는 남북 560cm×동서 540cm이며 움 깊이는 170cm이다.

집터의 바닥은 찰흙을 깔아 다졌으며 서남쪽 모서리에는 움푹 파인 구덩이가 있었는데, 큰 토기를 놓기 위한 시설로 해석된다. 기둥구멍은 벽의 가장자리와 집터 가운데서 비교적 규칙적으로 나 있었다.

이 유적에서 발굴된 유물은 석기, 뼈연모, 토기, 그리고 흙을 빚어 만든 예술품 등인데, 특히 여러 가지의 많은 토기가 발굴되어 주목된다.

석기로는 간 흔적이 뚜렷한 도끼와 칼을 비롯해 보습이 나왔으며 뗀 수법의 흑요석 화살촉도 출토되었다. 뼈연모로는 바늘과 화살촉 등이 있었고 사슴뿔로 만든 연모도 있었다. 토기는 모래가 섞인 갈색토기가 대부분이며 입술 쪽에 무늬가 새겨져 있었다.

흥성유적의 연대는 방사성탄소 연대측정 결과 3,260±150 b.p., 3,885±115 b.p.로 밝혀졌다.

나. 용정 금곡유적

용정의 금곡 저수지 남쪽에 자리한 이 유적은 1980년 연변박물관에서 집터 1기를 찾아냈고, 서쪽에서는 14기의 무덤들을 조사하였다.

긴 네모꼴의 반움집 집터는 지세에 따라 동쪽이 높고 서쪽이 낮으며, 크기는 동서 660cm×남북 480cm이고 움 깊이는 20~100cm였다. 화덕자리는 동쪽으로 치우쳐 있었고, 기둥 구멍은 동서방향으로 4줄이었으며 주춧돌도 있었다.

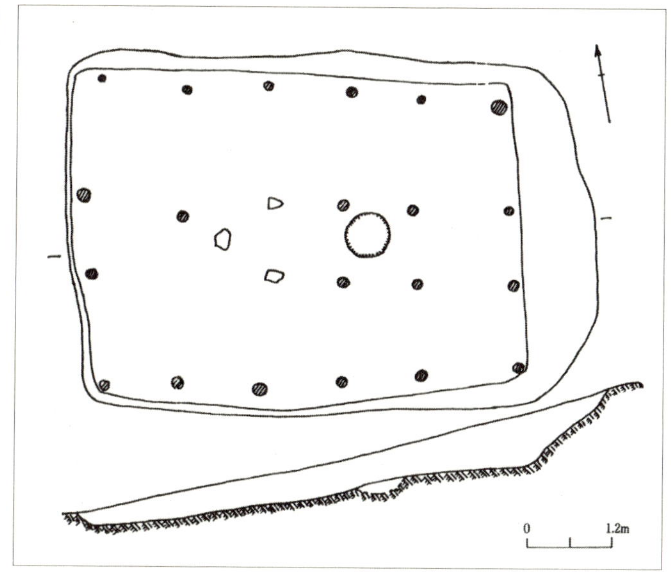

용정 금곡 청동기시대의 집터 모습

집터에서 나온 유물은 석기, 뼈연모, 토기 등이다.

석기는 간 돌도끼, 돌창, 돌자귀 등 대부분 간석기였고 흑요석의 뗀화살촉도 발굴되었다. 뼈연모로는 송곳과 바늘이 많았는데 뼈바늘은 상당히 길었다. 토기는 대부분 모래가 섞인 갈색토기였으며 무늬는 없고 밑이 납작했다.

무덤은 산 능선을 따라 남북방향으로 자리하고 있었는데, 긴 방향은 모두 동서쪽이고, 구조로 보아 돌널무덤, 움무덤, 독무덤 등 크게 세 가지로 나뉜다.

묻기는 11호만 홑무덤이고 나머지는 어울무덤이었으며, 껴묻거리는 석기, 뼈연모, 토기, 치레걸이 등 비교적 많이 나온 편이었다.

금곡유적의 무덤은 자리한 지세나 묻기로 보아 당시의 공동묘지 같은 성격을 지닌 것으로 해석되며, 연대는 방사성탄소 연대측정 결과 3,270±155년으로 밝혀졌다(延邊博物館, 1986).

다. 연길(延吉) 소영자(小營子)유적

이 유적은 연길시 소영향 소영촌 북산의 남쪽 기슭에 자리하며, 그 앞으로 넓은 평원이 펼쳐져 있다. 일제 강점기부터 이 유적이 알려지면서 발굴조사가 실시되었는데, 무덤들은 좁은 면적에 비교적 많이 놓여 있었다.

구조는 네 벽에 판판한 돌을 세우면서 바닥과 뚜껑돌도 판돌을 이용한 돌널무덤이 대부분이며 거의가 동서방향이다. 돌널의 크기는 대부분 1.5~1.6 × 0.4~0.6 × 0.3m이며 뚜껑돌 위에는 돌을 쌓아 놓았다. 묻기는 머리를 동쪽으로 하고 바로펴묻기나 굽혀묻기를 하였고, 불에 탄 뼈도 나온 것으로 보아 화장 습속이 있었던 것 같다. 그리고 어울무덤과 홑무덤이 섞여 있기도 했다.

껴묻거리로는 돌화살촉, 돌창, 돌도끼 등의 석기와, 뼈연모, 토기, 치레걸이 등이 있었다. 돌화살촉은 석기 가운데 가장 많이 나온 것으로 뗀 것과 간 것이 섞여 있었다. 뗀 것은 재질이 흑요석이거나 부싯돌이며, 생김새는 밑 부분이 오목하게 들어간 삼각형이다.

뼈 유물은 그 종류가 다양할 뿐만 아니라 많이 출토되어 문화적인 특색을 나타내고 있다. 이 가운데 사슴이나 돼지 팔뼈로 만든 검과 창은 청동검과 그 생김새가 비슷하다. 뼈바늘과 통은 남·녀 무덤에서 다 나왔다. 또, 뼈 유물 가운데 한 쪽은 타원형을 이루면서 가늘고 기다란 손잡이 같은 것이 붙어 있는데 타원형에는 얼굴모습이 새겨져 있고 손잡이에는 기하무늬가 있다. 이런 유물들은 남·녀의 무덤에서 다 나왔으며 비녀로 해석하고 있다.

토기는 배가 볼록한 단지와 입술부분이 넓은 바리가 많으며, 손잡이는 거의 없다. 무늬는 없는 편이고 적갈색토기가 대부분이지만 가끔 붉은색과 검은색의 토기도 있다.

치레걸이는 조개와 옥으로 만들었는데 거의가 여자의 무덤에서 나왔다.

소영자유적은 한 곳에 수백 기의 무덤이 모여 있는 것으로 보아 씨족공동체 무덤으로 해석되며, 뼈로 만든 비녀 같은 것은 이 유적의 문화적 특징을 잘 보여주고 있다.

이 유적의 연대는 출토유물로 보아 금곡유적보다 조금 이른 시기로 가늠된다(연변박물관 등, 1989).

라. 훈춘 신흥동유적

이 유적은 훈춘시 양수벌 동쪽 산기슭에 자리하며 이웃에는 도문강이 흐르고 있다. 1983년 연변조선족 자치주 문화유물조사대가 이 유적을 찾았는데, 1985년 길림성고고연구소와 연변박물관에서 31기의 무덤을 발굴하였다.

이곳의 무덤은 구조가 돌덧널이었으며 비교적 좁은 면적에 모여 있었다. 남북쪽으로 길게 놓여 있는 여섯 기이고 나머지는 동서쪽이었으며, 홑무덤과 어울무덤이 섞여 있었다.

한편 신흥동유적의 무덤들 가운데 열일곱 기에서 불 탄 흔적들이 나온 것으로 보아 당시의 화장 습속을 살펴볼 수 있으며, 불에 탄 뼈가 자작나무의 일종인 기름이 많은 봇나무 껍질에 싸여 있어서 당시의 화장 방법을 알 수 있었다.

껴묻거리로는 돌도끼, 돌자귀, 돌호미, 흑요석 따위의 석기를 비롯하여, 뼈연모와 토기, 그리고 청동단추도 한 점 있었다.

뼈연모에는 송곳·화살촉·바늘이 있으며 두 기의 무덤에서는 갑옷의 일종인 뼈로 만든 찰갑이 나와서 주목되었다.

토기는 모래가 많이 섞인 갈색토기가 대부분이며 보통 손으로 빚어 만들었다.

이 유적의 연대는 무덤의 짜임새, 껴묻거리로 보아 금곡이나 왕청현 금성유적과 비슷한 점이 많아서 거의 같은 시기로 여겨진다(연변박물관 등, 1989).

마. 왕청현(汪淸縣) 금성(金城)유적

금성유적은 왕청현 동광향 금성촌 서쪽의 낮은 구릉지대에 자리하며 주변으로 산들이 에워싸고 있다.

1979년 길림성 고고학훈련반이 이 유적을 처음 조사한 뒤로, 1980년 연변박물관과 길림성 문화유물사업대가 33기의 무덤을 발굴하여 지금까지 모두 40기의 무덤이 발굴되었다(연변박물관 등, 1989).

이 유적의 무덤 짜임새는 움을 판 다음 주검을 묻고 그 위에 강돌을 쌓아놓은 방식인데, 크기는 180~300cm × 80~180cm × 40~120cm이고 긴 방향은 대부분 동서쪽이었다.

묻기는 거의가 바로펴묻기를 하였으며, 이 지역의 다른 무덤들처럼 어울무덤과 홑무덤이 섞여 있었다.

껴묻거리는 다른 무덤유적보다 비교적 많았는데, 석기, 뼈유물, 청동유물, 토기, 치레걸이 등이다.

석기로는 돌도끼, 돌창, 돌끌, 갈판 등 10여 가지가 출토되었으며, 갈판이 무덤에서 나온 것은 매우 드문 경우로서 내세와 관련 있는 것으로 풀이된다. 뼈 유물로는 송곳과 기하무늬가

조각된 뼈판이 나왔는데, 뼈판에는 구멍이 뚫려있고 여러 가지
의 무늬가 조각되어 있다. 청동유물은 주조하여 만든 것으로
뒤쪽에 꼭지가 있는 청동단추 2점이 출토되었다.

4. 요령지역

요령성 일대의 조사와 답사는 요령성 문물고고연구소의 지
원과 협조 아래 이루어졌다. 먼저 심양에 있는 요령성 문물고
고연구소와 요령성박물관에서 예비조사를 실시한 다음 유적지
를 답사하였다.

우리는 구석기시대의 금우산유적과 묘후산유적 등의 요령
성에 있는 구석기 유적 대부분과 대표적인 신석기시대의 신락
유적, 그리고 석목성(析木城) 고인돌[石棚]을 조사하게 되었다.

이 장에서는 우리 조사단이 답사한 구석기와 신석기시대유
적 그리고 고인돌유적, 동북지역에서 발굴 조사된 고인류와 요
령지역을 비롯한 중국 동북지역의 고인돌 조사에 대한 연구성
과와 앞으로의 과제를 살펴보도록 하겠다.

1) 구석기 유적

1933년 요령성의 루따도로변 홍적토 퇴적층에서 양 쮕지엔
과 앙리 브뢸이 석영으로 만든 2점의 석기를 찾은 이래 최근까
지 많은 구석기 유적이 발굴 조사되고 있다(金牛山聯合發掘隊,
1978). 특히 이 지역은 동굴이 많이 발달한 석회암지대로 일찍
이 사람들이 터전을 잡고 살림을 꾸리기에는 더없이 좋은 자연
환경이었던 것 같다.

또한 지리학적인 면에서 볼 때 오늘날의 한반도와 가장 가까운 대륙에 자리한 요령지역은 구석기시대 우리 지역과 어떤 형태로든 활발한 문화교류가 있었던 것으로 밝혀지고 있어 주목된다(傳仁義, 1991).

가. 본계(本溪) 묘후산(廟後山)유적

이 유적은 요령성 본계현 산성자향 산성자촌의 묘후산 남쪽 기슭에 자리하며, 유적 앞에는 태자하(太子河)의 샛강인 탕하(湯河)가 흐르고 있다. 심양에서 동남쪽으로 90여km 떨어진 이곳은 1978년에 석회석을 채취하다가 발견한 것으로 1979년과 1980년에 발굴조사를 하였다(遼寧省博物館 · 本溪市博物館 엮음, 1986).

조사한 결과 중기홍적세에 해당하는 층에서 사람뼈를 비롯하여 많은 종류의 짐승화석과 석기, 뼈연모, 그리고 불을 사용한 흔적 등이 발견되었다.

묘후산유적의 퇴적층 두께는 13.5m이며 크게 8개 층위로 나뉘고 그 대강은 〈표4〉와 같다.

한편 이러한 퇴적층을 중국의 다른 홍적세 지층과 견주어서 다시 크게 3개로 나누고 있다. 제Ⅰ단(段)은 1~3층으로 중기홍

본계 묘후산유적 출토 뗀석기

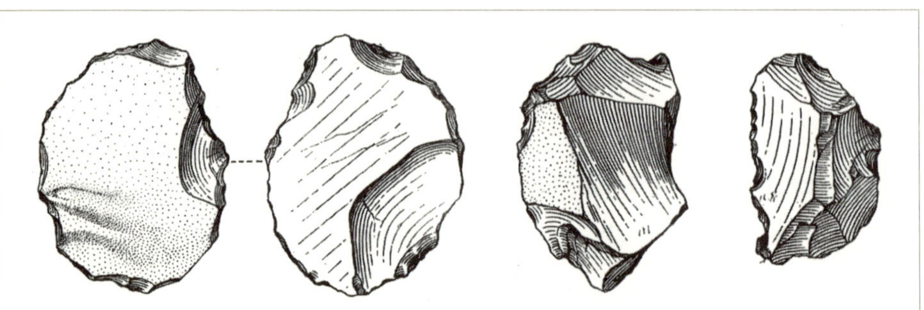

순 서	층 이 름	두께(cm)	특 징	연대 측정값
8	회갈색 모래찰흙층	50	적은 양의 5cm 되는 석회암 낙반석, 짐승화석이 조금 출토	
7	석회암 낙반석층	520	노란색 찰흙과 모래 섞임 아래에 많은 낙반석 많은 짐승화석 출토	
6	갈황색 모래찰흙층	120	적은 양의 낙반석(30%) 사암 · 안산암이 섞임 19속의 짐승화석 출토	142,000±13,000 11,000
5	갈황색 찰흙층	150	회색의 고운 모래와 석회석 덩어리, 사람이빨과 20종의 짐승화석 출토	247,000±13,000 49,000
4	갈황색 모래찰흙층	160	적은 양의 낙반석 6종의 짐승화석 출토	337,000±93,000 54,000
침 식 면				
3	낙반석층	150	붉은 찰흙과 4~7cm 되는 낙반석 섞임	
2	모래자갈층	165		
1	황색 모래찰흙층	75	짐승 화석 없음	

〈표4〉

적세 초기이며, 제Ⅱ단은 4~6층으로 중기홍적세 중기에 속하고 묘후산조(廟後山組)로 분류된다. 그리고 제Ⅲ단은 7~8층으로 후기홍적세이며 산성자조(山城子組)이다.

짐승화석은 모두 76종이 발굴되었는데, 포유짐승은 8목 23과 45속 72종이고 조류와 어류는 각각 2종이다. 묘후산유적의 동물상은 영구(營口) 금우산(金牛山)유적과 거의 비슷하지만 몇 가지 점에서는 주구점 제1지점과 더 비슷하여 전형적인 중기홍적세의 화북동물군(華北動物群)의 특징을 보여 준다.

묘후산유적에서 발굴된 많은 양의 큰뿔사슴(*Megaloceros pachyosteus*) 형태와 큰원숭이(*Macaca robustus*)는 매우 특징적이

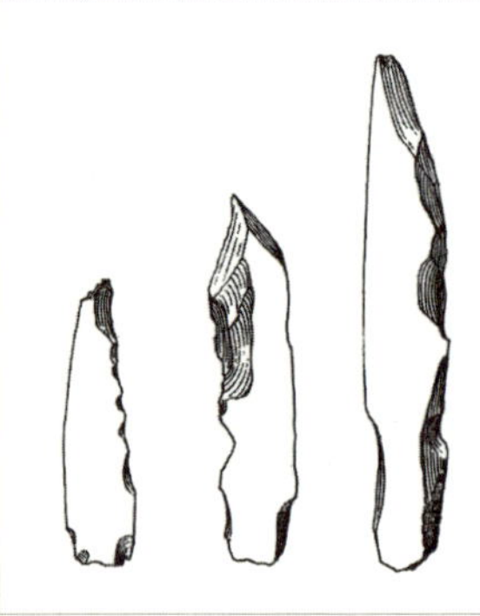

본계 묘후산유적 출토 뼈연모

며, 주구점과 거의 같다. 또한 칼니호랑이(*Homother-ium*)와 해리화석은 동아시아의 전형적인 중기홍적세 화석으로 해석된다.

석기는 6층에서 가장 많이 출토된 것을 비롯하여 4·5·7층에서도 발굴되었다. 재질은 유적 주위에서 비교적 구하기 쉬운 석영이며, 만든 방법은 주로 던져떼기와 모루망치떼기를 쓰고 있는데 자연면이 많이 남아 있다. 격지를 이용하여 만든 석기가 대부분이며, 여러 번 손질한 긁개, 찍개, 그리고 사냥돌이 있다. 묘후산유적의 석기는 정촌계통(丁村系統)과 비슷하다는 점에서 주목된다.

한편 이곳에서 사람의 손질이 뚜렷한 뼈연모가 6층에서 여러 점 발굴되었다.

5층과 6층에서 출토된 사람뼈는 5층에서는 성인 곧선사람의 오른쪽 윗송곳니와 어금니가, 6층에서는 슬기사람의 오른쪽 아래 첫어금니와 어린이의 정강뼈 조각 등이 나왔다.

묘후산유적의 연대는 절대연대측정 결과 전기부터 중기구석기 사이에 해당되는 것으로 밝혀졌다.

나. 영구(營口) 금우산(金牛山)유적

금우산유적은 요동반도 끝인 요령성 영구현 대석교 영안공

본계 묘후산유적 출토 슬기사람 이빨

사 서전둔촌(북위 40° 34′ · 동경 122° 33′)의 해발 69.3m 되는 야트막한 산기슭에 자리한다.

이 유적은 석회석을 채취하던 채석장으로 이용되다가 짐승화석이 나오는 바람에 1970년대 중반부터 알려졌다.

1975년 영구현박물관의 조사단이 이곳을 답사하여 주민들이 찾아낸 몇 점의 '공룡뼈'를 감정하였고, 산기슭에서 화석이 출토되는 곳을 네 군데 찾아냈다. 이어 같은 해 가을 요령성박물관과 요령성지질수문학조사단, 그리고 중국과학원 고척추동물·고인류연구소의 연구원들을 중심으로 연합발굴단이 조직되어 49일 동안 조사하여 많은 양의 짐승화석과 석기를 찾게 되었다(張森水와, 1993).

화석이 발굴된 4곳은 다음과 같으며 유물이 출토된 주요 지점은 A와 C지점이다.

A 지점 : 산기슭의 남동쪽에 있는 동굴

B 지점 : A 지점에서 동북쪽으로 약 20m되는 곳

C 지점 : 산기슭의 북서쪽에 있는 틈굴

D 지점 : C지점의 남서쪽 약 100m 되는 곳으로 막힌 틈굴

금우산유적 주변의 지질은 요령통 대석교층 윗부분의 마그네시아니트에다가 프리시니언 백운모의 대리석, 석회암과 녹리석 운모편암으로 구성되어 있다. 주요 단층은 NNE 53° 쯤 기울어져 침하한 채 산중턱을 통과하며, 두 번째 단층 발달에 영향을 미친다. 주향은 20~50m의 폭이다. 스며드는 지하수로 말미암아 오랫동안 침식을 받아 용해된 동굴과 틈굴은 동서 방향으로 향해 있다.

A지점은 약 11m 되는 깊이까지 발굴조사가 이루어졌으며, 6개의 층으로 나뉜다. 위에서 아래까지 지층의 대강은 〈표5〉와 같다.

한편 A지점의 Ⅰ~Ⅲ층은 후기구석기에 속하며 '金牛山 上層文化'라고 이름이 붙었고, Ⅳ~Ⅵ층은 전기구석기로 '金牛山 下層文化'라 부른다(金牛山聯合發掘隊, 1978).

유적을 암석층위학적으로 분석한 결과, A지점의 Ⅰ·Ⅱ층과 비슷한 퇴적층이 C지점에는 없는 것으로 나타난다. 그리고 C지점의 Ⅰ·Ⅱ·Ⅲ층과 A지점의 Ⅲ·Ⅳ층은 암석학적으로 관련되며 같은 시기에 퇴적되었다. 똑같이 C지점의 Ⅳ·Ⅴ·Ⅵ층은 A지점의 Ⅴ·Ⅵ층과 비슷하며 단지 퇴적으로 보면 가장 가까운 것으로 보인다.

1984년 북경대학 고고학과와 요령성문화청은 금우산유적의 남동쪽에 자리한 A지점의 아래를 발굴하여, 지표 밑 약 12m 되

〈표5〉

순 서	층 이 름	두께(cm)	특　　　징
Ⅰ	모난돌층	40	백운모조각이 검은 갈색 찰흙과 섞여 있음
Ⅱ	검은 갈색 찰흙층	150	백운모 부스러기가 많고 광물 찌꺼기도 퇴적
		침　　　식　　　면	
Ⅲ	갈황색 찰흙층	80	불연속적으로 나타남. 얇은 산화망간층이 보이고, 작은 관모양의 구멍이 찾아짐. 석회석 응결이 있으며, 땅쥐화석 출토
Ⅳ	갈황색 찰흙층	200	대리석조각과 석회석이 있는 단단한 노란색 찰흙, 작은 짐승화석이 많이 출토
Ⅴ	모난돌 섞인 갈색 찰흙층	400	바위조각이 많이 있음 석기와 불 사용 흔적 많은 양의 짐승화석 출토
Ⅵ	갈황색 찰흙층	450	대리석과 견운모 편암이 많음. 많은 양의 짐승화석과 사람뼈 출토

는 퇴적층에서 비교적 완전한 사람머리뼈를 비롯하여 팔뼈, 등뼈, 갈비뼈, 손가락뼈, 엉덩뼈, 발바닥뼈 등 거의 완전한 한 개체 분의 사람뼈를 찾아냈다(呂遵諤, 1985).

'금우산 사람'으로 이름붙은 이 사람뼈는 비교적 머리뼈가 크고 이음새로 보아 30살 전후의 남자로 해석되며 머리 부피는 1390cc쯤 된다.

금우산유적의 중요한 의미들 가운데 하나는 모두 6목 24과 33속 42종에 해당하는 여러 가지 짐승화석들이 많이 발굴되었다는 점이다. 또한 이들 화석 가운데 중요한 조류와 파충류도 있었다.

화석 분포는 암석학적 분석으로 구분된 층위의 단면과 같이 나뉜다. A지점의 Ⅲ·Ⅳ층과 C지점의 제Ⅰ·Ⅱ·Ⅲ층에서는 포유동물 21종을 포함하여 25종의 화석이 나왔는데, 사멸종인 털코뿔이말고는 모두 현생종이며, 가끔 중국 북부의 후기홍적세 동물상이 보이기도 한다. C지점의 제Ⅰ층에서는 구멍이 뚫린 뼈연모와 후기구석기의 성격을 지닌 유물들이 나왔으며, 화석과 고고학적 유물은 분명히 후기홍적세의 것이다. A지점의 제 Ⅴ·Ⅵ층과 C지점의 제 Ⅳ·Ⅴ·Ⅵ층에서는 26종의 포유짐승을 포함해 모두 32종의 화석이 나왔는데, 사멸종의 비율은 비교적 높은 44%에 달한다. 더구나 이 층에서 발굴된 삼문말, 큰쌍코뿔이, 큰뿔사슴, 늑대, 큰원숭이는 '북경사람' 유적인 주구점 제1지점에서 흔히 보이는 중기홍적세의 대표적인 화석들이다 (金牛山聯合發掘隊, 1978).

그러므로 아래층에서 나온 다음의 동물상은 특히 생물층위학적 및 생물연대기적 의미를 가지며, 다음과 같은 것을 원보고자들이 언급하고 있다.

삼문말(*E. Sanmeniensis*)은 C지점의 제IV층에서 나왔는데 조금 깨진 오른쪽 첫째 어금니 1점, 왼쪽과 오른쪽 P^4 1점씩 그리고 P_3, P_4, M_3 가 각각 1점씩이다. 이의 크기로 보아 산시·니하만지역에서 나온 것과 닮았다. 이러한 이빨들은 주구점 제1지점에서 나온 것보다 조금 크지만 13지점의 것보다는 얼마간 작다. 금우산에서 나온 삼문말 이빨의 톱니모양의 에나멜은 니하만지역의 것보다 좀 복잡하며, 이런 점에서는 주구점 1지점의 것과 가장 비슷하다.

큰쌍코뿔이(*D.mercki*)에 속하는 것은 왼쪽과 오른쪽 M^1이 1점씩, M^2 1점, M^3 조각, 아래 오른쪽 $P_4 - M_2$, 오른쪽 M_1, M_2가 각각 1점씩 나왔다. 이것은 형태학적으로 볼 때 동아시아에서 나온 것과 같다.

큰뿔사슴(*M. pachyosteus*)에는 비교적 완전한 오른쪽 아래턱 2점, 위턱 3점(왼쪽 2점, 오른쪽 1점)과 많은 뿔조각이 있다. 아래턱은 비슷한 주구점 제1지점의 것보다 상당히 두터우며, 어느 정도 3지점과 13지점의 것과 비슷하다. 하지만 이러한 독특한 특징은 사실상 여러 가지이며, 이른 중기홍적세의 주구점 제13지점에서 이른 후기홍적세의 정촌유적에 이르기까지 여러 표본에서 관찰된다. 그러므로 이러한 특징은 어떻게든 하나의 생물연대학적 표시로는 나타낼 수 없다.

큰원숭이(*Macaca robustus*)는 1974년에 출토된 것으로 $M_1 - M_3$가 있는 오른쪽 아래턱이며, 그 다음의 발굴에서는 보고되지 않았다. 보고된 이빨의 형태는 비록 조금 두툼한 것이 뚜렷하지만 기본적으로 주구점 제1지점의 큰원숭이와 같다고 할 수 있다. 묘후산, 안평, 금우산에서 발굴된 큰원숭이는 중기홍적세 동안에 북위 40°의 북부지역에서 살았던 보편적인 동물상이라는 것을 보여준다.

금우산유적에서 발굴된 동물상 가운데는 날카로운 이를 가진 식육류(sabre - tooth cat)가 없으므로 조사자들은 유적의 연대를 늦은 중기홍적세보다 이르지 않다는 의견을 제시하였다. 그렇지만 그뒤에 있은 발굴에서 호랑이가 나왔기에 논점이 생기게 되었다. 동물상에서는 중기홍적세의 성격이 더욱 뚜렷하며 주구점과 비슷하다(박선주 · 하문식, 1991).

묘후산, 안평 그리고 금우산의 동물상은 주구점과 같은 시기의 것 가운데 가장 북부지역에서 나타나는 것이다. 더구나 그것은 전에는 결코 없었던 중국 동북지역의 중기홍적세의 성격을 뚜렷이 정하는 데 도움이 된다. 금우산유적의 동물상에서 발견되는 생태적인 보외법은 아래층이 퇴적되는 동안에 있은 유적 주위의 복합적인 환경을 보여준다. 이러한 복합적인 환경에는 겉보기로 밀림지역(큰원숭이 · 갈범), 지표가 우거진 지역(많은 작은 식육류), 무성한 초원지대(삼문말 · 영양 · 들소), 넓은 물가지역(해리 · 물새)이 포함되어 있다. 이런 정도로 변화가 있는 환경은 동아시아의 중기홍적세 동안 호미니드가 거주하기에 좋았던 것 같다.

1984년 이전 금우산유적에서 발굴된 전기구석기 유물은 주로 동굴의 아래층과 C지점의 틈굴 퇴적에서 나왔다. 유물은 불탄 흙, 재, 숯 덩어리, 변색된 뼈조각 등이며, 불을 사용한 흔적이 발견된 것으로 알려졌다. 변색된 뼈조각의 색깔은 회색에서 검푸른 색까지 다양했다. 어떤 것은 찌그러졌으며, 열 때문에 깨어진 것도 있다. 비슷한 특징을 지닌 불탄 뼈가 주구점 제1지점에서도 가끔 나왔다. 정량분석과 정성분석 결과, 뼈조각에는 적어도 3.1%의 탄소가 있는 것으로 밝혀졌으며, 변색은 망간철의 혼입과 같은 외부의 영향에서 말미암은 것이 아님이 확실해졌다. 분명한 것은 불탄 뼈가 동굴 안의 물 흐름에 따라 조금 옆으로 옮겨졌을지도 모른다는 사실이다. 설치류나 토끼목(目), 사슴과(科) 팔뼈의 불탄 뼈 가운데는 식육류의 먹이가 되었음직한 것도 있다.

떼임질된 석영석기는 IV층과 C지점의 아래쪽에서 발굴되었으며, 뚜렷하게 손질된 것도 있다. 석기를 만드는 데 쓴 맥석영 덩어리는 산중턱 근처에 있는 풍화암반층에서 가져왔다. 석기의 쓰임새로 보면 긁개, 찌르개, 새기개가 있으며 외날석기가 많다.

금우산유적의 아래층에서 발굴된 구석기는 다음과 같은 형태로 나뉜다.

직접떼기에 따른 격지들과, 모루망치떼기에 따른 몸돌과 격지들, 그리고 손질된 연모들이다. 모루망치떼기에 따른 석기가 많으며, 간단한 격지연모의 특징은 본질적으로 주구점 제1지점의 전기구석기와 같다. 또한 금우산유적에서는 뼈를 손질하여 사용한 흔적이 있는 뼈연모가 발굴되었다. 쓰임새로 보아 찌르개와 긁개인 뼈연모에는 떼기를 베푼 흔적이 뚜렷하고, 잔손질도 많이 하였다.

이 유적의 연대는 50만 년 전후로 해석하고

영구 금우산유적 출토 뼈연모

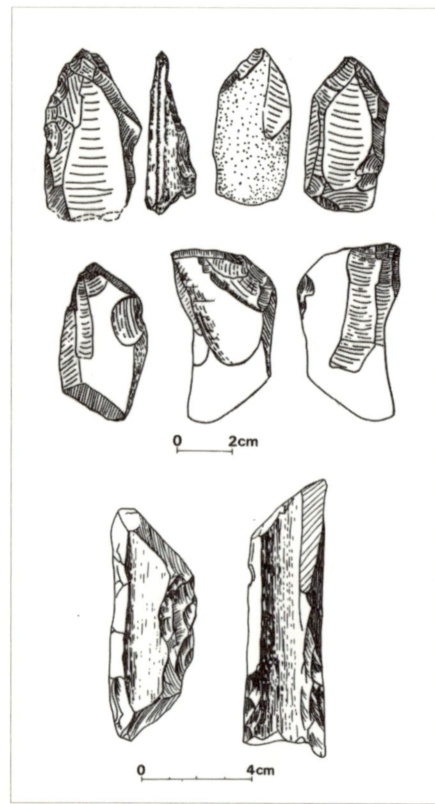

있으며, 절대연대측정 결과 A지점의 4층은 175,000±19,000, 6층은 263,000±30,000으로 밝혀졌다.

다. 해성(海城) 소고산(小孤山)유적

이 유적은 심양에서 남서쪽으로 약 120km 떨어진 해성현 남동쪽의 요동반도 북부에 자리하며(북위 40° 34′ 53″ · 동경 122° 58′ 30″), 유물이 잘 보존된 곳으로서 층위적으로 완전한 동굴유적이다.

이 유적은 1981년 처음 발견되었고, 1983년 여름 동안 성·시·현의 연합발굴단이 체계적으로 발굴하였다. 전체 퇴적의 약 70%에 해당하는 350m² 이상이 발굴되었다. 동굴퇴적에서는 후기홍적세에 해당하는 38종의 포유짐승화석, 이빨 5점과 어린이 위팔뼈 조각이 포함된 사람뼈, 그리고 1만 점 이상의 석기가 나왔다. 더구나 막달리안문화에서 발굴되는 것과 같은 뼈작살이 있는 뼈연모와 뼈연모 6점, 그리고 7점의 예술품과 많은 양의 재가 발견되었다. 한편 사람뼈는 홍적세층에서 나온 것으로 여겨지지만, 몇 점의 짐승뼈와 사람뼈, 토기조각, 간석기 및 역사시대의 유물이 충적세 퇴적층에 가로놓인 끼인무덤에서 나왔다(張鎭洪과, 1985).

소고산동굴유적은 요령지역의 남쪽 산악지대인 해발 700m 되는 산기슭에 자리한다.

북서쪽은 해성강의 상류로 넓은 계곡지역인데, 해성강은 북쪽으로 흘러 발해에 흘러드는 요령강에서 만난다. 해성강 양쪽에는 제4기 단구가 여기저기에 있다.

소고산유적 주변의 지질은 백운암의 대리석과 운모편암인

프리시니언(presinian) 변성암, 쥬라기의 화강암과 섬록암 등으로 이루어져 있으며, 카르스트 동굴층들은 계곡의 경사를 따라 자리하고 있다. 소고산동굴유적은 현재의 강물 높이보다 약 1m 위에 있으며, 강물의 높이보다 약 5.3m 위에 있는 인근의 다른 동굴에서는 이상하게 중기홍적세의 큰뿔사슴(*Megaloceros pachyosteus*) 아래턱이 많이 나왔다.

소고산동굴에서는 후기홍적세의 동물상과 후기구석기의 유물이 출토되었다. 이곳은 지형학적으로 잘 보존되어 있었는데, 동굴의 입구는 남서쪽으로 크기가 5.8m²쯤 되며, 동굴 천장은 아치모양으로 높이가 동굴퇴적에서 4~8m 정도 된다. 퇴적층의 가장 깊은 곳은 약 6m 정도이며, 퇴적물은 동쪽에서 서쪽 벽으로, 동굴 입구에서 안쪽으로 기울어진 상태이다.

위층에서 아래층까지 그 대강은 〈표6〉과 같다.

제I층부터 제Ⅳ층까지는 계속적으로 퇴적되었으며, 제Ⅱ층과 제Ⅲ층은 뚜렷이 구분할 수 없지만 조금씩 다르다. 제Ⅲ층과 제Ⅳ층의 경계는 동굴 입구에서 안쪽으로 들어갈수록 더욱 뚜렷하다. 짐승화석은 주로 제I층에서 제Ⅳ층 사이에서 발견되었는데, 턱이 없는 이빨, 머리뼈 조각, 턱, 그리고 팔뼈 등이다. 대부분 포유짐승이지만 적은 양의 물고기, 거북, 새와 복족류의 화석이 나왔다. 포유짐승화석의 예보적인 분석결과 불곰(*Ursus arctos* L.), 쌍 코 뿔 이 (*Dicerorhinus mercki*), 털 코 뿔 이 (*Coelodonta antiquitatis*), 멧돼지(*Sus scrofa* L.) 등 7목 14과 28속 38종으로 분류되었다.

이러한 짐승화석을 보고자는 다음과 같이 해석하고 있다(張鎭洪과, 1985).

ㄱ. 대부분의 종과 속은 중국 동북부의 후기홍적세에 속하는
동물상이며, 구체적으로는 중국 북부의 후기홍적세 가운
데 사라오소골 포유짐승상과 비슷하다.

ㄴ. 식육목과 우제목이 전체 동물상의 71.5%를 차지하며,

ㄷ. 그것은 삼림·초원지대의 특성을 지니고 있다.

ㄹ. 쌍코뿔이, 중국 너구리, 엽표 그리고 물소와 같이 온화한
기후에 사는 종이 털코뿔이, 털코끼리, 그리고 동굴곰처
럼 북쪽에 사는 종보다 우세하며, 계절에 따라 제한적으
로 추운 때도 있었지만 비교적 따뜻하고 습윤하였음을 나
타낸다.

고고학적 유물에는 석기, 뼈, 뿔연모, 예술품, 그리고 재층이
있다. 석기는 대부분 해성강의 자갈층에서 가져온 백석영으로
만들었으며 긁개, 찌르개, 뚜르개, 외날찍개, 안팎날찍개, 새기

〈표6〉

순서	층 이름	두께(cm)	특 징
V	흑갈색 모래찰흙층	70	백운모의 대리석 모난 조각이 섞임. 화석화가 잘 되지 않은 적은 양의 짐승화석, 신석기시대의 토기 조각, 간돌도끼, 역사시대 유물 출토
		침 식 면	
IV	갈색 찰흙층	200	모난 백운모 조각과 화강암의 자갈이 끼인 층 산화망간이 곳곳에 보임 몇 점의 석기와 짐승화석이 출토
III	황갈색 고운 찰흙층	200	낙반석과 대리석 조각이 깔려 있음 석기와 뼈연모 그리고 짐승화석 출토
II	황갈색 고운 찰흙+모난돌과 자갈돌층	100~200	모난 백운모의 대리석과 화강암의 자갈이 깔려 있음. 많은 양의 짐승화석과 재층이 발견
I	모래 자갈층	100	짐승화석과 석기 출토

개, 사냥돌 등이 있다. 만든 방법은 직접떼기와 모루망치떼기의 격지제작수법이 두드러진다. 잔손질은 비록 더욱 발달한 간접떼기의 수법이 조금씩 보이기는 하지만, 주로 직접떼기의 수법에 따라 이루어졌다. 긁개는 옛 형태이며, 외날, 안팎날, 둥근 손톱모양 등 여러 가지가 있는데, 중국 북부의 후기구석기 전통을 지니고 있다. 뚜르개는 여러 점이 발굴되었는데 정형화된 꼴을 지녔다. 사냥돌은 비교적 많으며, 둥근 몸돌모양이다. 찍개도 제법 많은데 찌르개가 정교하게 잔손질된 반면, 찍개는 부분적으로 잔손질된 흔적이 보인다. 새기개는 몇 점 되지 않으며, 일정한 꼴이 갖추어지지 않았다. 주먹도끼는 단 한 점이 나왔지만 나름대로 정형화된 꼴을 갖추었다.

뼈와 뿔연모에는 뿔작살과 뼈송곳, 3점의 뼈바늘이 있으며, 예술품으로는 구멍 뚫린 이빨과 조가비가 있다. 막달리안 형태의 뿔작살은 중국의 구석기 관계 유적에서 처음 출토되었는데

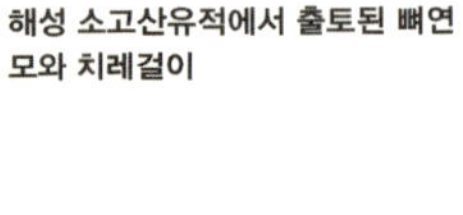

해성 소고산유적에서 출토된 뼈연모와 치레걸이

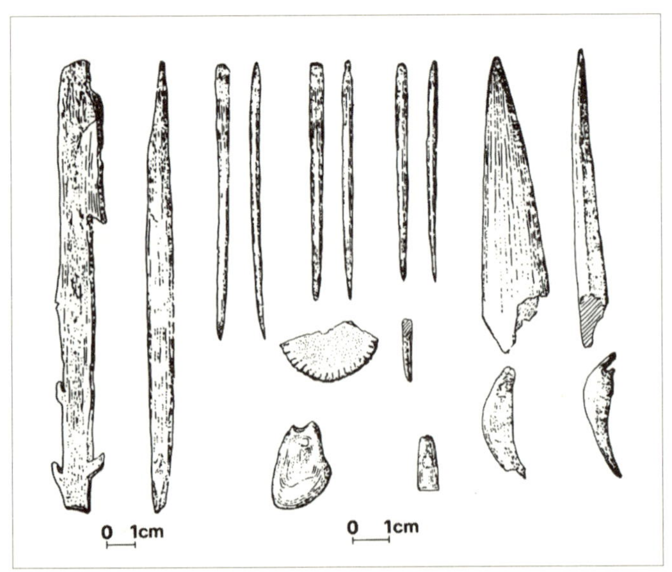

주구점 산정동에서 나온 것과 비슷하다(黃慰文, 1986).

소고산유적의 석기는 대표적인 중국 북부의 전기와 중기구석기 유적인 주구점과 쉬지아야오유적의 격지석기와 아주 비슷하다. 이러한 사실을 구체화하기 위하여 발굴보고자는 작은 격지와 긁개의 두드러지는 점을 들었다.

한편, 그들은 소고산유적의 보편적인 석기 형태에 관심을 가졌다. 즉, 사냥돌과 찌르개, 그리고 1점의 주먹도끼는 형태적으로 중국 북부의 암하(전기구석기)와 정촌(중기구석기)유적의 큰 격지, 외날찍개, 안팎날찍개와 매우 비슷하다는 것이다. 간접떼기로 잔손질이 된 찌르개와 긁개의 형태는 중국 북부의 후기구석기 유적으로 잘 알려진 쉐이똥꺼우유적에서 나온 것들과 가장 많이 견주어진다. 그러나 소고산유적의 석기는, 특히 중국 북부의 구석기에서는 찾아보기 드문 비교적 많은 양의 정형화된 뚜르개에서 그 자체의 독특한 양상을 지녔다고 본다.

소고산유적은 틀림없이 후기홍적세의 후기구석기에 해당되며 석기는 중국의 북부와 동북부의 석기 전통의 다양성과 연속성에 관한 새로운 사실을 보여주고 있다.

라. 객좌(喀左) 합자동(鴿子洞)유적

합자동유적(비둘기굴, #K7301 A · B)은 요령성 객좌현 수천공사 와방대대 근처의 해발 500m 되는 지점에 자리하며, 대능하의 물높이보다는 35m 높은 곳이다.

이 유적은 요령성박물관이 1973년부터 1979년까지 3차례에 걸쳐 발굴한 것으로, A동굴과 B동굴의 2개를 가리킨다. A동굴의 퇴적물 가운데 약 3분의 2가 발굴 때 제거되었다. 짐승 화석만 나온 B동굴은 발굴조사를 하는 동안에 완전히 드러났다. A·B동굴은 서로 관련이 있으며, 퇴적물을 보면 암석학적으로 같다. 발굴된 동물상은 화석화의 정도와 형태면에서 비슷하다. 그러므로 조사자들은 동굴퇴적이 같은 시기에 쌓인 것이라고 여긴다(鴿子洞發掘隊, 1975).

발굴조사에서는 사람뼈를 비롯하여 300여 점의 석기와 많은 수의 짐승화석, 그리고 불을 사용한 흔적을 찾았다. 중국 동북부에서 출토된 비교적 이른 시기의 구석기 유적이며, 제4기 동물상이 많은 것으로 알려져 매우 중요하다.

합자동유적 부근에 깔린 암반층은 붉은 자줏빛이 나는 오르도비스기와 쥬라기의 이판암으로 이루어졌다. 쥬라기의 이판암은 붉은 흙의 언덕에서 조금씩 굴러 풍화된 것으로 황토층에 아주 많이 쌓여 있으며 배수가 잘 된다. 대능하의 양쪽으로 강안단구가 만들어져 있다. 첫번째 단구(T1)는 강바닥보다 10~15m 위에 있으며, 가장 밑부분의 퇴적은 불과 1m 정도의 얕은 자갈층이다. 자갈돌은 비교적 크기가 작으면서(지름 : 2~4cm) 매우 둥글며, 주로 사암이나 석영이다. 자갈층 위에는 3~5m 되는 입자가 거친 황토층이 있다.

두번째 단구(T2)는 강바닥보다 30~40m 위에 있다. 쥬라기의 붉은 이판암 바로 위의 위쪽에는 붉은 흙이고 그 아래쪽에는 자갈층이다. 바닥의 자갈은 비교적 큰 것 같지만, 첫 번째 단구를 이룬 자갈과 비슷하다. 붉은 흙에서는 단지 두 점의 격지가 나왔을 뿐 화석은 발굴되지 않았다.

지질학자들은 대능하가 제3기 말이나 제4기 초에 이루어진 것으로 보고 있다. 두 번째 단구의 퇴적은 대부분 중기홍적세 동안에, 첫 번째 단구의 퇴적은 후기홍적세에 이루어졌다. 대능하의 단구는 강바닥이 낮아지고, 석회암 퇴적지역의 많은 동굴들이 파괴되는 등 제4기 동안에 느린 대륙 융기의 영향을 받았다. 합자동동굴의 근처에는 2개의 동굴이 형성되었다. 대체로 퇴적이 되지 않은 윗굴은 강바닥보다 60~70m 높이에 있으며, 이 동굴의 연대는 아직 밝혀지지 않았다. 아래 동굴은 강바닥보다 30~40m 높이에 있으며, 대체로 두 번째 단구의 퇴적과 비슷한 높이이다.

아랫동굴은 거의 지하수가 아래로 스며 나오면서 동시에 표면을 침식시켰기 때문에 형성된 것으로 여겨진다. 그런데 지표수가 거의 없어서 강바닥은 강수의 도움으로 물이 보충되어야만 했다. 바위틈에서 스미는 물과 뒤이어 나타나는 석회암 퇴적의 용해는 주머니동굴(pocket cave)을 만들어 수직 틈굴이 되게 하였다. 동시에 수평으로 스미는 지하수 때문에 옆으로 터널동굴(tunnel cave)이 만들어지게 되었으며, 수직 틈굴과 연결된 이런 동굴은 합자동의 여러 동굴을 만들었다.

유적 주위에 있는 동굴의 종유석, 석순, 고암에는 탄산칼슘이 거의 없다. 탄산칼슘이 없는 것은 비교적 춥고 마른 기후조건에서 오랫동안 화학적인 풍화작용을 받았음을 나타낸다. 바닥이 얇은 것이나 큰 절리는 석회암이 농축되면서 서로 고정된 상태에서 생긴 것이다. 온도변화를 일으키는 기계적 압력과 화학적 풍화작용이 결합함으로써 동굴붕괴가 일어나고 침식동굴의 형성이 증가하게 되었지만, 나중에 되려 동굴의 발달을 막고 탄산칼슘 퇴적의 발달을 방해하였다.

A동굴의 지층은 합자동지역의 동굴에서 표준적으로 나타나

는 충위로 이루어졌으며, B동굴의 지층은 비교적 간단한데 바람으로 쌓인 옅은 황색 황토층에서 주로 화석이 나왔다. B동굴은 주구점의 산정동과 비슷한 수직동굴이며, 짐승은 이곳에 떨어지면 도망을 갈 수 없다.

A동굴은 위에서 아래로 6개의 층으로 나뉘며 그 대강은 〈표7〉과 같다.

이 유적에서 발굴된 짐승화석은 후기홍적세의 이른 시기의 특성을 띠고 있으며, 털코뿔이(*Coelodonta antiquitatis*), 사슴(*Cervus sp.*), 말(*Equus sp.*) 등 6목 15과 22속 22종이다.

이러한 동물상의 거의 대부분은 때때로 중국 북부의 후기홍적세 동물상에서 찾아볼 수 있으며, 몇몇은 중기홍적세에 해당하며, 화북지역의 대표적인 동물상(*Mammuthus - Coelodonta Fauna*)에 속한다. 동물상은 반건조한 기후대를 나타내는 산림

〈표7〉

순서	층 이름	두께(cm)	특 징
I	회색 황토층	100	1~10mm 크기의 고운 황토층 역사시대의 자기조각 출토
II	석회암 모난돌층	120	문화층 지름 4~6cm 되는 석회질 편암, 자갈돌과 노란 황토가 섞임.
III	재 층	50	문화층 재가 렌즈모양으로 끼임. 불탄 뼈·숯·흙과 석기·짐승화석 출토 유기물 함량이 24%로 밝혀짐
IV	회색 흙층	50	매우 고운 흙이 퇴적 수직 절리 발달 화석이나 유물은 없음
V	검은 갈색층	70	높은 점성의 고운 흙 화석이나 유물은 없음
VI	큰 모난돌층	50	석회암의 큰 모난돌이 많음

–초원의 성격을 지녔으며, 사막에 사는 종이나 물을 좋아하는 동물은 없다. 발굴조사자에 따르면, 우는 토끼, 수달, 늑대, 호랑이, 동굴하이에나 등의 크기와 이빨구조는 주구점 1 · 13 · 18지점에서 출토된 것과 매우 비슷하지만, 산정동과 사라오소골유적의 동물상과는 같은 종임에도 어느 정도 차이가 있다(박선주 · 하문식, 1991).

보씨들말과 들말 같은 동물상은 후기홍적세의 초기까지 보이지 않는다. 그러므로 동물상의 이러한 사실은 이 유적의 연대가 후기홍적세의 초기임을 나타내는 듯하다. 동물상 가운데 희생되기 쉬운 종으로 보이는 암양(P. nayaur)과 어린 사슴의 이빨은 불에 많이 탔다.

석기로는 몸돌 10점, 격지 29점, 연모 19점, 뗀 흔적이 있는 돌 10점이 나왔다. 석기의 재질로서 석영암이 대부분이며 (75%), 붉은 흙층과 두번째 단구의 바닥자갈을 가져와서 만든 것으로 보인다. 나머지는 부싯돌이 18.9%, 화성암 4.4%, 석회암 1.7%이며, 이러한 암질은 유적 부근에서 구했던 것 같다.

몸돌은 여러 면 1점과 원반모양 1점, 그 밖의 나머지는 자연면에 간접떼기를 한 간단한 형태이다. 8점은 타격면이 조정되지 않았으며, 2점은 타격면이 조정된 것이다. 뒤의 것은 아주 묵직하게 만들어졌다. 타격면은 평균 92.8°로 비교적 크다. 타격점은 뚜렷하고 얕은 혹떼기가 또한 나타나며, 사방으로 퍼져 나간 떼기의 선이 격지를 만들 때처럼 보통 직접떼기에서 나타난다. 격지를 만들 때 몸돌에 새기는 격지물결은 거의가 사다리꼴이거나 세모꼴이며 어떤 것은 직선인 경우도 있다.

대부분의 격지는 직접떼기 방법(무거운 망치수법)에 따라 만들어졌으며, 형태는 대개 세모꼴이나 사다리꼴이다. 몇 점은 길쭉하거나 불규칙한 모양이며, 뒤의 것은 거의가 넙적하면서 길다. 타면은 보통 비스듬하며, 비교적 길고 격지의 각은 평균 110.3° 이다. 11점은 타격면이 조정되지 않은 채로 만들어졌다. 격지의 몇 점 가운데 등 쪽에 Y자 모양의 능선을 가진 것이 있는데, 형태상으로 주구점 15지점의 세모꼴 격지와 비슷하다. 간접떼기에 따른 격지가 합자동에서도 보이는데, 이러한 격지는 정과 같은 날카로운 날을 만들면서 잔손질을 하였으며, 가끔 주구점 1지점의 것과 비슷하지만 15지점에서 자주 보인다.

단지 모루떼기에 따른 격지 1점이 합자동에서 나왔는데, 맨 끝을 떼어낸 흔적과 비늘처럼 떨어진 자국이 보였다. 이렇게 격지를 만든 수법은 보통 주구점 1지점에서 볼 수 있다.

연모로는 긁개 15점, 찌르개 3점, 그리고 외날찍개 1점이 출토되었는데, 석기 만들기에 좋은 각암을 갖고서 격지나 몸돌을

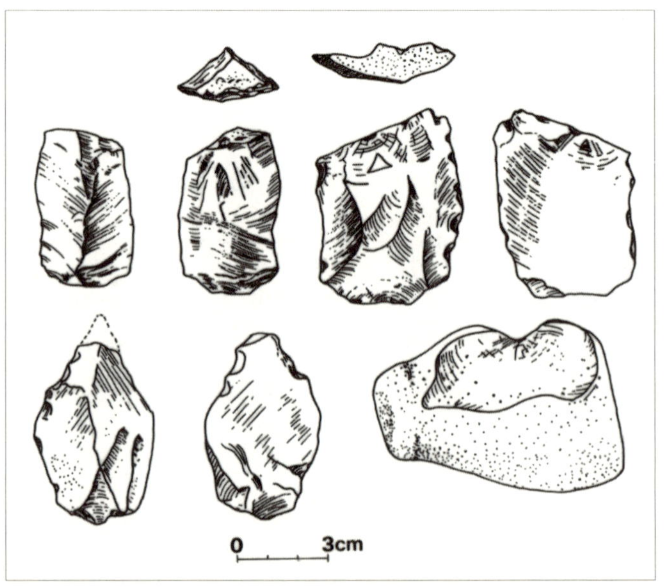

객좌 합자동유적 출토 뗀석기

제작했다는 점이 특징이다.

　붉개는 일반적인 형태인데 8점은 격지를 가지고, 나머지 7점은 작은 자갈돌로 만들었다. 날은 외날과 안팎날 등 두 가지로 나뉜다. 13점의 외날붉개는 서로 다른 날의 모습을 지니고 있다. 곧은날 붉개가 두드러지지만(9점), 오목날(2점)과 볼록날(4점)도 있다. 격지로 만들어진 대표적인 곧은날 붉개는 보통 70° 이상의 타격각을 가지기 위해서 거친 물결모양으로 가장자리를 손질하여 등을 만들고는 거칠게 잔손질했다. 작은 각암자갈돌로 만든 곧은날 붉개 1점은 수직타격법으로 꼴을 갖추게 되었으며, 깨어진 쪽으로 자연면이 떨어져 나갔다. 예리하게 만들어진 날은 손질이 끝 쪽에 집중되어 있으며, 85° 의 각을 지닌 두터운 돌날이다.

　잘 만들어진 다른 곧은날 붉개도 역시 작은 각암자갈돌로 만들었는데 간접떼기에 따른 잔손질을 많이 하여 꼴이 잘 잡혔으며, 끝을 예리하게 하였고 사용한 흔적이 안팎으로 보였다. 작은 각암자갈돌로 만든 곧은날 붉개 1점만 안팎날 잔손질을 하였다.

　오목날 붉개는 비교적 정교하게 2차 잔손질을 하여, 얇은 돌날을 다듬질한 것이 보이는데 돌날의 옆면 가장자리는 꼴이 잘 잡혔고 다듬은 날은 날카롭다. 볼록날 붉개 4점은 망치떼기에 따른 단 한번의 직접떼기 잔손질수법으로 만든 것이 뚜렷하다.

　찌르개는 각암 격지를 가지고 만들었으며 엇날로 잔손질한 것이 보인다. 망치떼기 방법은 좀더 정형적인 찌르개를 만들 때 사용하며, 형태적으로 주구점 제1지점과 제15지점에서 발굴된 것과 비슷하다. 끝부분에 거친 잔손질이 보이는 안팎날찌르개 1점은 등 쪽으로 다듬질 되었으며, 끌이나 뚜르개로 사용되었을는지 모른다.

합자동유적의 석기는 망치를 이용한 직접떼기수법이 쓰였으며, 타격면이 조정되지 않았다는 게 특징이다. Y자 모양의 능선이 있는 격지는 타격면이 미리 조정된 흔적일는지도 모른다. 잔손질은 보통 직접적인 수직타격법이 쓰였으며, 외날 잔손질이 두드러지고 대부분의 연모는 등 쪽을 많이 손질하였다. 또한 엇날과 안팎날 잔손질이 쓰였다.

합자동유적의 몸돌과 격지는 금우산유적처럼 중국 북부의 전기구석기에서 나오는 것과 비슷한 초기의 특징을 띠고 있다. 석기는 형태와 크기, 그리고 만든 방법이 주구점 제1지점과 제15지점의 위층과 비슷하다.

한편 사람뼈는 1975년의 3차 발굴조사 때 동굴 안의 곁굴 부근에서 완전한 어린아이의 이빨 1개가 발굴되었다. 이것은 요령지역 구석기 유적의 원토층에서 처음 나왔다는 점에서 주목된다.

합자동유적의 연대는 전기구석기와 중기구석기 사이의 과도기인 것으로 풀이되며 주구점 제15지점과 비슷하다.

마. 해성(海城) 선인동(仙人洞)유적

이 유적은 요령성 해성현 고산자향 고산자촌 청운산 선인동에 자리하며, 해성에서 동남쪽으로 46km쯤 떨어진 곳이다.

해성하 상류에 있는 선인동유적은 1981년 요령성박물관 쪽에서 발굴 조사하였는데 많은 짐승화석과 석기, 뼈연모, 그리고 사람뼈를 찾아냈다(傳仁義, 1983).

짐승화석은 쌍코뿔이와 삼문말을 비롯해 43종이 조사되었으며 아직까지 자세한 보고가 이루어지지 않고 있다.

대부분 맥석영을 재질로 한 석기는 1만 여 점이 발굴되어, 현재 분석연구가 진행되고 있는데, 몸돌과 격지를 모두 잔손질한 찍개, 긁개, 찌르개 등이 있다. 특히 사암으로 만든 주먹도끼와 긁개는 전형적인 꼴을 이루고 있어 주목된다.

뼈연모는 산정동에서 조사된 것처럼 짐승이빨에 구멍을 뚫은 것과 뼈바늘 등이 있다.

사람뼈로는 5점의 이빨과 어린이의 다리뼈가 있다.

이 유적은 아직까지 종합적인 분석연구가 이루어지지 않아서 문화의 성격을 종합적으로 해석하는 데 많은 어려움이 따른다. 유적의 연대는 후기홍적세 초인 중기구석기로 여겨진다.

바. 단동(丹東) 전양(前陽)유적

이 유적은 압록강 바로 건너 단동 근처인 요령성 동구현 산성 전양에 있는 석회암 동굴이다.

1982년에 석회석을 채취하다 사람의 머리뼈와 아래턱 그리고 짐승화석이 나오는 바람에 알려지게 되었다.

'前陽人' 이라고 이름 붙은 사람뼈는 비교적 완전한 머리뼈와 아래턱, 그리고 6점의 이빨 등으로 이뤄졌는데 두 사람 분이다. 사람뼈를 분석한 결과 중년과 12살 전후의 여자아이로 밝혀졌다.

짐승화석은 사람뼈가 출토된 층에서 같이 나왔는데 하이에나와 동북사슴 등 모두 17종에 이른다.

이 유적의 연대는 후기홍적세의 후기에 해당하며, 방사성탄소연대측정 결과 18,620±320년으로 밝혀져 주구점 산정동유적과 같은 시기로 해석된다(傅仁義, 1991).

2) 중국 동북지역의 고인류

홍적세에 속하는 사람화석이 금우산유적에서 발견되기 이전에는 중국 동북부에서 거의 출토되지 않았다. 해부학상 현대사람에 속하는 사람화석이 사라오소골과 내몽골에서 털코끼리(*Mammuthus primigenius*)와 관련되어 발굴되었다.

사람뼈가 출토된 아래층의 모래자갈퇴적층에서 발굴된 나무를 갖고서 방사성탄소연대를 측정한 결과 11,460±230B.P.로 나왔는데, 이로써 홍적세 말기와 충적세 사이에 속하는 것으로 드러났다. 길림성의 위수에서 발굴된 사람화석은 아직까지 그 기원이 불분명하다. 안평에서 1957년 발견된 사람의 위팔뼈화석은 허타오(오르도스사람)와 주구점의 산정동에서 발굴된 것과 형태학적으로 유사함을 보여주고 있으며, 중국 동북지역에서 후기홍적세 인류와, 후기구석기 인류의 존재 가능성을 확립시켰다(박선주 · 하문식, 1991).

그러나 합자동, 금우산의 위문화층, 묘후산에서 사람뼈 조각이 발견된 것은 최근의 일이다. 금우산 아래문화층에서 발굴된 슬기사람의 머리뼈와 몸뼈의 일부는 지난 몇 십 년 동안 중국 동북부에서 발견된 것 가운데 최고의 가치를 지니고 있다.

금우산 위층에서 발굴된 위팔뼈의 끝 쪽 조각은 현대 사람의 것과 매우 비슷하다고 보고되었다. 신경 홈은 뚜렷하지 않으며, 몸체의 단면은 세모꼴이고 구부러진 것이 두드러지지 않으면서 피질은 두텁다. 이 뼈조각은 안평유적의 위팔뼈보다 조금

가는데 이는 성에 따른 차이 때문이다. 이 뼈에는 어떠한 옛 모습의 특징도 띠지 않으며 형태학상으로는 오늘날의 사람과 같다(張鎭洪과, 1981).

합자동유적에서 발견된 것은 굼에서 막 이가 나고 있는 비교적 완전한 어린이의 P_4이다. 이는 닳지 않았고 이뿌리도 완전히 성숙되지 않은 것이다. 사기질의 봉우리에는 뾰족한 두 끝이 있고 볼쪽의 끝은 높고 두툼하며, 혀쪽 끝은 낮고 조그마하다. 두 끝 사이가 움푹한 것은 작은 마루턱이 두 개의 다른 크기인 굼에 따라 나누어졌기 때문이다. 큰 굼은 반대쪽부터 사방에 톱니모양이 있어서 깊고 넓다. 목부분의 볼쪽 표면은 불룩하다. 사기질의 봉우리는 높이가 9.5mm이고, 볼쪽 표면의 길이는 8.3mm이다. 혀쪽 옆면은 뚜렷하게 나타난다. 이 이빨은 비교적 구조가 복합적이며, 현대인에게 보이는 톱니모양이 없으며, 평평하게 맞물리는 면이 있는 작은 P_4와는 다른 옛사람의 특성이 눈에 띈다.

중국 학자들은 이 이빨이 옛슬기사람의 것과 비슷하다고 주장하였는데, 이빨의 형태학적인 면이 이 유적의 동물상이나 문화상에 바탕한 이른 후기홍적세와 일치한다고 여겼다.

묘후산유적에서 발굴된 호미니드화석은 두 개의 다른 동굴퇴적에서 출토되었다. 깨어진 이가 A지점에 있는 아랫동굴의 가운뎃층에서 나왔다. 또한 거의 완전한 M^1이 A지점 아랫동굴의 탄화칼슘이 퇴적된 TG층의 위에서 발굴되었다. B지점의 서쪽동굴에서는 2.6m의 깊이에서 2점의 어린아이 머리뼈와 1점의 앞팔뼈가 나왔다.

B지점의 서쪽동굴에서 발굴된 2점의 어린이 윗머리뼈와 1점

의 앞팔뼈는 분명히 같은 개체가 아니다. 윗머리뼈는 핏줄홈이 뚜렷하고 매우 얇으며 신경줄이 인상적이다. 다른 특별한 점은 보이지 않는다. 양 끝 도르래가 없는 것을 제외하고 완전한 앞팔뼈는 마루가 비교적 크게 구부러져 있으며 위쪽은 상대적으로 가늘다. 같이 나온 짐승화석인 큰꽃사슴, 동굴하이에나, 불곰, 그리고 복작노루 변종은 후기홍적세에 해당한다.

A지점에 있는 아랫동굴의 가운뎃층에서 나온 화석화가 잘 된 호미니드의 이빨은 1978년의 작업발굴에서 나왔다. 사기질의 봉우리는 끝이 매끈하게 닳아 없어졌으며, 이빨의 구조적 특징을 찾기는 매우 어려웠다. 같은 층에서 나온 포유짐승화석(큰뿔사슴, 삼문말, 큰원숭이, 쌍코뿔이와 해리 등)에 바탕한 연대는 중기홍적세에 해당되는 것으로 보인다.

A지점에 있는 아래동굴의 TG층에서 나온 M^1은 화석화가 잘 되어 있었다. 볼쪽 앞도드리와 혀쪽 앞도드리는 몹시 닳아 없어져 상아질이 드러났다고 보고되었다. 볼쪽 뒤도드리와 혀쪽 뒤도드리는 납작하게 닳았으며, 톱니모양의 에나멜은 매우 복잡하게 보이지 않는다. 이 안팎 쪽의 지름은 12mm이며, 이 앞뒤 쪽의 길이는 11mm이다. 이 이빨은 꽤 많은 석회암의 부스러기가 있는 석회질의 노란 찰흙층에서 나왔다고 보고되었다.

금우산유적의 A지점은 경사가 완만하며, 드러난 윗면은 길이가 7.5m, 너비가 7.0m이고 퇴적층의 끝까지는 약 11m이며, 바닥은 네 지역으로 나뉜다. 첫 번째 호미니드화석(한 점의 종지뼈)은 1지역이라 불리는 남서지역에서 나왔다. 그 다음에 바로 얼굴 쪽의 견고한 부분이 있는 거의 완전한 사람머리뼈, 5점의 등뼈, 잘 보존된 1점의 엉덩뼈, 1점의 완전한 뒤팔뼈, 갈비뼈, 발꿈치뼈, 등뼈, 팔목뼈, 손바닥뼈와 손가락뼈 등이 나왔다 (呂遵諤, 1985).

동굴입구가 닫힌 동벽 쪽인 3지역에서는 큰뿔사슴의 뿔과 다른 짐승의 납작한 뼈가 더미째 발굴되었다. 재, 불탄 흙, 불탄 뼈 등 사람이 불을 사용한 화덕과 같은 흔적이 모여 있는 북서쪽의 두 지역에서는 분명 사람들로 말미암아 비틀어지고 깨어졌던 짐승뼈들이 많이 나왔다.

그런데 A지점에서 발굴된 사람뼈는 아직까지 자세히 연구되지는 않았지만, 머리뼈는 머리의 부피와 생김새 면에서 주구점의 곧선사람과 견주어 좀더 발전된 것임이 최근 밝혀지고 있다. 몇몇 중국 고인류학자들이 이제는 금우산의 사람뼈가 주구점, 허가와, 그리고 중국의 다른 지역에서 나타난 좀더 보존력이 있는 곧선사람계통에서 독자적으로 진화해 온 슬기사람의 옛 전통을 나타내는 것으로 추정하고 있다. 이러한 주장은 머리뼈의 발달된 특징에 분명히 바탕을 두고 있는데, 금우산유적의 동물상과 문화상이 주구점 1지점과 관련이 있으며, 사람뼈가 발굴된 관계를 볼 때 두 유적이 곧바로 관련 있는 것 같다.

앞으로 금우산유적 호미니드의 비교 분석과, 중국에서 호미니드가 나온 다른 유적의 동물상과 고고학 자료의 관계에 대한 상호관련성은 틀림없이 제4기 동안에 동아시아에서 이뤄진 인류의 체질적인 진화에 관한 새로운 문제의 답을 얻는 데 도움이 될 것이다.

3) 신석기 유적

요령지역의 신석기 유적으로는 신락유적을 비롯해 후와, 소주산, 편보, 사해 등 많은 유적이 있지만, 여기서는 우리 조사단이 답사한 신락유적을 살펴보도록 하겠다.

신락유적은 심양시의 북쪽 교외에 자리한 북릉공원 옆의 신개하 근처에 있다. 유적 주변에는 넓은 황토지대가 형성돼 있으며, 1973년부터 최근까지 발굴조사가 계속 실시되고 있다.

2개의 문화층으로 구분되는 이곳의 층위는, 1층 표토층, 2층 흑갈색 부식토층(위 문화층), 3층 황토층(아래 문화층), 4층 생토층으로 나뉜다. 아래 문화층에서는 빗살무늬토기가 많이 출토되고 있으며, 전기신석기시대에 해당된다.

아래 문화층(신락I기)의 집터는 평면의 모습이 긴 네모꼴이

심양 신락유적 출토 여러 석기들

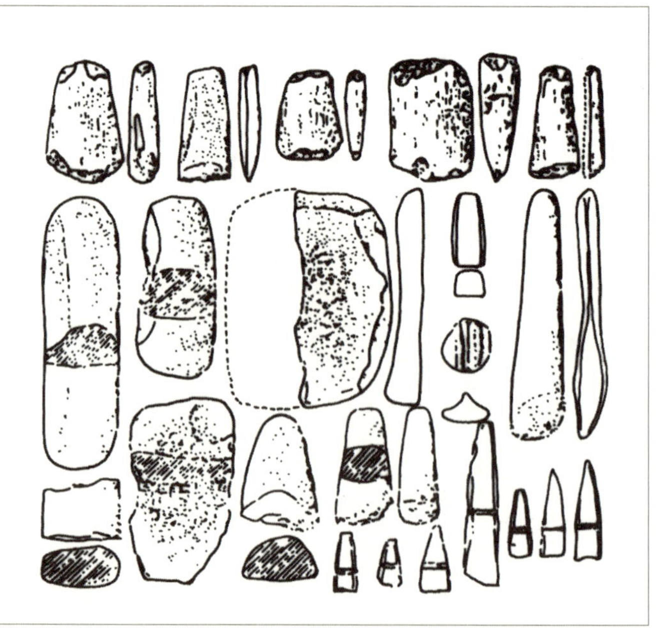

며, 기둥 구멍은 집터의 바닥면이나 그 가장자리에서 발견되었다. 특히 2호 집터의 기둥구멍은 화덕을 가운데 두고 일정한 거리로 떨어져 있으며, 3호는 구멍바닥을 단단히 하고 돌을 깐 점이 특이하다. 집터의 나들이 문은 주변환경을 고려하여 대부분 남쪽을 바라보고 있었다.

한편 집터 주변에서는 불을 피웠던 자취가 곳곳에서 보이고 있다. 아래 문화층에서는 많은 양의 석기, 질그릇, 뼈연모, 옥제품 등이 출토되었다.

석기로는 세석기, 간석기, 그리고 뗀석기가 발굴되었으며, 격지와 몸돌도 비교적 많았다. 세석기는 찌르개, 긁개, 돌날 등이 대부분이며, 내몽골이나 길림성 북부지역 요하유역에서 발굴되고 있는 세석기와 비슷한 점이 많다. 간석기로는 사냥용의 돌화살촉을 비롯하여 돌칼, 돌끌, 갈돌과 갈판 등의 농경 관련 연모가 있다. 뗀석기로는 세석기나 간석기만큼 종류나 양이 많지 않으며 돌삽, 찍개, 긁개 등이 있다.

토기의 바탕흙에는 가는 모래가 많이 섞여 있으며 대부분 겉면이 붉은 갈색 토기이다. 그리고 드물지만 겉면이 검은색이거나 바탕흙에 굵은 모래와 진흙이 섞인 것도 있다. 토기의 생김새는 밑이 좁고 편평하며 입술쪽이 조금 벌어지거나 오므라진 독이나 단지가 대부분이며, 특히 키 모양의 입술 부분이 경사진 토기[斜口器]가 출토되었다. 토기의 무늬는 빗살무늬토

심양 신락유적 출토 여러 토기들

기가 가장 많고 빗금무늬와 빗점무늬도 있다. 특히 갈지(之)자 모양의 무늬가 있어 주목된다. 손으로 만든 것과 물레를 사용한 것이 섞여 있고, 구운 온도는 비교적 낮은 편이다.

뼈연모는 사냥해서 얻은 짐승뼈를 가지고 만들었는데, 특히 뼈칼이 발굴되어 이웃의 흥륭구유적에서 나온 것과 견주어진다. 꾸미개 계통의 옥제품으로는 쓰임새가 분명하지 않은 둥근 관 모양과 구슬 모양의 유물이 나왔다. 또한 새 모양이 나무판에 조각된 유물은 상징성을 표현한 것으로 해석되며 당시 사회의 권력과 관련이 있는 듯이 보인다.

이밖에 신락I기에서는 탄화된 기장이 찾아져 당시 농경의 한 모습을 이해할 수 있다.

한편 신락I기의 연대는 방사성탄소연대측정 결과 B.C.

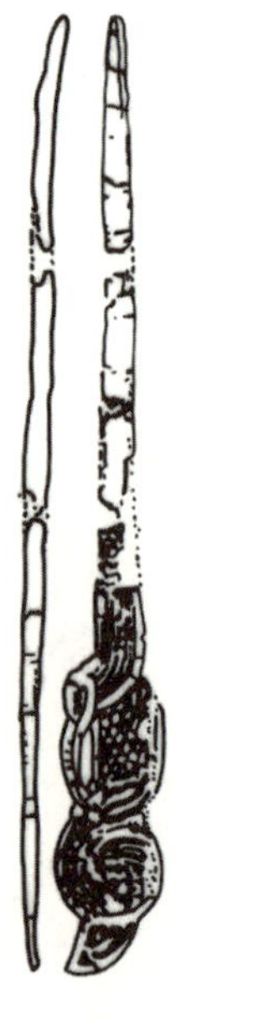

심양 신락유적에서 출토된 조각품과 뼈연모

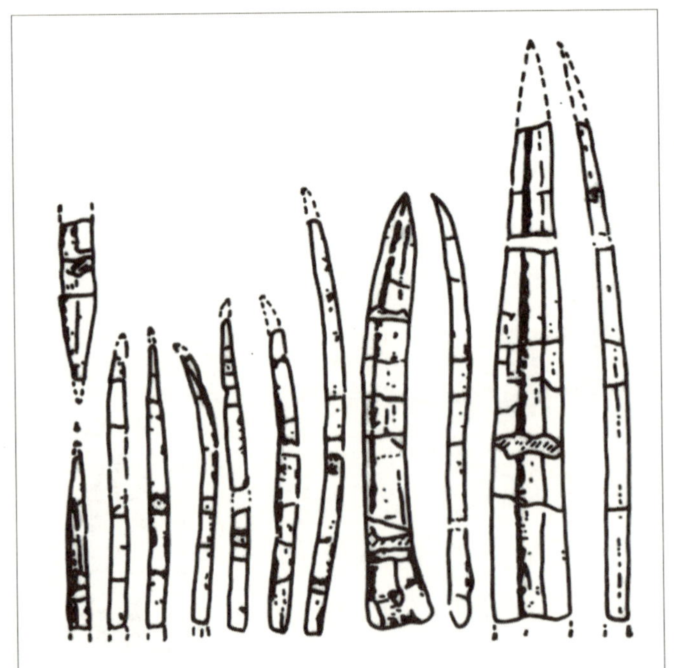

5295년으로 밝혀져 요령지역에서는 이른 시기에 해당하는 신석기 유적으로 해석된다.

4) 고인돌유적과 연구성과

요령성을 중심으로 한 중국 동북지역의 고인돌[石棚, 大石蓋墓]은 독특한 색채를 띠고 있으며, 요동반도 지역에 집중적으로 분포하고 있다.

이 지역의 고인돌에 관해 일찍이 많은 관심을 가져 왔지만, 1980년대에 이르러 본격적인 고고학적 조사와 연구가 시작되었다. 우리 조사팀이 답사한 고인돌유적은 해성 석목성에 있는 고인돌이다.

가. 해성(海城) 석목성(析木城) 고인돌유적

석목성고인돌은 해성시 석목진 고수석촌에 있는 고수석산 남쪽 기슭(북위 40° 40′ · 동경 122° 56′)의 높은 대지 위에 자리하고 있다(遼寧省文物考古研究所 엮음, 1994).

석목성에 있는 2기의 고인돌을 고수석(姑嫂石)이라고 부르는데, 산 위에 있는 것을 고석(姑石), 산 아래의 것을 수석(嫂石)이라 한다. 고석은 원상태로 있지만 수석은 이미 쓰러져 파괴되었기에 우리 조사단은 답사 때 볼 수 없었다.

고석은 1963년 요령성 문물보호단위 제42호로 지정되어 성(省) 정부에서 관리하고 있다.

고인돌을 만든 재질은 화강암인데 손질을 아주 많이 하였으며 동남쪽 45° 방향으로 자리하

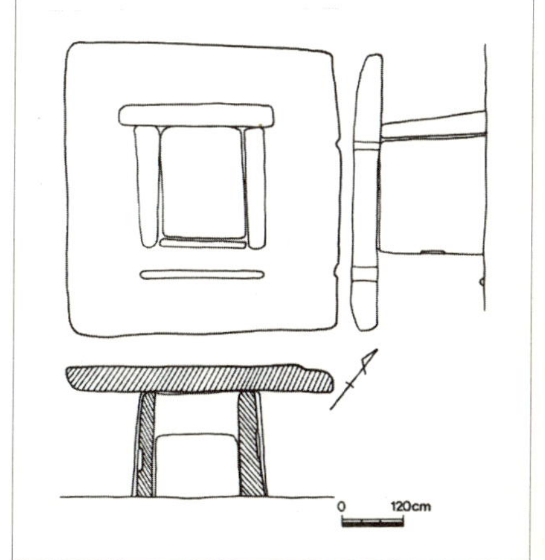

해성 석목성고인돌 모습

고 있다. 굄돌은 네모꼴로 아래가 넓고 위쪽이 좁으며 덮개돌과 잘 맞추어져 있고 무덤방 안쪽으로 3° 쯤 기울어진 상태이다. 그리고 동쪽과 서쪽 굄돌의 남쪽 끝 가운데는 너비 5㎝, 길이 50㎝의 홈이 있다.

또한 덮개돌은 긴 네모꼴이면서 동·서쪽의 굄돌과 북쪽의 막음돌이 150㎝, 남쪽 막음돌이 190㎝ 밖으로 나와 있어 처마를 이루고 있다. 덮개돌의 크기는 580×520×20~50㎝이며, 가장자리를 잘 다듬었고 간 흔적도 있다.

무덤방의 크기는 220×160×224㎝이며, 바닥돌은 맨바닥보다 25㎝쯤 높게 놓여 있다. 남쪽 막음돌의 50㎝ 앞에는 북쪽 굄돌과 크기가 같은 납작한 돌이 하나 놓여 있는데 제단으로 여겨진다.

덮개돌과 서쪽 굄돌에는 구멍이 많이 나 있는데, 이것의 의미를 고인돌에 제사를 지낸 관계나 묻힌 사람의 재산과 관련시켜서 해석하고 있다.

한편 석목성 고인돌의 모습은 웅장하며 규모로 보아 아주 수준높은 축조기술로써 만들었던 것 같다.

나. 고인돌 조사와 연구의 흐름

동북지역의 고인돌에 대한 기록은 아주 이른 시기의 옛 책에서도 나타나며, 이러한 기록들은 모두 석붕(石棚)에 대한 것이다.

《漢書》, 《三國志》, 《鴨江行部志》, 《朝野險載》 등의 책에서 보이는 기록은 주로 고인돌의 생김새에 대한 설명과 더불어, 당시 사람들의 경외적인 대상이 되었다는 사실을 알려준다(肖

兵, 1980). 이 가운데 《漢書》의 내용은 산동성지역에 대한 것으로 가장 오래된 기록이며, 나머지는 요령지역에 대한 것이다.

고인돌에 대한 관심은 1950년대에 들어와 중국 학자들이 분포 지역을 알려주는 자료 소개에 그치는 정도였다. 하지만 1955년 동북박물관문물조사(공작)대가 만들어져 개인 차원이 아닌 조직단위에서 개현(盖(平)縣)과 복현(復縣) 일대의 고인돌에 관한 체계적인 조사가 이루어졌다는 점에서 주목된다(符松子, 1956).

그 다음에는 문화혁명에 따른 주변상황 때문에 고인돌 연구도 다른 고고학 연구와 조사처럼 일정기간 동안 공백이 생기게 되었다. 그런 뒤 요령지역에 분포하는 고인돌에 대한 조사와 연구가 하나의 중추적인 구실을 하게 되었으며, 고인돌의 분포에 관한 조사는 물론 발굴까지도 실시하여 그 결과를 중심으로 이 지역 고인돌의 문화성격을 종합적인 입장에서 해석하려고 애썼다. 이렇게 밝혀진 고인돌의 분포 관계, 고인돌의 성격, 고인돌의 형식과 연대 등은 요령을 중심으로 흩어져 있는 고인돌 문화를 이해하는 데 매우 소중하다.

아직까지 문화적인 뚜렷한 성격과 의미를 밝히는 데는 미비한 점이 많긴 하지만, 이렇게 진행된 여러 연구 가운데 대석개묘(大石盖墓)에 대한 것은 한반도의 고인돌 연구에서도 눈여겨 보아야 할 점으로 여겨진다(許玉林, 1991).

1980년대에 들어와 요령성문물조사공작대를 중심으로 요령지역의 고인돌에 대한 조사가 조직적이고 집중적으로 이루어지게 된다. 요령성에 있는 여러 시지역의 고인돌에 관해 이루어진 이 시기의 조사활동들 가운데 여대시 문물조사대와 무순

시 문물조사대의 조사가 눈에 띄게 활발하였다. 그리고 각 지역박물관을 중심으로 신금현(新金縣), 수암현(岫岩縣), 개현(盖縣), 봉성현(鳳城縣)지역의 고인돌[大石蓋墓]에 대한 발굴조사도 이 시기에 실시되었다(許玉林·許明綱, 1981).

1990년대에 들어와서 주목되는 점은 지금까지 조사 연구된 동북지역의 고인돌에 대한 여러 연구 성과들을 체계적으로 분석하여 고인돌의 성격과 형식, 고인돌의 변천 과정, 고인돌과 돌무지무덤[積石墓] 사이의 관계, 고인돌의 연대 문제 등을 밝히는 종합적인 연구가 이루어졌다는 것이다.

여기에서는 석붕이 발전하여 돌무지무덤이 되었고 더욱 발전하여 집안(集安)지역의 대형방전계제(大形方塼階梯) 석실묘(石室墓)가 되었다고 주장하면서 그 구체적인 예는 장군분방(將軍墳旁)의 제1딸린무덤[陪塚]이라고 주장하고 있어 주목된다. 이 연구는 40여 년 동안의 조사와 연구 성과가 모아진 하나의 종합적인 의미를 지니고 있다(陳大爲, 1991).

다. 고인돌의 명칭과 분포

동북지역의 고인돌에 대하여 처음에는 석붕(石棚 ; 탁자식 고인돌)이라 불렀다. 그리고 우리가 보편적으로 고인돌의 한 형식으로 분류하는 바둑판식, 개석식 고인돌은 대석개묘(大石蓋墓)라 부르고 있으며, 최근에 이에 대한 조사가 활발하게 이루어지고 있다.

먼저 고인돌[石棚]을 부르는 전통적인 몇 가지 낱말을 살펴보면, 밖으로 드러난 웅장하고 거대한 모습에 따라, 석붕에 관해 알려져 내려오는 옛 이야기에 따라, 그리고 그것의 쓰임새

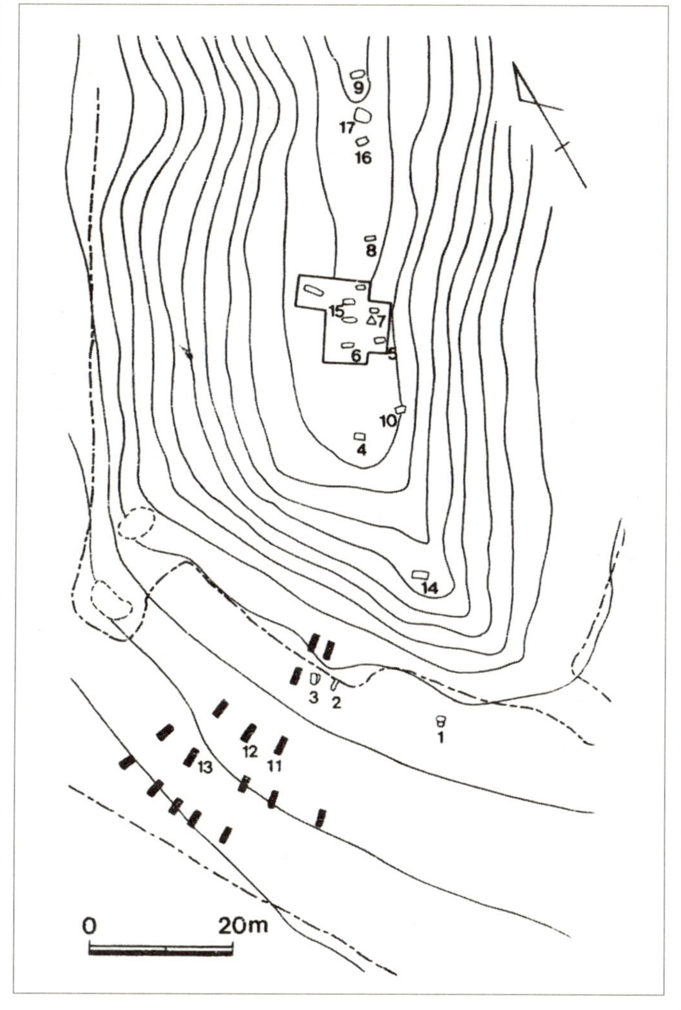

봉성 동산고인돌 분포도

로 미루어 보아 각각 부르는 이름이 달랐다.

석붕의 모습에 따라 '環壁石棚'을 비롯하여, 굄돌이 여럿
이라고 해서 '多足石棚'이라고도 불렀으며, 집 모습이 연상
된다고 해서 '名屋'이라 부르기도 했다(肖兵, 1980). 한편 《三
國志》에는 덮개돌이 크며, 굄돌이 받치면서 생긴 처마의 모습
에 따라 석붕의 전체적인 생김새가 冠(관) 자를 닮았기에 당시

사람들이 '冠石'이라 불렀다는 기록도 있다(曲傳麟, 1982).

전해 내려오는 이야기에 따라서 '姑嫂石'(海城縣 析木城 石棚), '姑石', '嫂石'(莊河縣 白店子 石棚), '仙人堂', '飛來石'(新賓縣 仙人堂石棚)이라고도 불렀던 것이다.

고인돌의 쓰임새를 짐작하여 부르는 것에는 '石廟子', '古云寺'(盖州 石棚山·瓦房店 台子石棚) 등이 있는데, 이것은 큰 돌(Megalith)을 위(爲)하는 풍속과도 관련이 있지 않을까 생각한다.

그리고 우리가 일반적으로 고인돌이라 옮기는 dolmen을 '石卓', '石室', '石塚' 등 복합적인 뜻이 담긴 낱말로 번역하고 있는 점이 다르며, 경우에 따라서는 '道爾門'으로 음역(晉譯)하기도 한다(肯兵, 1980). 또한 일부이긴 하지만 석붕을 영어로 표현할 때는 "Stone Shed"라고 옮기기도 하는 등, 아직까지 엄격한 의미에서 고인돌[dolmen]과 석붕·대석개묘 사이의 관계 설정 및 이들에 대한 뚜렷한 정의가 내려지지 않고 있는 상황이다.

다음으로 고인돌의 한 형식으로 분류되고 있는 대석개묘를 보면, 짜임새에서 석붕과 뚜렷이 구분되므로 대부분 다르게도 여기지만, 한편으로는 서로 같은 범주에 넣기도 한다. 석붕과 같은 의미로 해석하면서 형식의 한 변형으로 여겨 '未露地面的石棚', '第一式石棚'(第二式石棚은 일반적으로 여기는 石棚), '棋盤式石棚'이라 부르기도 한다(許玉林·許明綱, 1981).

와방점 대자고인돌 모습

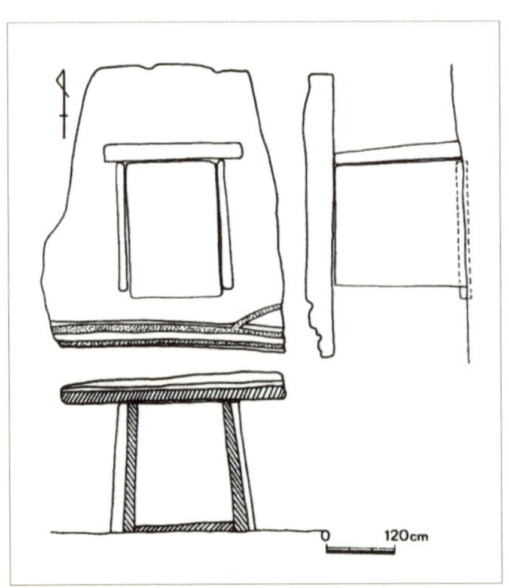

고인돌의 분포 문제는 크게 지역적인 분포관계와 지세적인 분포관계로 나누어 살펴볼 수 있다. 지역적인 분포 문제에서는 아직까지 동북지역의 고인돌에 관한 종합적인 조사가 실시되지 않아 뚜렷한 분포 양상을 이해하는 데 어려움이 많은 실정이며, 또한 최근에 들어서는 개발에 따른 고인돌의 파괴가 눈에 띄게 늘어나고 있어 중국의 연구자들이 깊은 우려를 드러내고 있다.

고인돌이 분포하고 있는 지역을 보면, 동북지역의 요령성. 길림성을 비롯하여 산동성의 뇌천(惱川), 남쪽의 호남성 영릉(零陵), 절강성, 사천성 서창(西昌) 등이며, 이 가운데 요령성에 가장 많이 있다.

요령성의 고인돌은 대부분 대련(大連), 영구, 단동지구의 신금현 북쪽, 와방점(瓦房店) 동쪽, 장하현(莊河縣) 서쪽에서 발견되고 있어 요동반도의 남쪽과 황해 바닷가에 밀집되어 있음을 알 수 있다(許玉林, 1985).

이러한 분포지역의 범위와 양상을 살펴볼 때, 한반도의 고인돌이 바다를 낀 황해 쪽에 밀집되어 있다는 특징을 발견하게 된다. 이같이 요령성과 한반도의 고인돌이 황해를 중심으로 집중 분포되었다는 점에서 주목되는데, 고인돌의 전파나 문화교류관계와 밀접한 연관이 있지 않을까 생각한다.

한편 고인돌이 분포하는 수를 보면 석붕은 큰 것의 경우 거의가 1기(基)나 2기가 있는 것이 많으며, 작은 것은 네다섯 기가 한 지역에 같이 있고 대석개묘는 줄을 지어서 10여 기가 떼를 이루고 있다.

지세에 따른 고인돌의 분포를 보면, 강 옆의 버섯모양 구릉

대지 위에 대부분 자리하며, 평지나 산기슭에 있는 것은 드문 경우에 속한다. 구릉의 대지 위는 사방이 멀리까지 보이는 비교적 조망이 좋은 곳으로 고인돌에서 바다나 강을 내려다 볼 수 있는 유적도 있다.

이렇게 분포하는 고인돌은 대부분 해발 100m가 안 되는 구릉지대에 있으며 주변에는 크고 작은 강이 흐르고, 고인돌의 바로 이웃에는 거의 같은 시기로 해석되는 유적이 있다는 게 특징이다.

지금까지 조사된 동북지역의 많은 고인돌 유적에서는 석붕과 대석개묘가 함께 있는 경우가 몇 곳에서 조사되었는데, 이러한 양상은 한반도에서도 쉽게 찾아볼 수 있는 것으로 형식의 차이에 따른 시기의 앞뒤 문제, 탁자식고인돌[石棚]과 바둑판·개석식고인돌[大石蓋墓]의 축조에 따른 성격 문제 등 앞으로 해결해야 할 복합적인 문제가 있다.

동북지역에서 석붕과 대석개묘가 같이 발견된 것은 신금현 지역이 가장 많고 개원현(開原縣), 개현, 수암현 등이 있다. 신금현에서는 유둔석붕(劉屯石棚, 大石蓋墓떼), 양둔석붕(楊屯石棚, 大石蓋墓 12기), 태전석붕(台前石棚, 大石蓋墓 3기), 쌍방석붕(雙房石棚, 大石蓋墓 3기), 삼태자석붕(三台子石棚, 大石蓋墓 19기)에서 발견되었고, 개원현은 습피둔대대석붕(習皮屯大隊石棚)과 제당구석붕(弟塘溝石棚)에서, 그리고 수암현은 백가보자석붕(白家堡子石棚)유적에서 같이 발견되었다(許玉林, 1985).

라. 고인돌의 형식과 성격

고인돌의 형식과 관련해서는 대부분 석붕을 중심으로 지상에 드러나 있는 상태, 크기, 만듦새, 변화·발전과정 등에 따라서 몇 가지로 나눈 연구가 있다.

먼저, 드러나 있는 상태에 따라 노출석붕(露出石棚)과 미노출석붕(未露出石棚), 또는 지상석붕(地上石棚)과 지하석붕(地下石棚)으로 크게 나뉜다. 그리고 고인돌을 만든 재료에 대한 손질 정도에 따라서 제1유형과 제2유형으로 나눈 것이 있는데, 앞의 것은 거의 가공하지 않은 자연석을 가지고 만든 것이며, 제2유형은 대부분 돌을 다듬어서 만든 것으로 요령지역의 많은 고인돌이 여기에 해당된다.

크기나 만듦새에 따라서 형식을 나눈 경우, 처음에 소(小)석붕과 대(大)석붕으로 나누었다가(陶炎, 1981), 그 다음에 좀더 자세하게 조사하고 연구한 결과 소석붕, 중석붕, 대석붕으로 나누었다. 이렇게 석붕을 세 가지로 나누는 형식 분류가 동북지역 고인돌 연구의 형식 분류에서 밑바탕을 이루고 있다(許玉林·許明綱, 1981).

소석붕은 높이가 1m 안팎의 작은 고인돌이며, 덮개돌은 편평한 모습이고 크기는 길이와 너비가 2m쯤 된다. 대부분 자연석을 가지고 만들었으며 손질된 흔적은 매우 적다. 굄돌은 곧게 서 있지만 덮개돌과 사이가 조금 벌어져 틈이 있다. 위치한 곳의 지세는 대개가 얕은 구릉이나 평지 위인데, 어떤 것은 줄을 지어 떼를 이루고 있기도 하다. 대표적인 유적으로는 岫岩縣 興隆公社 白家堡子石棚, 盖縣 連雲寨石棚, 新賓縣 仙人洞石棚, 莊河縣 老粉房 및 王家溝石棚, 撫順縣 山龍石棚 등이 있다. 그런데 길림성의 단산자(團山子)와 해룡(海龍)지역에서 조사된 고인돌을 보면 모두 소석붕에 해당하여 이러한 형식의 지리적인 분포를 이해하는 데 도움이 된다.

중석붕으로는 개원현 습피둔석붕과 금현(金縣) 소관둔석붕(小關屯石棚)이 대표적이다. 고인돌의 덮개돌은 크기가 2~3m쯤 되며, 굄돌을 벗어나 짧은 처마를 이루고 있는 것도 있다. 높이는 1.3m쯤 되며, 소석붕보다는 손질된 흔적이 곳곳에서 보이지만 대석붕만큼 치밀하게 만든 것 같지는 않아 중간에 해당되는 것 같다. 분포는 소석붕처럼 낮은 대지나 평지 위에 있으며, 가끔 소석붕 떼와 같이 있는 경우도 있다.

대석붕은 높이가 2m쯤 되며, 길이와 너비가 4~5m쯤 되는 비교적 큰 돌을 덮개돌로 하여 만든 것으로, 이 고인돌은 대부분 다듬은 흔적이 뚜렷하고 곳곳에 간 자취가 보인다. 대표적인 고인돌의 하나로 보이는 개주(盖州) 석붕산(石棚山) 고인돌의 덮개돌은 길이가 810cm, 너비 560cm, 두께 45cm나 된다.

그리고 만든 방법을 보면, 덮개돌과 굄돌의 짜맞춤이 매우 치밀하고 굄돌은 오물기를 주어 더욱 튼튼한 느낌을 준다. 이처럼 굄돌에 오물기를 주어 견고하게 만든 고인돌은 당시의 축조에 관한 건축역학의 여러 문제들을 이해할 수 있는 주요한 자료이며, 한반도의 탁자식고인돌에서도 가끔 관찰되는데, 은율 관산리와 연탄 송신동 1·5·6·22호 고인돌이 대표적이다. 덮개돌이 굄돌 밖으로 나와 처마를 이루고 있는 모습은 중석붕보다 더 많이 나타난다(하문식, 1991).

이러한 대석붕은 거의가 요동반도의 남쪽과 황해 연안에서 발견되고 있으며, 1기만 있는 경

개주 석붕산 고인돌 모습

우가 많고, 자리한 지세는 비교적 높은 대지
나 산정상이다. 대표적인 유적은 해성현 석
목성(析木城)석붕, 영구현 석붕욕석붕, 수암
현 흥륭대석붕, 와방점 태자(台子)석붕, 장하
현 백점자(白店子)석붕, 신금현 석붕구(石棚
溝)석붕 등이 있다.

　한편 이와 같은 대·중·소석붕 사이의 시
기 문제에서는 크게 두 가지의 견해가 있다.
하나는 변화·발전 단계로 볼 때 간단히 만

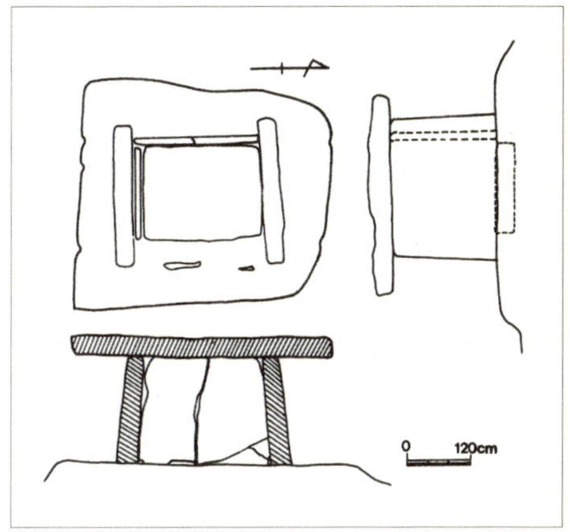

대석교 석붕욕 고인돌 모습

든 것에서 치밀한 것으로 발전하였다는 생각, 즉 소석붕이 먼
저 만들어져 대석붕으로 발전하였다는 것이고, 다른 하나는 변
화의 과정으로 보면 치밀하게 만든 다음 조잡한 것으로 바뀌었
다는 견해, 즉 대석붕에서 소석붕으로 발전하였다는 것이다.

　그러나 지금까지 동북지역의 여러 석붕에서 조사된 것을 보
면 석붕의 크기와 만든 정도는 시기와 밀접한 관련이 있을 것
으로 생각하지만, 매우 치밀하게 만들어진 대석붕에서 나온 유
물과 중·소석붕의 유물들을 서로 견주어 보면 거의 같은 시기
로 보여 세 형식의 석붕이 같은 시기에 만들어진 서로 다른 유
형이 아닌가 하고 여겨지며, 이러한 차이가 있게 된 배경으로
서 고인돌을 만든 집단의 조직 및 경제력과 서로 관련이 있을
것으로 보인다.

　변화·발전과정의 단계에 따라서 형식을 분류한 연구가 있
는데, 분류기준은 주로 덮개돌과 굄돌이 물려있는 사이의 길이
(비) 문제, 굄돌의 두께, 돌방[石室]의 높낮이에 따른 고인돌의
평면 상태를 가지고 조기석붕(早期石棚), 변형석붕(變形石棚),

변형소석붕(變形小石棚), 대석묘와 적석묘로 나누었다(陳大爲, 1991). 여기서 주목되는 것은 대석묘(대석개묘)와 적석묘를 고인돌의 한 형식에 넣고 있다는 것인데, 이것은 석붕을 비롯한 대석개묘와 적석묘 사이의 변화·발전 관계까지도 고려한 것이다(예를 들면 신금현 양두에는 한 곳에 석붕, 대석개묘, 적석묘가 같이 있음).

그리고 대석묘가 석붕에서 발전된 것으로 보고 있는데 그 주된 관점은 고인돌의 외적인 모습과 그 크기에 따른 것이다. 한 예로 수암현 흥륭구석붕(변형소석붕)을 들고 있는데, 이 고인돌이 대석묘로 변해가는 과도기적인 것으로 보고 있다. 여기에서 보이는 외형적인 특징은 굄돌이 네 벽을 이루면서 처마가 없는 바람에 크기가 매우 작다는 것이다.

또한 이 연구에서 얻어진 석붕의 변천과정과 관련해 다음과 같은 몇 가지 특징을 제시하고 있다.

ㄱ. 고인돌의 덮개돌과 돌방의 모습은 직사각형에서 정사각형으로 변화하며,

ㄴ. 덮개돌과 굄돌 사이의 처마는 길던 것이 점차 짧게 되며, 사방의 처마가 2면 또는 1면으로 변하다가 없어지는 경향이 있다.

ㄷ. 돌방의 높이는 높다가 낮아졌으며, 굄돌은 두텁다가 얇아진다.

ㄹ. 고인돌이 자리한 곳의 지세는 높은 구릉지대 또는 낮은 산꼭대기에서 평지나 낮은 대지로 바뀌어 간다.

대석개묘에 대한 형식분류는 덮개돌 아래의 무덤방에 따라

서 석개석곽묘(石蓋石槨墓), 석개석관묘(石蓋石棺墓), 석개토광묘(石蓋土壙墓)로 나누고 있다(許玉林, 1991). 이러한 것은 한반도의 고인돌에서도 무덤방의 짜임새에 따라 나누는 형식 분류와 비슷한 것인데, 앞으로 석붕과 대석개묘에 대한 더욱 자세한 연구가 이루어지면 이들 사이의 관계는 물론 변화·발전 과정도 알 수 있을 것으로 기대된다.

다음으로 동북지역의 고인돌 성격에 관한 문제인데, 이것은 상당히 일찍부터 논의되어 온 것이다.

지금까지 제시된 견해들을 정리해 보면, 크게 고인돌을 석붕과 대석개묘로 나누어 볼 때, 대석개묘가 무덤의 기능을 지닌 것이라는 데는 견해들이 일치하지만, 석붕에 대해서는 몇 가지 다른 견해들이 있어 왔는다. 그것은 다음과 같다.

ㄱ. 종교제사기념물(宗敎祭祀記念物) [神密象征祭壇, 靈石崇拜]
ㄴ. 씨족공공활동장소(氏族公共活動場所)
ㄷ. 선조제사장소(先祖祭祀場所)
ㄹ. 묘장(墓葬)

석붕을 종교제사기념물의 대상으로 보는 대표적인 견해는 석붕이 신비적인 상징성을 지닌 제단으로 하늘[天]과 땅[地], 해[日]와 달[月]을 나타내는 것이라고 주장한다(陶炎, 1981). 그래서 한 곳에 크고 작은 2기의 석붕이 있을 때, 큰 것은 하늘이나 해로, 작은 것은 땅이나 달이라고 여긴다.

또한 같은 맥락에서 석붕을 영석숭배(靈石崇拜)의 대상으로 해석하는 견해도 있다(肖兵, 1980). 이것은 '姑嫂石', '古掃

石'이라고 부르면서 석붕에 관해 전해져 오는 이야기와 관련
시키고 있으며, 여기에는 해성현 석목성석붕과 개주 석붕산석
붕이 있다.

그런데 석붕의 성격에 관해 이처럼 여러 가지의 견해가 나오
게 된 것은 연구의 관점에 대한 다원화 경향 때문이기도 하지
만, 동북지역의 고인돌에 관한 연구가 그렇게 활발하지 못하였
기 때문이기도 하다. 고인돌의 성격을 밝히기 위한 발굴조사는
물론, 분포관계도 뚜렷하게 알려지지 않은 상태에서 구릉이나
산기슭에 커다란 석붕이 1기 또는 2기가 있는 것을 보고 석붕
그 자체가 지니는 외형적인 신비감에서 종교적 제사와 관계되
는 기념물이나 공공의 활동장소 등으로 이해하기도 했다.

석붕의 성격을 무덤으로 이해하려는 견해는 여러 사람들이
주장하고 있는 바이다. 이들의 주장을 뒷받침하는 근거들로는
다음과 같다.

첫째, 발굴조사 결과 석붕에서 많은 사람뼈와 껴묻거리가 출
토되고 있다는 점이다. 지금까지 발굴 조사된 동북지역의 고인
돌에서 사람뼈가 나온 유적으로는 장하현 양둔1호·2호석붕
과 백점자석붕, 복현 화동광석붕(樺銅鑛石棚), 수암현 오서석
붕(吳西石棚), 통화현(通化縣) 대묘석붕(大廟石棚), 신금현 쌍방
2호석붕과 길림성 해룡현의 도산구(跳山溝)와 험수(鹼水)유적
등이 있다.

둘째, 석붕이 분포하는 양상을 보면 한두 기 또는 서너 기,
그리고 간혹 대석개묘나 적석묘가 같이 있다는 것이다.

한편 석붕은 기념물적인 성격과 아울러 무덤으로도 쓰였다
고 보는 복합적인 견해도 있다(曲傳麟, 1982).

그리고 고인돌에 대해 알려져 내려온 옛 이야기를 종합해 보면 큰 돌[巨石] 숭배의 개념에서 이해해야 하는 고인돌이 있다. 개주 석붕산석붕과 앙산촌석붕(仰山村石棚), 복현 유수방석붕(榆樹房石棚)은 세 사람의 선녀가 서 있는 것이라는 이야기가 있는데, 이것은 고인돌의 덮개돌을 굄돌 세 개가 받치고 있는 외형적인 모습에서 비롯된 것으로 여겨진다.

최근에는 발굴조사 결과와 고인돌의 짜임새, 전해져 오는 옛 이야기 등을 가지고 석붕의 성격을 무덤말고도 조상숭배와 영석숭배 등 종교제사 활동의 장소로 해석하는 주장이 있다(許玉林, 1991).

여하튼 동북지역 고인돌(특히 석붕)의 성격에 관해서는 앞으로 더욱 심화된 연구를 거쳐 밝혀질 것으로 기대되며, 이러한 연구와 규명은 무덤으로 볼 때 고인돌에 묻힌 사람과 시기 등 여러 가지를 알 수 있어 매우 중요하다. 또한 이 문제는 한반도의 고인돌 성격은 물론이고 시기와 만든 대상과도 밀접한 관련이 있어 주목된다.

마. 고인돌의 짜임새

지금까지 조사된 동북지역의 고인돌을 보면, 고인돌의 규모와 만든 모습 등에서 그것을 만든 당시의 축조기술에 관하여 여러 가지를 짐작해 볼 수 있다. 이러한 고인돌의 축조에 관한 문제는 단순히 건축역학적인 기술부분뿐만 아니라 축조과정에 있었던 노동력 문제와 묻힌 사람 등 당시 사회의 구조에 관한 것을 알 수 있어서 중요한 의미를 지니는 것 같다.

고인돌 만들기의 과정은 먼저 고인돌을 만드는 데 쓰인 돌의 채집, 다듬기, 채집된 곳에서 고인돌을 만들 곳까지 옮기기, 그리고 굄돌을 세우고 덮개돌을 얹어 만들기 등으로 나누어 볼 수 있다.

첫 번째의 과정으로 이해되는 돌의 채집은 물론이고, 옮기기에 관해서도 자세한 보고나 연구된 것이 없는 실정이다. 다만 덮개돌의 감으로 보아 지금 고인돌이 있는 곳과 그 주변에서 덮개돌과 같은 돌감을 구할 수 있으므로 이웃에서 옮겨왔을 것으로 추정하고 있다.

요동반도를 비롯한 동북지역에서 발견된 고인돌의 돌감은 거의 대부분 화강암이나 편마암계통인 것으로 밝혀지고 있다. 단지 수암현 흥륭구석붕의 북쪽 굄돌만 석회암으로 밝혀졌을 뿐이다. 이처럼 화강암과 편마암계통의 돌이 많이 쓰인 까닭은 무엇보다도 고인돌이 자리한 곳 또는 비교적 가까운 주변에서 쉽게 구할 수 있는 암질이기 때문이다. 또 다른 것은 이러한 암질의 성질로 보면, 떨어질 때 켜를 이루어 납작하게 떨어지기 때문에 고인돌을 만드는 데 알맞은 돌감이었을 가능성도 높다.

다음에는 이렇게 떼낸 큰 돌을 옮기는 문제인데, 여기에 관해서는 지렛대나 추운 겨울철에 강물이 얼었을 때 나무썰매 같은 것이 이용되었을 것으로 보고 있다. 그러한 근거로 요남(遼南)지역의 몇몇 고인돌은 거의가 강 옆에 있다는 사실을 들고 있다.

그리고 여기에서 주목되는 점으로, 고인돌을 만드는 데 필요한 큰 돌을 옮길 때 노동력의 집중화, 많은 사람을 동원할 수 있는 능력문제 등을 고려하여 조직을 이끄는 지도자가 필요하였을 것으로 보고 당시의 사회조직을 '노예계급사회'로 이해하는 연구가 있다는 것이다. 이것은 당시 사회에서 조직을 이끄는 과정에서 나타날 수 있는 생산관계가 고려된 것으로 이해되며, 고인돌에 묻힌 사람이 누구인가 하는 문제를 비롯하여 당시의 사회구성 등이 모두 밝혀져야 할 문제로 여겨진다.

한편 고인돌을 만드는 과정에서는 그 크기나 모습으로 보아 당시 사회에 널리 쓰이고 있던 건축역학의 원리가 있었던 것으로 쉽게 짐작해 볼 수 있다. 이러한 것에는 먼저 수평의 개념이 적용되었을 것이다.

고인돌에서 가장 중요한 것은 덮개돌의 지탱인데, 특히 석붕과 같은 것은 무거운 덮개돌이 쓰러지거나 내려앉지 않도록 하기 위해서 균형이 잡혀야 할 것이고 이것의 전제조건으로는 수평이 유지되어야 한다. 지금까지 고인돌의 조사나 발굴에서 이러한 문제에 관한 것은 거의 없었는데, 지반이 약한 바람에 고인돌이 내려앉아 쓰러진 경우가 많이 보고되고 있어서 앞으로는 좀더 관심을 가져야 할 것으로 보인다. 동북지역의 고인돌 조사에서는, 덮개돌이 아주 편평하게 다듬어져 있고 두께가 고른 점으로 보아 고인돌을 만들 때 덮개돌을 수평으로 놓았을 것으로 추론하고 있는 실정이다(陳明達, 1953).

고인돌을 만드는 과정에서 덮개돌이나 굄돌을 다듬을 때 팠던 홈과 홈줄을 근거로 금속연모를 사용하였을 것으로 보는 견해가 있다. 이것은 고인돌이 만들어진 시기를 알려주는 것으로 중요하다. 지금까지 보고된 몇몇 예를 살펴보면 다음과 같다.

해성현 석목성석붕에는 덮개돌에 凹홈이 있는 것을 비롯하여, 와방점 대자둔석붕의 덮개돌에는 너비가 8㎝되는 홈줄이 있고, 장하현 백점자석붕의 굄돌에도 홈이 있다. 이러한 것은 덮개돌과 굄돌을 서로 짜맞출 때 쉽게 하기 위한 것도 있지만, 좀더 튼튼하게 만들기 위한 것일 가능성도 높다. 또한 영구현 석붕욕석붕을 보면 고인돌을 만드는 과정에서 새긴 것으로 보이는 붉은 선[紅色刻線]이 동쪽의 굄돌에 남아 있는데, 이것은 고인돌을 만들 때 체계적이고도 치밀하게 계획을 세웠음을 보여 준다.

그리고 굄돌이 덮개돌을 잘 지탱하기 위해서는 굄돌이 서있는 위치 및 상태가 중요시되는데, 이것은 덮개돌 아래에서 굄돌이 자리한 곳의 거리 비율이 고려되어야 한다. 이러한 것에 관하여 지금까지 보고된 바는 없고 석붕에서 덮개돌의 길이와 너비의 비율, 굄돌이 이루는 무덤방의 길이와 너비의 비율에 관하여 조사된 적은 있다. 이것을 보면 덮개돌의 길이와 너비는 3:2 비율이고, 무덤방이 5:4 비율을 이루고 있는 경우가 비교적 많은 것으로 보고된다.

한편 석붕을 만든 과정(방식)에 대한 보고가 있어 여기에 그것을 소개하고자 한다(許玉林·許明綱, 1981).

장하현 백점자석붕을 보면 만든 과정을 이해할 수 있는데, 먼저 땅 위에 바닥돌을 깐 다음 그 주위에 1.5m쯤 되는 구덩이를 파서 남·북·동쪽의 세 벽을 세우고, 튼튼하게 하기 위해 굄돌과 바닥돌을 짜맞추고 흙을 쌓아 밖에는 언덕모양으로 덮었다. 그리고 나서 덮개돌을 굄돌 위의 언덕으로 끌어올려 얹고 흙을 치운다. 마지막으로 서쪽에 봉문석(封門石)을 만들어 무덤방을 이룬다. 여기에서 봉문석은 막음돌로 이해되며, 이로써 고인돌을 만드는 순서를 알 수 있었는데 굄돌을 ㄷ자 모양으로 먼저 세우고 덮개돌을 얹은 다음 서쪽의 막음돌을 세운 것이다.

이와 비슷한 예는 춘천 중도고인돌에서도 보고되었다.

여기서 우리의 관심을 끄는 것은 묻힐 사람이 죽기 전에 미리 고인돌을 만들어 놓을 수 있었다는 점과, 다른 곳에서 세골시킨 다음 뼈만 이곳으로 가져와 묻을 수도 있다는 것이다.

이것은 동북지역에서 조사된 많은 고인돌의 무덤방 크기가 바로펴묻기를 할 수 있을 만큼 크지 않다는 점, 사람뼈가 찾아진 몇 곳에서는 뼈에 화장을 한 흔적이 찾아지고 있어 이러한 사실을 더욱 뒷받침해 준다고도 볼 수 있다.

바. 껴묻거리와 연대 문제

앞에서도 몇 차례 이야기했지만 동북지역의 고인돌에 관해서는 발굴 조사된 사례가 비교적 적다. 그래서 껴묻거리만 봐서는 이 지역의 고인돌 성격은 물론이고 연대 문제를 살피는 데 어려움이 많다. 여기서는 지금까지 조사 보고된 연구결과를 중심으로 동북지역의 고인돌에서 나온 껴묻거리를 간단히 소개하고, 이를 바탕으로 지역적인 특징과 연대 문제를 검토해 보고자 한다.

껴묻거리로는 동북지역 청동기시대의 특징을 지닌 유물인 띠두른 단지[粘土帶文筒形罐], 돌곤봉, 슴베있는 화살촉, 가락바퀴 등이 출토되고 있으며, 고인돌의 형식(석붕 · 대석개묘)과 분포지역에 따라서 조금씩 차이가 있다. 종류는 크게 토기와 석기, 청동기, 기타 등으로 나누어 볼 수 있다.

토기는 대부분 붉은 간토기[夾砂紅陶]와 무늬없는 간토기[無文磨形土器]로서 그 종류에는 항아리[壺], 세발시루[瓶] 그리고 띠두른 단지 등이 있다.

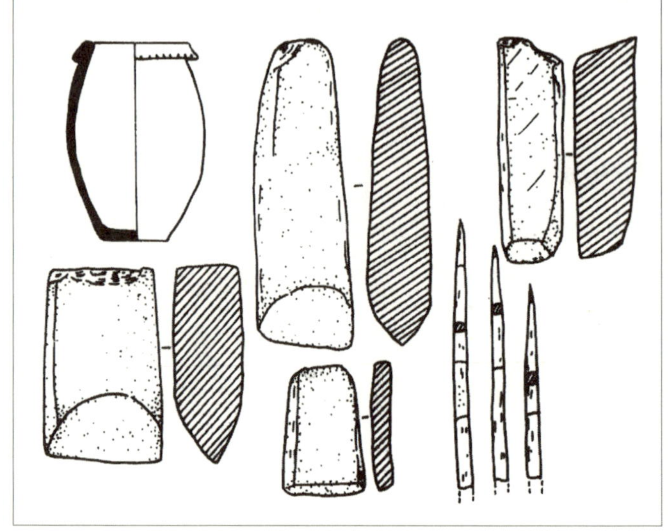

개주 화가와보 3호 고인돌에서 나온
껴묻거리

석기는 납작날돌도끼[扁平片刃石斧]를 비롯하여 슴베있는 돌화살촉, 구멍이 두 개인 반달돌칼, 돌창[石矛], 돌곤봉 등이 있고 청동기에는 비파형동검과 치레걸이가 있다. 그 밖에는 옥으로 만든 도끼, 활석으로 만든 거푸집(도끼), 활석이나 뼈로 만든 대롱구슬 등이 있다.

고인돌의 형식에 따른 껴묻거리를 보면 가장 두드러지는 특징이 청동유물에서 발견되는데, 장하현 양둔석붕(청동의 녹이 묻은 사람뼈 출토)말고 다른 데서 나온 청동유물인 비파형동검과 치레걸이는 모두 신금현, 개현, 수암현의 대석개묘에서 출토되었다.

동북지역의 고인돌 가운데 대석개묘가 발굴 조사된 유적으로는 신금현(普蘭店市) 벽류하(碧流河)대석개묘, 쌍방(雙房)대석개묘, 봉성현(鳳城縣) 동산(東山)대석개묘, 개현 패방(牌坊)대석개묘, 수암현 태로분(太老墳)대석개묘 등이 있다.

이들 여러 대석개묘에서 나온 유물 가운데 특히 관심을 끄는

것은 넓은 의미에서 미송리형토기(雙房—美松里陶壺)와 비파
형동검을 들 수 있다(하문식, 1992).

　미송리형토기와 같은 유형의 토기가 나온 곳은 신금현 벽류
하와 쌍방 그리고 봉성현 동산대석개묘이다. 동산유적의 토기
는 꼭지가 쌍으로 달려 있으며, 본계지구의 청동기시대 무덤에
서 나오는 것과 서로 견주어진다(許玉林, 1991).

　그런데 한반도의 개천 묵방리 고인돌에서도 미송리형토기
가 출토되어 주목받은 바 있다. 이들을 견주고 검토해 보면, 먼
저 껴묻기된 토기가 나온 유구가 개석식고인돌이라는 점이 비
슷하다. 이것은 고인돌의 여러 형식들 가운데서 상호 변화하고
발전하는 과정을 살펴볼 수 있는 바탕이 되며, 한반도와 동북
지역의 고인돌을 견주어 볼 수 있는 자료이기도 하다.

　한편, 미송리형토기는 여대시(旅大市) 강상(崗上)유적처럼
가끔 비파형동검을 비롯해 부채꼴모양 청동도끼나 거푸집 등
이 같이 출토되는 경우가 많아서 이것들이 당시의 유적에서는
하나의 묶음으로 모아질 수 있을 가능성이 매
우 높다.

　비파형동검은 개현 패방촌(牌坊村) 남단산,
신금현 쌍방, 수암현 태로분의 대석개묘에서
나왔다. 이들 고인돌도 최근 비파형동검이 나
온 여수반도의 여천·여수지역 고인돌과 그 형
식이 비슷하여 주목할 필요가 있다. 특히 쌍방
M6호 대석개묘에서 나온 것은 그 생김새로 보
아 상당히 이른 시기에 속하는 것으로 여겨지
는데, 이 유적에서 나온 토기가 이웃의 상마석

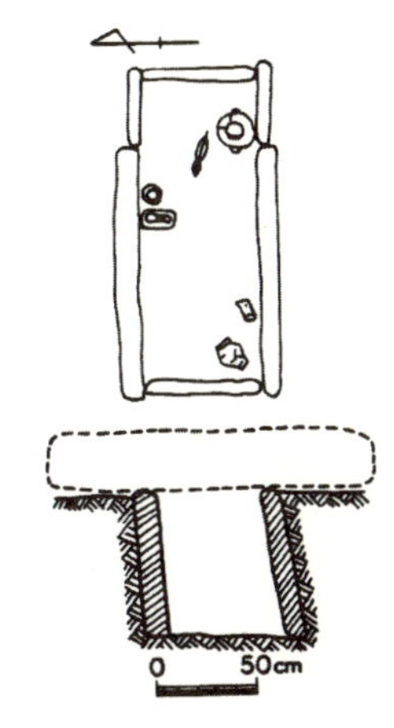

보란점 쌍방6호 고인돌과 껴묻거리

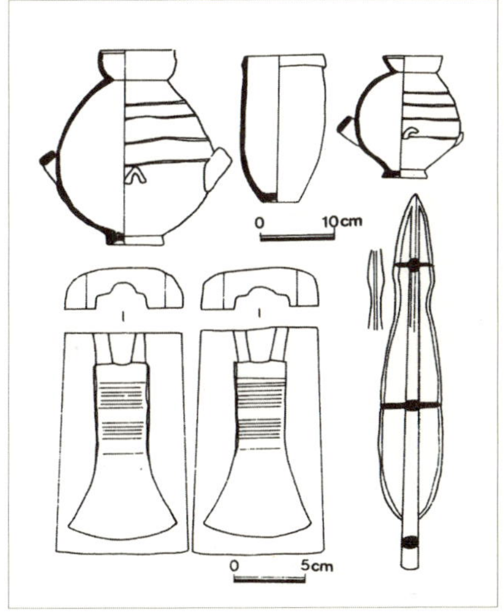

(上馬石)이나 우가촌(于家村)유적의 위층에서 출토된 것과 매우 비슷하여 같은 시기로 보고 있다(許玉林·許明綱, 1983). 이처럼 쌍방유적이 상마석이나 우가촌유적과 관련 있다면 아마도 기원전 16세기에서 14세기 사이쯤이라고 보는 견해가 있어 동북지역의 고인돌연대를 이해하는 하나의 기준이 될 것으로 생각한다.

이밖에 신금현 벽류하와 쌍방대석개묘에서는 활석으로 만든 도끼 거푸집이 출토되었다. 무덤에서 이러한 성격을 지닌 유물이 출토된 배경으로서, 고인돌을 만든 당시 사회에서는 높은 주조기술 때문에 우리가 오늘날 미루어 짐작하는 것보다도 훨씬 더 많은 청동제품을 만들어 널리 사용했을 가능성이 높음을 꼽을 수 있다.

벽류하 M24호 대석개묘의 짜임새를 보면 무덤방 옆에 높이를 달리하여 층이 지게 한 딸림방[副棺]이 발견되어 주목된다. 이러한 딸린방의 성격이나 쓰임새에 관해서 여러 의견들이 있지만, 여기서 토기와 돌도끼가 나오는 것으로 봐서, 껴묻거리를 놓기 위해서 일부러 만든 것 같다. 하여튼 이러한 짜임새를 지닌 고인돌이 동북지역에서도 발견되고 있기 때문에 앞으로

보란점 벽류하 24호 고인돌 모습

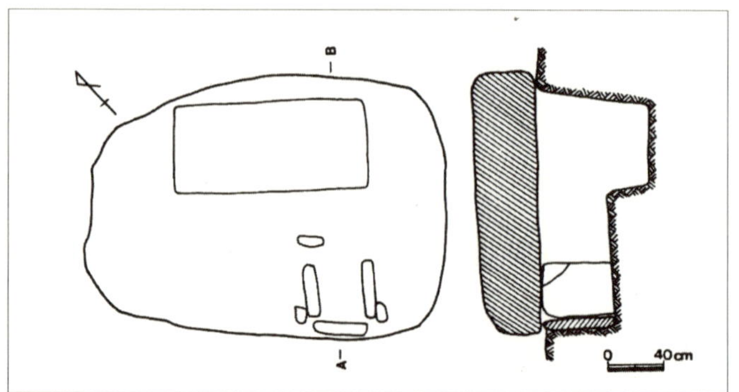

이 지역의 고인돌을 이해하는 데 매우 고무적이다.

고인돌이 자리한 지역에 따라서 출토되고 있는 껴묻거리도 조금씩 다른 양상을 나타낸다는 연구가 있다.

먼저 석붕과 대석개묘가 한 지역에 같이 있는 경우가 많은 요동반도의 남부지역을 보면, 띠 두른 단지와 항아리, 슴베있는 화살촉, 돌가락바퀴 등이 주로 출토되어 상마석문화(上馬石文化)와 관련 있는 것으로 여기고 있다(許玉林, 1991). 그리고 요동반도 북부지역의 청원현(淸原縣) 증가구(曾家溝)석붕에서는 붉은 간토기(솥의 다리 부분)가 출토되어 망화문화(望花文化)와 관련이 있는 것으로 보고 있다. 한편 길림성지역의 해룡현유적에서는 고인돌과 그 주변에서 출토되고 있는 토기의 종류로서 굽보시기[豆], 항아리[壺], 단지[罐] 등이 있으며 서단산문화(西團山文化)와 연관되는 것 같다.

다음은 동북지역의 고인돌에 대한 연대문제를 살펴보고자 한다. 지금까지 이 지역의 고인돌에 관한 연구에서 연대를 설정할 때,

ㄱ. 고인돌이 있는 곳이나 그 주변에 있는 유적과 비교하여 설정하거나,

ㄴ. 고인돌에서 출토된 유물을 분석해서 기준을 세우고,

ㄷ. 고인돌을 만드는 데 필요한 건축기술과 도구 그리고 이러한 건축에 소요되는 많은 노동력 등 사회 경제적인 측면을 고려하고 있다.

이러한 관점들을 중심으로 동북지역의 고인돌 연대는 신석기 후기[新石器 晩期 ; 약 5,000년 전]라고 주장하는 것을 비롯하

여, 신석기 후기~청동기시대, 청동기시대(商周—戰國
;3000~2500년 전) 등 여러 견해가 있다(許玉林·許明綱, 1981).

이러한 몇 가지의 의견들 가운데 최근 청동기시대에 고인돌이 만들어졌다는 연대관이 적극적으로 받아들여지고 있는 실정이다.

한편 석붕과 대석개묘 사이의 연대관계와 관련해서, 최근 대석개묘에서 비파형동검을 비롯한 청동유물과 간토기 등 석붕보다 조금 늦은 시기의 유물이 나오며, 고인돌의 짜임새와 무덤방이 퇴화된 것으로 여겨지는 까닭에, 석붕에서 대석개묘로 변화·발전했다고 보는 견해가 있다(曲傳麟, 1982).

<h1 style="text-align:center">참고문헌</h1>

박선주 · 하문식, 〈중국 동북지역의 구석기유적 – 랴오닝성을 중심으로〉, 《忠北史學》 4, 1991.

손보기, 《구석기유적 : 한국 · 만주》, 한국선사문화연구소, 1990.

윤내현, 《中國의 原始時代》, 단국대학교 출판부, 1981.

최무장, 〈中國 舊石器時代의 哺乳動物〉, 《人文科學論叢》 16, 건국대학교 부설 인문과학연구소, 1984.

최무장, 《중국의 考古學》, 민음사, 1989.

하문식, 《古朝鮮地域의 고인돌研究》(白山 資料院), 1999.

賈蘭坡 · 黃慰文, 《周口店發掘記》, 天津科學技術出版社, 1984.

姜　鵬, 〈吉林安圖人化石〉, 《古脊椎動物與古人類》 20-1, 1982.

高耀亭 등 엮음, 《中國動物志》 8, 科學出版社, 1987.

曲傳麟, 〈遼東半島石棚性質初探〉, 《遼寧師範學報》 1, 1982.

金牛山聯合發掘隊, 〈遼寧營口金牛山舊石器文化的研究〉, 《古脊椎動物與古人類》 14-2, 1978.

吉林省地方志編纂委員會 엮음, 《吉林省志 : 文物志》 43, 1991.

陶　炎, 〈遼東半島的巨石文化〉 《理論與實踐》 1, 1981.

裵文中 · 張森水, 《中國猿人石器研究》, 中國古生物志 168, 科學出版社, 1985.

符松子, 〈遼寧省新發現兩座石棚〉, 《考古通訊》 2, 1956.

傅仁義, 〈鞍山海城仙人洞舊石器遺址試掘〉, 《人類學學報》 2, 1983.

傅仁義, 〈渤海灣北岸古人類舊石器文化及與東亞的關係〉, 《遼海文物學刊》 11, 1991.

謝燕萍 · 游學華 엮음, 《中國舊石器時代文化遺址》, 中文大學出版社, 1984.

孫進己 · 馮永謙 엮음, 《東北歷史地理》 1, 黑龍江人民出版社, 1988.

呂遵諤, 〈金牛山猿人的發現和意義〉, 《北京大學學報 – 哲學社會科學版》 2, 1985.

延邊博物館, 〈延吉德新金谷古墓葬淸理簡報〉, 《考古》 2, 1986.

연변박물관 · 연변문화유물략편집필소조, 《연변문화유물략편》, 연변인민출판사 : 연길, 1989.

吳汝康·吳新智·張森水 엮음, 《中國遠古人類》, 科學出版社, 1989.

遼寧省博物館·本溪市博物館 엮음, 《廟後山》, 文物出版社, 1986.

遼寧省文物考古研究所 엮음, 《遼東半島石棚》, 遼寧科學技術出版社, 1994.

張森水, 《中國舊石器文化》, 天津科學技術出版社, 1987.

張森水 외, 〈金牛山舊石器遺址綜合研究〉, 《中國科學院古脊椎動物與古人類研究所集刊》 19, 1993.

張之恒, 《中國新石器時代文化》, 南京大學出版社, 1988.

張鎭洪, 〈遼寧地區猿古人類及其文化的初步研究〉, 《古脊椎動物與古人類》 19-2, 1981.

張鎭洪 외, 〈遼寧海城小孤山遺址發掘簡報〉, 《人類學學報》 4-1, 1985.

정영진, 〈延邊地區先史時代四種文化類型〉, 《韓國上古史學報》 15, 1994.

中國科學院 古脊椎動物與古人類研究所 엮음, 《中國脊椎動物化石手冊(增訂版)》, 科學出版社, 1979.

中國科學院 古脊椎動物與古人類研究所·香港市政局 엮음, 《中國古人類》, 1983.

陳大爲, 〈試論遼寧 "石棚" 的性質及其演變〉, 《遼海文物學刊》 1, 1991.

陳明達, 〈海城縣的巨石建築〉, 《文物參考資料》 10, 1953.

肖　兵, 〈示與 "大石文化"〉, 《遼寧大學學報》 2, 1980.

許玉林, 〈遼東半島石棚的新發現〉, 《考古》 2, 1985.

許玉林, 〈遼東半島石棚と大石蓋墓槪論〉, 《九州考古學》 66, 1991.

許玉林·許明綱, 〈遼東半島石棚綜述〉, 《遼寧大學學報》 1, 1981.

許玉林·許明綱, 〈新金縣雙房石棚和石蓋石棺墓〉, 《文物參考資料》 7, 1983.

鴿子洞發掘隊, 〈遼寧鴿子洞舊石器遺址發掘報告〉. 《古脊椎動物與古人類》 13-2, 1975.

黃慰文 외, 〈海城小孤山的骨制品和裝飾品〉, 《人類學學報》 5-3, 1986.

Jia Lanpo, *Early Man in China*, Foreign Languages Press, Beijing, 1980.

Kwang-Chih Chang, *The Archaeology of Ancient China*, Yale Univ.Press, 1977.